新商科大数据系列创新型教材

营销数据分析

李永发 主编
冯林燕 邹益民 王天骄 副主编

电子工业出版社
Publishing House of Electronics Industry
北京·BEIJING

内 容 简 介

现今，数据成为提升营销效果的新的关键要素。营销数据分析作为企业一项非常重要的活动，是通过特定技术获取和分析有关市场的所有可用信息，以帮助设计或优化特定的营销方案，提高营销效果的一系列活动。本书由入选首批国家级一流本科专业建设点的安徽财经大学市场营销专业李永发教授团队历经近两年时间打磨，深入利用多个技术工具，挖掘营销数据背后的市场规律与营销逻辑，从而帮助学习者掌握数字经济时代需要的高级营销技能。本书展示了当前实践中营销数据分析的主要内容、常用方法、算法与实操演示，每章都以一个实际问题作为切入点，引出相关理论与算法，最终通过一个案例演示详细的软件解决过程。本书适合市场营销、工商管理、旅游管理、电子商务、跨境电子商务等专业本科生、研究生作为教材使用，也适合营销管理领域的从业者学习。

未经许可，不得以任何方式复制或抄袭本书之部分或全部内容。
版权所有，侵权必究。

图书在版编目（CIP）数据

营销数据分析 / 李永发主编. —北京：电子工业出版社，2024.1
ISBN 978-7-121-46792-9

Ⅰ. ①营… Ⅱ. ①李… Ⅲ. ①市场营销—数据处理 Ⅳ. ①F713.3

中国国家版本馆 CIP 数据核字（2023）第 228418 号

责任编辑：袁桂春
印　　刷：北京天宇星印刷厂
装　　订：北京天宇星印刷厂
出版发行：电子工业出版社
　　　　　北京市海淀区万寿路 173 信箱　邮编：100036
开　　本：787×1 092　1/16　印张：12.75　字数：295 千字
版　　次：2024 年 1 月第 1 版
印　　次：2025 年 7 月第 3 次印刷
定　　价：59.00 元

凡所购买电子工业出版社图书有缺损问题，请向购买书店调换。若书店售缺，请与本社发行部联系，联系及邮购电话：（010）88254888，88258888。
质量投诉请发邮件至 zlts@phei.com.cn，盗版侵权举报请发邮件至 dbqq@phei.com.cn。
本书咨询联系方式：（010）88254199，sjb@phei.com.cn。

前言

菲利普·科特勒认为，营销已从 1.0 迈向 5.0。其中，营销 1.0 是产品驱动型营销，客户重在寻求功能上的满足；营销 2.0 是客户导向型营销，客户需要实现情感上的满足；营销 3.0 是以人为中心的营销，客户不仅寻求功能与情感上的满足，而且想从所选品牌中获得某种精神上的满足；营销 4.0 是数字世界中的全渠道整合营销，是将传统物理世界与数字世界连接在一起，贯穿于整个客户旅程的营销活动；营销 5.0 是人性技术型营销，通过人性模仿技术的应用，在整个客户旅程中创造、沟通、传递与增强价值。

随着整个社会的营销与传播系统迈向数字网络，以人工智能、区块链、云平台、大数据等为核心的数字技术广泛运用，预测与优化成为关键营销活动，数据成为提升营销效果的新的关键要素。花时间洞察客户，周到考虑与客户任何可能的接触点，挖掘各种各样以客户为中心的合法合规数据，满足客户需求，创造客户喜悦，才能占领客户心智。在这种背景下，营销专业教学内容与课程体系做出重大调整就成为一种必然。随着技术的发展，社会营销高技能人才的需求巨大，对能及时反映营销新技术、新方法、新标准的教材的需求日益迫切。本教材贯彻落实《国家中长期教育改革和发展规划纲要（2010—2020 年）》文件精神，全面提升本科教材质量，充分发挥教材在提高人才培养质量中的基础性作用，采用理论与案例相结合的方式，全方位介绍营销数据分析的理论策略和实操过程，并深入利用多个技术工具，挖掘营销数据背后的市场规律与营销逻辑，从而帮助读者快速了解营销数据分析知识，全面掌握营销数据分析技能，提升营销相关决策的能力与水平。

本教材共 11 章，力图展示当前实践中营销数据分析的主要内容、常用方法与算法。第 1 章为绪论，主要阐述营销数据分析的相关概念、应用领域、方法、流程及影响。第 2 章为基于聚类算法的价格带分析，根据与电脑椅相关的 400 条商品数据记录，利用 K 均值算法对相关指标进行聚类分析，做市场价格细分。第 3 章为用户画像分析，基于中国某景区旅游消费数据，通过可视化分析方法，按地理、人口、心理、行为四种要素对游客人群进行细分，从而优化景区营销对策，满足游客个性化需求。第 4 章为基于 ARIMA 模型的产品生命周期预测，根据液晶电视产品的出口数据，利用 ARIMA 模型预测产品生命周期，制定并优化相应的市场营销策略。第 5 章为基于关联规则的购物篮分析，根据 7985 条天猫超市的消费记录数据，利用 FP-Growth 算法，优化商品陈列布局、交叉销售、捆绑销售、个性化商品推荐等相关经营决策。第 6 章为基于文本挖掘的消费者情感分析，根据淘宝某店铺 1599 条烤肠评价的初始数据，可视化呈现消费者的消费态度，进而优化产品。第 7 章为基于 PSM 的定价策略，根据某企业关于产品价格敏感的调查问卷数据，利用 PSM 生成价格敏感度折线图，并根据分析结果确定产品的合理价格区间。第 8 章为基于决策树的消费者响应预测，根据某电商企业数据，利用决策树算法预测客户

对营销活动的响应，通过建模判断出企业提供的附加价值的边际临界值。第 9 章为品牌推广策略优化，基于某一次性用品品牌与行业数据，利用数据可视化技术呈现品牌营销的效果，为该品牌和行业的营销与管理提供更好的营销推广策略。第 10 章为客户关系管理，本章案例分三个环节：首先利用逻辑回归算法预测客户购买行为；其次基于 RFM 模型对客户进行分类；最后利用决策树算法预测客户流失，并提出流失客户的挽留方案。第 11 章为营销大数据伦理，在大数据时代背景下，在大数据收集、处理、分析和应用的过程中会出现不同的伦理道德问题，针对这些问题，有关政府部门、行业、个人都要承担各自的责任，为预防伦理道德问题的产生做出贡献。

作为营销专业的核心课程教材，本教材在编排思路、内容设计、案例选择与软件解决过程等方面具有四个创新特色。

第一，整体统一，各章独立。全书是一个有机统一体，包括营销数据分析的核心内容、常用方法与实操演示，而每章以一个实际问题为切入点，引出相关理论与算法，最终通过一个案例演示软件解决的详细过程。

第二，理论与实践紧密结合。第 2~10 章中的每章都围绕特定的实践现象或问题，通俗易懂地介绍相关理论知识、方法与算法，利用软件图文并茂地展现问题解决的实操过程。本教材中的案例、数据均取材于真实的商业世界，每章最后列出实训目的，做到实训与实战相统一。

第三，教材思政，案例主导。我们认真贯彻党的教育方针，坚守为党育人、为国育才的初心使命，落实立德树人根本任务，主动将思政元素嵌入教材中，特别是第 1 章与第 11 章包含大量思政内容。第 2~10 章每章都有案例、实训数据，引导学习者根据应用场景进行自主、灵活的实验设计。

第四，教产融合，优势互补。李永发教授及团队负责教材架构与理论知识编排部分，浙江师范大学经济与管理学院院长助理、浙江思睿智训科技有限公司创始人邹益民及团队负责数据抓取、软件实验部分。

具体分工如下：李永发教授负责整体目录规划设计、人员统筹分工，具体负责第 1~4、6~8 章理论和案例分析部分的编写；冯林燕负责第 5、9~11 章理论和案例分析部分的编写；邹益民负责第 2~6 章案例数据抓取、软件实验部分的编写；王天骄负责第 7~9 章案例数据抓取、软件实验部分的编写；隋东旭负责第 10 章案例数据抓取、软件实验部分的编写。

由于水平所限，本教材或有疏漏之处，我们真诚期待有识之士提出宝贵意见，以使本教材不断完善，更好地满足教学需要！在编写教材的过程中，我们参考了大量文献，向列出的和由于篇幅限制未列出的所有参考文献作者表示诚挚的感谢！

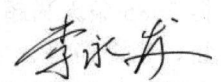

目 录

第1章 绪论 ... 1
1.1 营销数据分析的相关概念 ... 2
1.1.1 数据分析与数据挖掘 ... 2
1.1.2 营销数据与数据营销 ... 3
1.2 营销数据分析的应用领域 ... 3
1.3 营销数据分析的方法 ... 5
1.3.1 基本方法 ... 5
1.3.2 高级方法 ... 6
1.4 营销数据分析的流程 ... 7
1.5 营销数据分析的影响 ... 9
本章小结 ... 11
实训目的 ... 11
思考与练习 ... 11
参考资料 ... 12

第2章 基于聚类算法的价格带分析 ... 13
2.1 问题的提出 ... 14
2.1.1 价格带分析 ... 14
2.1.2 问题设计 ... 14
2.1.3 问题解决思路 ... 15
2.2 聚类算法 ... 15
2.2.1 聚类算法简介 ... 15
2.2.2 K均值算法原理 ... 16
2.2.3 聚类算法的分类 ... 17
2.2.4 聚类算法的应用 ... 18
2.3 价格带分析案例 ... 18
本章小结 ... 24
实训目的 ... 25
思考与练习 ... 25
参考资料 ... 25

第3章 用户画像分析 ... 27
3.1 问题的提出 ... 28
3.1.1 用户画像 ... 28
3.1.2 问题设计 ... 30
3.1.3 问题解决思路 ... 30
3.2 用户画像构建过程 ... 31
3.2.1 明确营销需求 ... 31
3.2.2 确定用户画像的维度和度量指标 ... 32
3.3 用户画像案例 ... 35
本章小结 ... 46
实训目的 ... 47
思考与练习 ... 47
参考资料 ... 47

第4章 基于ARIMA模型的产品生命周期预测 ... 48
4.1 问题的提出 ... 49
4.1.1 产品生命周期理论 ... 49
4.1.2 问题设计 ... 49
4.1.3 问题解决思路 ... 50
4.2 时间序列法与ARIMA模型 ... 50
4.2.1 时间序列法 ... 50
4.2.2 ARIMA模型 ... 51
4.3 产品生命周期预测案例 ... 52
本章小结 ... 62
实训目的 ... 64
思考与练习 ... 64
参考资料 ... 65

第5章 基于关联规则的购物篮分析 ... 66
5.1 问题的提出 ... 67
5.1.1 购物篮分析 ... 67
5.1.2 问题设计 ... 67
5.1.3 问题解决思路 ... 68

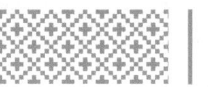

5.2 关联分析 ································· 68
   5.2.1 关联分析步骤与关联强度 ··· 68
   5.2.2 关联分析的核心算法 ········· 69
   5.2.3 关联分析在营销中的应用 ··· 71
5.3 购物篮分析案例 ······················· 71
本章小结 ·· 79
实训目的 ·· 80
思考与练习 ··· 80
参考资料 ·· 80

第 6 章 基于文本挖掘的消费者情感分析 ·· 81

6.1 问题的提出 ······························· 82
   6.1.1 商品评价中的情感 ············· 82
   6.1.2 问题设计 ··························· 82
   6.1.3 问题解决思路 ···················· 82
6.2 文本分析法 ······························· 83
   6.2.1 文本分析原理 ···················· 83
   6.2.2 文本数据的分析类型与一般流程 ······························· 84
   6.2.3 文本情感分析的三种方法 ··· 84
6.3 消费者情感分析案例 ················· 85
本章小结 ·· 94
实训目的 ·· 96
思考与练习 ··· 96
参考资料 ·· 96

第 7 章 基于 PSM 的定价策略 ············ 97

7.1 问题的提出 ······························· 98
   7.1.1 定价 ································· 98
   7.1.2 问题设计 ··························· 98
   7.1.3 问题解决思路 ···················· 99
7.2 PSM 的原理、流程与优缺点 ······ 99
   7.2.1 PSM 的原理 ······················ 99
   7.2.2 PSM 的流程 ···················· 100
   7.2.3 PSM 的优缺点 ················· 100
7.3 定价案例 ································ 101
本章小结 ·· 109
实训目的 ·· 110
思考与练习 ······································· 110
参考资料 ·· 110

第 8 章 基于决策树的消费者响应预测 ··· 112

8.1 问题的提出 ····························· 113
   8.1.1 促销与消费者响应 ··········· 113
   8.1.2 问题设计 ························· 113
   8.1.3 问题解决思路 ·················· 114
8.2 决策树工作原理与算法 ············ 114
   8.2.1 决策树的工作原理 ··········· 114
   8.2.2 构建决策树的多种算法 ···· 115
8.3 消费者响应预测案例 ··············· 116
本章小结 ·· 132
实训目的 ·· 133
思考与练习 ······································· 133
参考资料 ·· 133

第 9 章 品牌推广策略优化 ················ 134

9.1 问题的提出 ····························· 135
   9.1.1 品牌营销 ························· 135
   9.1.2 问题设计 ························· 135
   9.1.3 问题解决思路 ·················· 136
9.2 数据可视化 ····························· 136
   9.2.1 数据可视化的定义 ··········· 136
   9.2.2 数据可视化的步骤 ··········· 137
   9.2.3 数据可视化的呈现要点 ···· 137
   9.2.4 数据可视化的报告撰写 ···· 138
9.3 品牌营销效果分析案例 ············ 139
本章小结 ·· 146
实训目的 ·· 147
思考与练习 ······································· 147
参考资料 ·· 147

第 10 章 客户关系管理 ····················· 148

10.1 问题的提出 ··························· 149
   10.1.1 客户关系管理 ················ 149
   10.1.2 问题设计 ······················· 149
   10.1.3 问题解决思路 ················ 150
10.2 客户购买预测 ························ 151
   10.2.1 逻辑回归算法简介 ········· 151
   10.2.2 基于逻辑回归算法的潜在客户识别案例 ··············· 153
10.3 基于 RFM 模型的客户分类 ······· 164

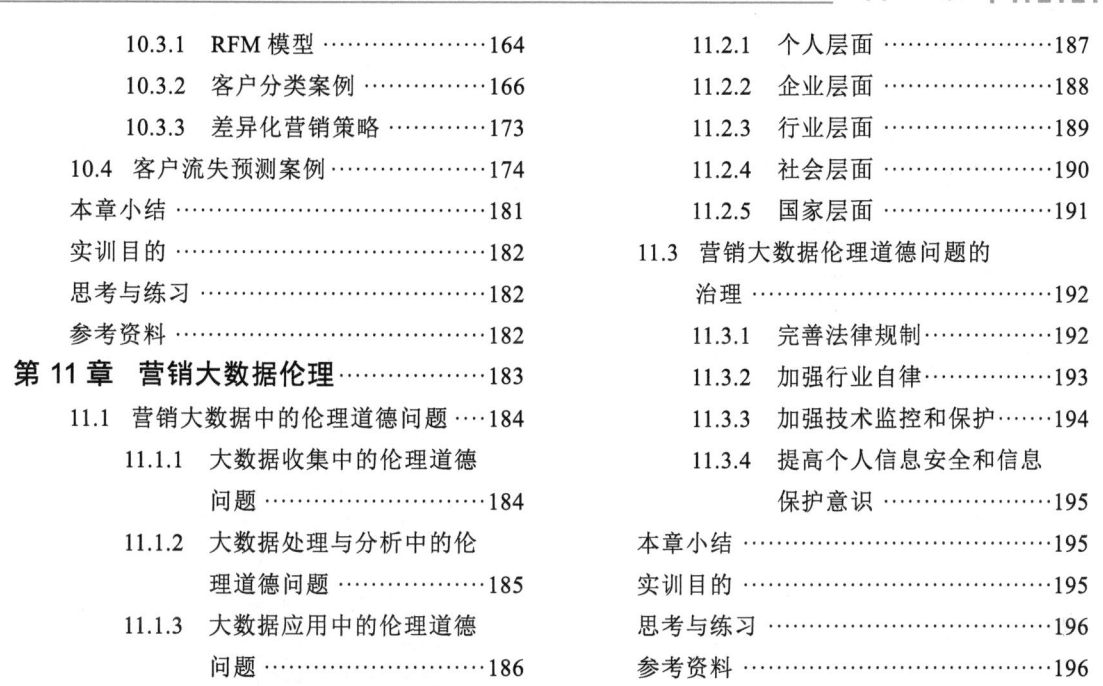

目　录

　　10.3.1　RFM 模型 …………… 164
　　10.3.2　客户分类案例 ………… 166
　　10.3.3　差异化营销策略 ……… 173
10.4　客户流失预测案例 …………… 174
本章小结 ……………………………… 181
实训目的 ……………………………… 182
思考与练习 …………………………… 182
参考资料 ……………………………… 182

第 11 章　营销大数据伦理 …………… 183
11.1　营销大数据中的伦理道德问题 …… 184
　　11.1.1　大数据收集中的伦理道德
　　　　　　问题 …………………… 184
　　11.1.2　大数据处理与分析中的伦
　　　　　　理道德问题 …………… 185
　　11.1.3　大数据应用中的伦理道德
　　　　　　问题 …………………… 186
11.2　营销大数据伦理道德问题的
　　　危害 ……………………………… 187

　　11.2.1　个人层面 ………………… 187
　　11.2.2　企业层面 ………………… 188
　　11.2.3　行业层面 ………………… 189
　　11.2.4　社会层面 ………………… 190
　　11.2.5　国家层面 ………………… 191
11.3　营销大数据伦理道德问题的
　　　治理 ……………………………… 192
　　11.3.1　完善法律规制 …………… 192
　　11.3.2　加强行业自律 …………… 193
　　11.3.3　加强技术监控和保护 …… 194
　　11.3.4　提高个人信息安全和信息
　　　　　　保护意识 ……………… 195
本章小结 ……………………………… 195
实训目的 ……………………………… 195
思考与练习 …………………………… 196
参考资料 ……………………………… 196

第 1 章
绪论

 学习目标
- 了解数据分析、数据挖掘、营销数据与数据营销等概念；
- 了解营销数据分析的应用领域和影响；
- 掌握营销数据分析的方法；
- 掌握营销数据分析的流程。

 学习重点
- 营销数据分析的方法；
- 营销数据分析的流程。

 学习难点
- 营销数据分析的方法。

本章思维导图

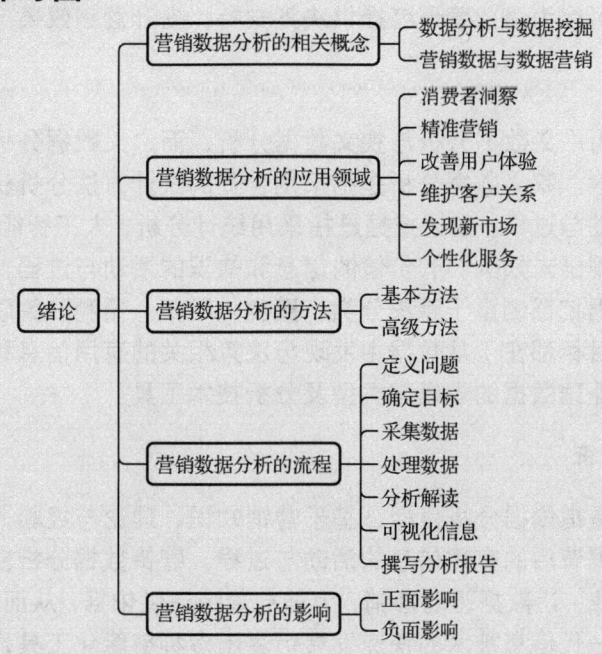

1.1 营销数据分析的相关概念

数字化技术的发展正在倒逼企业重构价值链、管理模式和商业模式，未来的企业或者是原生数字化企业，或者是数字化转型、重生企业。企业可以用前所未有的速度收集用户的海量行为数据，分析、洞察用户信息，预测消费者偏好，做出更明智的产品与营销决策。大数据营销人才、营销数据分析人才成为企业和社会的紧缺人才。我们非常有必要先理解营销数据分析的相关概念，如数据分析、数据挖掘、营销数据与数据营销等。

1.1.1 数据分析与数据挖掘

1. 大数据

数据是记录客观事物的符号，包括现实数据与数字网络中的数据，如数字、符号、图片、视频等。数字经济时代下数据量爆炸性增长，数据产生的方式从被动、主动到自动，数据种类与规模迅速增长。如何从数据中挖掘价值，让数据驱动营销创新，已成为这个时代的新兴重要议题。数据是企业可拥有和控制的重要战略资源之一，已成为劳动力、土地、资本和企业家才能之后的第五种生产要素，参与价值创造、价值交付和价值捕获的全过程。作为一种信息资产，大数据是指规模巨大、类型多样、真实的数据集合，需要突破传统的常规处理模式，才能在一定时间内挖掘出应有的信息价值。大数据分析采用的是全数据，而不是传统的抽样数据。对行业大数据、供应链大数据和企业消费者行为习惯的分析，可以为企业管理者提供决策支持，提升营销效果。

2. 数据分析

数据分析可分为广义数据分析与狭义数据分析，而广义数据分析涵盖了狭义数据分析与数据挖掘的内容。狭义数据分析是指采用合适的统计方法分析获取的数据，产生一定的有用信息的活动与过程。数据挖掘是指采用统计分析、人工智能、机器学习等方法，从大量的数据中挖掘出未知的、有价值的信息和知识的活动与过程，从而帮助决策者更好地做出决策。数据挖掘侧重于解决分类、聚类、回归、预测和关联等问题。数据挖掘与狭义数据分析的目标都在于从数据中发现与决策相关的有用信息和知识，但两者明显的不同之处在于所处理数据的规模与类型及分析技术工具。

3. 营销数据分析

营销数据分析是指依据分析目标，基于营销知识、理论与经验，利用一定的分析工具，洞悉营销大数据背后的有用信息的活动与过程。营销数据分析旨在获得营销数据的潜在信息和内在规律，让数据驱动营销，为精准营销提供依据，从而提升营销决策效率，实现营销目标。新一代信息技术的快速发展衍生出多种智能化工具，如大数据挖掘技助力数据分析精确化、智能化,被广泛应用于各个行业。在营销领域,大数据的广泛应用解构了传统营销体系,数据分析成为营销调研和市场预测的核心,贯穿于整个营销过程。营销数据分析具有科学性和艺术性。科学性体现在营销数据分析的理论支撑为营销理论和数据科学,技术支撑为包括大数据技术在内的多元统计分析工具。在理论与技术的演进过程中,数据表达与要素分析的程序化和可重复性程度显著提升。艺术性体现在分析人员在分析过程中对分析指标、工具、模型及方法的选择具有灵活性和创造性。

1.1.2 营销数据与数据营销

营销数据是营销领域以消费者为中心的数据。营销数据质量问题是营销决策优化分析和建模有效性的常见且重要的影响因素。成功的营销数据分析主要取决于可用于分析活动的数据质量。营销大数据分析是指采用技术手段从营销大数据中获取营销决策所需的有价值信息,确定或重新建立营销认知,以实现营销目标的活动与过程。

营销数据依据数据形式可分为结构化数据、非结构化数据与半结构化数据。其中,结构化数据是一种可以用常规指标和图表呈现的标准化数据,主要为定量数据及格式化的定性数据如文本报告、交易记录等;非结构化数据是可记录一切形式信息的多样化无标准数据,难以用传统指标量化、二维逻辑表现,如网页视频、评论信息、音频等;半结构化数据是介于以上两种类型之间的其他数据,是大数据时代的特殊数据类型,如邮件、网页等。

营销数据依据分析内容可分为客户数据、行为数据与业务数据。其中,客户数据是指客户个人身份相关数据,如客户性别、年龄、出生地、常住地、出生日期、联系方式、学历、薪资水平等数据;行为数据是指在客户各类行为中产生的数据,如消费时间、消费金额、消费频次、浏览时长、访问设备、浏览页面、分享、点赞、打赏、收藏等数据;业务数据是指一线业务部门提供的基础数据,如生产型企业的耗材数据、生产工人数量、员工工作时间、员工工作业绩、机器维护数据、仓库采购等数据。

数据营销是以可量化的消费者数据驱动的营销。大数据营销是基于消费者的大数据收集、整理、挖掘、分析与预测,洞察大数据中的信息,制定恰当的营销策略。大数据营销分析全面的营销大数据而非随机抽样的数据,关注营销数据之间的相关性。

1.2 营销数据分析的应用领域

营销数据分析应用领域广泛,涉及广告监测和优化、客户关系管理及企业内部管理和新产品研发等。总体来说,营销数据分析的应用领域主要有以下六个。

1. 消费者洞察

消费者洞察指的是通过准确描述和理解消费者内心需求或信念、态度,引起与消费者的共鸣,这也是一种服务或一项产品能否真正打动消费者的关键。基于大数据时代特征的消费者洞察流程大致可以分为三个步骤：首先，企业需要从大数据中提取有效数据，即建立一个对应企业业务需求的消费者数据库，这一步就是从消费者的需求出发。其次，利用已有的数据标签，结合数据挖掘技术，按照消费者特征进行分类。最后，根据消费者特征，企业为其制定出个性化的营销策略，以实现差异化营销。此外，企业还可以根据营销活动执行过程中的反馈进一步完善营销方案，以获得更理想的企业效益。

2. 精准营销

在大数据时代，人们开始挖掘数据中的最大信息资源，以实现信息的有效利用。大数据时代的企业营销核心是，把握客户的消费个性特征，利用合适的载体，通过适当的方式将企业的业务推送给需求度最高的消费群体。精准营销的概念最早由菲利普·科特勒（Philip Kotler）提出，它指的是借助各种媒体中介，结合现代化信息技术手段，将企业的有效信息推送到目标用户，以此节省成本、提高效益。与传统营销模式相比，精准营销主要应用于个性化推荐、差异化营销及多渠道推广等。

3. 改善用户体验

用户体验涉及多个方面，其中包括用户在体验服务或产品的过程中对服务或产品的反馈，但是其关键还是用户的满意度。因此，要改善用户体验，关键是企业要真正了解用户对产品的使用需求。同时，用户体验具有动态性、主观性及环境依赖性等特征，企业在进行产品调研时，需要结合用户的体验深度、感知动态等变化，深入探索用户群体比较全面的用户体验。由于不同方式的效果有其局限性，可以结合问卷、访谈和心理测量技术等方式进行调研。

4. 维护客户关系

将已经放弃购买的客户吸引回来和挽回那些流失了的老客户都是大数据营销在商业中的应用。比如，购物 App 拼多多会按照客户的订单习惯，给那些已经很久没有通过 App 购买商品的客户发放小额优惠券，刺激他们再次使用 App 进行消费。再比如，上海金丰易居房地产集团采用电子客户关系管理（Electronic Customer Relationship Management，ECRM）系统维护客户关系，该系统不仅拥有庞大的客户数据库信息，而且具备实时更新技术，可以实现客户一对一需求回应，以挖掘客户的潜在价值。

5. 发现新市场

纳特·西尔弗（Nate Silver）在《信号与噪声》中说："我们往往容易忽略最难以衡量的风险，即使这样的风险会成为我们生活中最大的威胁。"这句话告诫我们未来是艰难的，而大数据营销则可以让我们更好地应对未来，以大数据为基础对市场进行分析和预测，为企业提供更好的盈利机会。比如，短视频社交 App 抖音在前期精准定位年轻群体，利用大数据技术自动识别用户的浏览偏好，后期不断优化用户体验，全面进行推广和营销，开启了"全民抖音"时代。因此，大数据营销可以帮助企业发现新市场、寻找新的销售渠道、制定新的促销战略、挖掘新的市场增长点。

6. 个性化服务

电子商务在提供个性化服务方面具有先天的优越性，能够通过技术手段实时获取客户的网上交易信息，为其提供个性化的服务。很多电商企业都试图对客户进行数据分析，从而在首页上为客户进行个性化的产品推荐。比如，三星电子公司的定制家电产品风靡全球，客户可以对家电产品的尺寸、外观、色彩、创意图案、材质进行自由搭配和选择。不仅外观与设计可以定制，有些家电产品甚至连硬件功能都可以定制。在服装、运输等行业也出现了相似的个性化服务。这些企业通过满足客户的个性化要求，为客户提供更加满意的产品和服务，缩短了设计、生产、运输、销售等周期，提高了企业运营效率。

企业需要从数据中全面了解客户的个性，然后才能针对客户的个性化需求进行合理的控制和设计。为客户提供产品和服务的前提就是了解客户个性。企业要从海量的数据中筛选出最有价值的信息，然后利用数据挖掘技术将其进行聚类，并根据结果为其设计相应的服务。个性化分散的单位或大或小，大则意味着客户群体具有同样的消费需求，小则代表着每个客户都有不同的个体需求。因此，企业要把握好个性化服务的程度，如果服务太分散，就会导致服务费用增加，管理的复杂性也会随之增加，个性化的费用应当与实际收益成正比。

1.3 营销数据分析的方法

1.3.1 基本方法

营销数据分析常用的基本方法有对比法、拆分法、排序法、分组法、交叉法、降维法、增维法、指标法和图形法。根据营销数据分析的具体问题与目标选择一种或一种以上的分析方法可以让分析更加高效。

1）对比法。对比法是一种通过实际数与基数的对比来识别两者之间的差异，借以了解营销活动的效果和问题的分析方法，包括横向对比和纵向对比两个类型。横向对比是指同一时期不同维度的对比，而纵向对比是指同一维度不同时期的对比，用于同一事物不同阶段间的比较。该方法在营销数据分析中适用于市场规模、市场趋势分析。

2）拆分法。拆分法是一种将一个问题拆分成若干子问题，从而精准识别症结，找到根本原因的分析方法。比如，在电商运营中，面对访客数量减少而导致销售额下降的问题，可以将访客数量拆解为付费流量和免费流量两个子问题分析。

3）排序法。排序法是依据某个指标或度量值的大小进行递增或递减排列的分析方法，是从对比法中衍生出来的方法。比如，企业市值排名、年收入排名、年利润排名等。

4）分组法。分组法是按类型、结构、时间、阶段等维度将总体分成若干个组别，区分不同属性的对象，保证组内对象属性具有一致性、组间对象属性具有差异性，观察分组后的数据特征，从中洞察有价值的信息的分析方法。

5）交叉法。交叉法是一种对比两个或两个以上相关联维度或指标的分析方法，融合了拆分法和对比法。当相关联维度超过三维时，一般用统计表进行分析，不超过三维则使用图表分析。在营销数据分析中，该方法常用于市场定价分析。

6）降维法。降维法是一种将高维度数据变成低维度数据的分析方法。在数据集指标过多、干扰因素过多时，找到核心指标，对其分析，有助于提高分析精度。降维法可选择采用统计学方法中的主成分分析、因子分析等方法实现。

7）增维法。增维法是在数据集的字段过少或信息量不足时定义、增加新维度的分析方法。比如，在分析关键词时，将搜索人气除以商品数量定义为一个新指标：关键词的竞争指数。

8）指标法。指标法是通过一系列统计指标，如汇总值、平均值、标准差等分析数据的方法，适用于多维度数据集。

9）图形法。图形法是通过一系列统计图形，如柱形图、折线图、散点图等直观地分析数据的方法，适用于低维度数据集。

1.3.2 高级方法

高级方法一般指数据挖掘算法，包括分类分析法、回归分析法、聚类分析法、相关分析法、标签分析法、时间序列分析法。在大数据技术下，分析数据的侧重点从因果关系分析向相关关系分析转变，对于非结构化数据如多媒体数据、移动数据的分析，要求分析人员具备较强的语言分析能力。

1）分类分析法。分类分析法是一个分类模型，将目标源数据库中的数据按照已知类别进行归类。分类分析法可采用二分类算法和多分类算法。其中，二分类算法表示分类标签只有两个分类，具有代表性的有支持向量机和梯度提升决策树。多分类算法表示分类标签多于两个分类，比较常见的有朴素贝叶斯、决策树、逻辑回归和随机森林。在营销领域，该方法可用于预测分析。

2）回归分析法。回归分析法基于一个回归模型分析某些自变量与因变量间的定量关系。运用回归分析方程，可以预测因变量的未来变化趋势。比如，分析销售额与广告投放金额的定量关系，即可运用回归分析法，此时自变量与因变量个数均为 1，即一元回归分析，且得到的关系线近似一条直线，又称线性回归分析。当自变量个数超过 1 时，如分析三种不同渠道的广告投放额与销售额的关系，即多元回归分析。

3）聚类分析法。聚类分析法是根据相似性，将目标源数据库中的数据源进行归类的一种分析方法。聚类分析法与分类分析法的不同点在于其聚类时的数据源类型是未知的，整体过程为无监督的学习。

4）相关分析法。相关分析法是分析随机变量间相关程度的一种方法。相关分析中，变量间的相关关系具备随机性，在营销领域适用于探索性研究。比如，在分析企业销售额时，利用相关分析法对各指标进行分析，以挖掘出与销售额相关程度比较高的字段。若分析得出客户好评率与销售额呈高度正相关，则后续可以进一步对产品的评价进行优化。

5）标签分析法。标签分析法是通过打标签的形式，用标签替代难以量化的因素的一种方法。比如，探寻天气对销售额的影响时，天气因素难以量化，即可使用"晴天""雨天"等细分标签，将一段时间内的天气按照标签归类，再对比分析。

6）时间序列分析法。时间序列分析法就是应用数理统计方法对按时间顺序排列的一组数字序列进行处理，以预测该数字序列演化的轨迹。时间序列分析法一方面考虑到事物发展的偶然性、随机性，利用加权平均法处理历史数据；另一方面考虑到事物发展的延续性，应用处理过的历史数据推测事物的发展趋势。

随着大数据技术的演进与数理统计方法的深入研究，营销数据分析方法层出不穷，以上介绍的分析方法仅为较常见的几种。

1.4 营销数据分析的流程

营销数据分析的流程一般包括定义问题、确定目标、采集数据、处理数据、分析解读、可视化信息、撰写分析报告（见图1-1）。

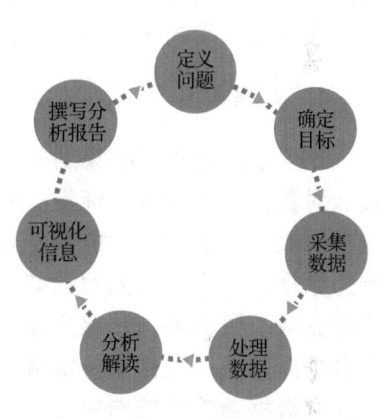

图1-1 营销数据分析的一般流程

1. 定义问题

进行营销数据分析时，第一步需要定义问题。比较典型的场景就是对企业的数据进行分析。企业有很多数据，如销售数据、客户数据、财务数据、生产数据等，因此我们首先需要知道要从这些数据中获取什么有价值的信息用来指导商业决策。我们需要知道要解决的问题是什么，想得到什么结论。

2. 确定目标

随着市场环境变化，营销活动中出现各种问题，分析人员要确定分析问题的必要性，判断哪些问题需要实时分析处理，预估分析报告的可能结果及结果导向，确保分析报告与现有业务有逻辑关系，且有助于报告使用者进行经营决策。确定目标是分析人员进行正确数据分析的基础，既确保分析过程的有效性，也为后续步骤提供指导方向。

在营销活动中，数据分析目标主要包括以下三类：①现状分析，如对某渠道销售情况的分析，通常需运用每日、每周、每月的销售额数据，即判断当下情况好坏；②原因分析，如渠道销售额普遍较低时的因果分析，需采用更多关联数据，如客户信息数据、广告数据等，即找寻问题的原因；③预测分析，如改变渠道营销策略时，对未来发展趋势进行的分析，即预估未来情况。

在定义问题与确定目标以后，需梳理分析思路，可以运用"4P"理论、SWOT分析等理论模型，明确分析对象；然后针对若干不同分析要点，预选适当的分析角度和分析指标，从而确定需要获取的数据类型和规模大小。

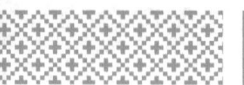

3. 采集数据

采集数据是指以营销数据分析目标为基础，从客观世界获取原始数据的过程。数据来源可分为企业内部和外部两大渠道，其中企业内部数据相关性更强，为主要数据来源。

采集数据按照是否借助第三方数据统计工具可分为直接获取和间接获取两种方式。直接获取是从企业内部网络中直接采集数据的过程。分析人员在此过程中利用代码或网页源码手动采集，需要借助一些数据分析工具，如 Power BI、Excel 等，或者编程语言如 Python 等，或者利用 SQL 脚本读取数据库中的数据。利用这些工具进行手动数据采集，通常要求分析人员有一定的数据分析或编程基础，因为使用过程中通常涉及一些函数或命令的调用。同时，分析人员还需了解企业常用内部数据库框架，如客户关系系统、财务信息系统、内部邮件系统等，保证数据的代表性。间接获取是从企业外部网络中借助第三方数据采集工具收集数据的过程。在此过程中，一般需要分析人员先进行一些基本字段或规则设置。这些工具通常对分析人员的数据分析或编程等技术要求较低，但其局限性在于，能够获取的数据有限，许多信息无法采集，并且有些工具需要付费才能实现相应功能。国内常见的第三方数据采集工具有八爪鱼、火车头、后羿采集器等。

4. 处理数据

处理数据是指对收集到的数据进行梳理、加工的过程。首先应明确数据测定尺度，其次对数据进行抽取、清洗、转化、提取，最后将提取后的数据归入目标源数据库。大数据时代，企业需处理的数据量级较大，不仅要处理结构化数据，还要处理非结构化的行为数据，对于数据处理的要求也随之提高，一般在分析人员设定程序以后需由计算机辅助完成。数据处理步骤主要包括：①第一次数据提取，将收集到的所有原始数据从各个数据库系统、文件系统提取到数据交换中心，此时的数据内容大多杂乱无序。②数据清洗。数据清洗的筛选对象是原始数据中残缺、错误及重复的部分，筛选后对这部分数据进行更正、补充和删除。③数据转换，将清理后的数据按照分析需要的形式进行转换调整。④第二次数据提取，通过设定针对性过滤条件，将分析需要的必要信息数据从数据交换中心提取到目标源数据库。经过以上四个步骤，来自不同数据源的无序数据经过有效提取转换成系统化的数据存入目标源数据库，即完成数据分析准备工作。

5. 分析解读

分析解读是指选用适当的营销数据指标、方法和模型工具，对目标源数据库中已处理过的数据进行分析，获取有效信息的过程。整个分析解读流程包括数据预处理、特征处理、算法选择、模型预测等环节，从分析得出的数据结果中提炼出营销洞察。

6. 可视化信息

可视化信息是指将已分析提取的有效信息转化成报告使用者易理解的形式的过程，即数据可视化。呈现方式主要为图表，常见的图表形式包括条形图、饼图、折线图等，营销分析中常用的图表类型还包括漏斗图、金字塔图、矩阵图等。图表制作步骤包括确定主题、选择类型、将数据转化成图表形式、美化图表与检查数据及观点完整性。

7. 撰写分析报告

撰写分析报告是指通过图文并茂的形式总结数据分析结果的过程。分析报告一般包括引入、正文和结论三个部分，具体框架如图 1-2 所示。分析报告需清晰明了，否则冗长的文字和复杂的图表难以让报告使用者找到重点内容。同时，报告内容需主次分明，论述需具备科学性和严谨性，以帮助报告使用者进行有效决策。

营销数据分析还可以纳入实战测试与反馈回应环节。实战测试是指根据模型预测结果制定相关的营销策略，并且在实际业务中进行测试。反馈回应是指将依据营销数据分析制定的营销策略的实施结果反馈给业务部门或决策者，重新进行营销数据分析。

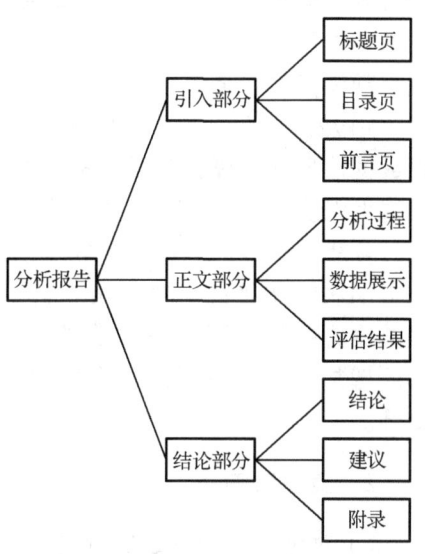

图 1-2 营销数据分析报告的框架

1.5 营销数据分析的影响

信息技术的更新升级必然带来营销技术动荡、市场动荡及企业竞争格局的重塑。面对多源异构的海量营销数据，营销数据分析既具有帮助企业提高市场预测的精准性和前瞻性的正面作用，也由于现实与可能的信息技术安全问题造成社会担忧。

1. 正面影响

1）体验优化。大数据时代，消费者需求呈现个性化、多元化趋势。营销活动设计以消费者需求为主线，侧重于实现精准营销，以优化消费者体验。实现精准营销需要营销人员适时、精准地通过合适的方法或途径向目标消费者推送与其需求相符、价值相契的产品或服务信息，而不是大范围、无区别、统一发送，因此营销人员需要提前洞察消费者需求。营销人员可以通过营销数据分析，借助相关统计工具，对消费者数据进行收集及挖掘，分析提炼出消费者需求，准确地洞察和把握消费者的消费偏好，从而准确区别受众群体与其他群体。同时，营销人员可以通过分析实时客户反馈数据信息，前瞻性地洞察和把握消费者的消费偏好，从而预测消费趋势，促进产品或服务质量全面提升和优化，最终实现消费者体验的持续优化。

2）预算优化。营销人员在设计营销方案时，通过预算来控制营销成本，保证取得目标利润。在做预算的过程中，营销数据分析结果可以帮助营销人员合理分配有限资源，优化预算方案。首先，营销人员通过对相关业务数据进行分析，可以得到不同渠道环节的转化率，通过组合形成不同营销方案的投资回报率，进而根据这些指标信息对营销方案及渠道环节做出取舍，从而优化预算方案。其次，在大数据时代，对投资回报率的分析可以精确到个人，针对回报率高的消费者投送产品信息，可以降低消费者的信息过滤成本。最后，营销人员通过数据分析，准确识别消费者需求，可以避免提供无关服务，减少营销费用，降低预算。

3）决策优化。在营销数据分析广泛应用之前，企业决策者在进行经营决策时没有大量数据信息做支撑，此时决策者的丰富经验成为企业的核心竞争力，决策者的经验水平在很大程度上影响整个企业的决策水平。然而，在数据信息量以指数级增长的大数据时代，依靠成功经验进行决策并加以复制推广的营销模式难以实施，营销数据分析能力成为影响决策水平的关键要素。营销数据分析的应用使以经验为中心的决策模式转变为以数据为指导的科学决策模式。随着数据分析方法及工具的升级，数据挖掘的信息量不断增加，相关信息的可视化程度提升，分析内容更加细化，经营决策的正确率显著提升。

2. 负面影响

1）对企业形成一定的冲击。

（1）人才压力。企业提升营销数据分析能力的首要任务是培养高素质营销数据分析人才。其中，复合型分析人才，如既谙熟营销理论知识又掌握数据科学方法的首席数据官（Chief Data Officer，CDO），是保证数据分析质量的中坚力量。然而，现状是多数企业缺少复合型分析人才，仅具有掌握技术而对业务流程缺乏认识的信息型人才，随着大数据分析在企业广泛应用，企业人才压力逐渐增大。对此，企业管理层应增强培养意识，积极引进复合型分析人才，培训各个营销活动环节的人员，使其提升对数据信息的理解和运用能力，以此提高人员的整体分析水平。

（2）知识压力。营销数据分析以营销理论、数据科学为理论支撑，以信息技术为工具支持，因此企业需要对理论发展、技术进步有即时洞察。而在大数据时代，信息量指数级增长，技术更迭速度快，大数据分析的应用对企业形成知识压力。对此，企业可以通过加入行业协会、建立校企合作等方式借力获取相关知识，从而保证数据分析的质量，缓解知识压力。

（3）资金压力。营销数据分析离不开技术支撑，而各项数据分析技术的应用需以数据分析支撑平台为载体，企业需持续投入资金建立、维护和升级数据支撑平台。同时，企业需要持续投入资金的还有人才培养、技术升级等方面。在此过程中，企业投入成本增加，易形成资金压力。对此，企业应均衡预算，根据自身规模和业务范围选择性投入，控制成本，以应对资金压力。

2）在社会层面产生负面影响。

（1）信息泄露。信息泄露现象是企业在数据分析中挖掘大量用户数据、滥用数据信息导致的。用户个人身份信息泄露，损害用户个人财产权、安宁权和个人隐私权，产生精准诈骗、垃圾广告泛滥等不良影响。企业应自觉遵守行业自律规范，规避数据分析过程中对数据信息的不合理操作，避免信息在采集和使用过程中过失泄露。

（2）算法"杀熟"。算法"杀熟"是企业通过数据分析定位用户需求，并提供特定价格产品的一种价格歧视现象。大数据分析的技术发展使企业有能力定位用户意愿支付的最高价格，从而产生用户剩余最小现象，即相同产品销售给不同用户时价格不同，该现象属于一级价格歧视。算法"杀熟"侵害消费者的平等权，紊乱市场价格，严重破坏市场秩序。企业应实时提升行业法治意识，善用数据分析技术，避免不公平交易现象产生。

（3）数据窃听。数据窃听是企业通过各类传感器收集用户实时信息且恶意监控的行为。移动设备的普及应用结合大数据技术，使用户在不知情的情况下被移动设备实时收集个人语音数据。常见现象包括，用户生活中刚提及的产品，其广告实时被推送到手机界面。数据窃听严重侵犯个人隐私权，威胁人身安全，企业在数据分析采集中应守住底线。

本章小结

本章主要阐述了营销数据分析的相关概念、应用领域、方法、流程及影响。营销数据分析是指依据分析目标，基于营销知识、理论与经验，利用一定的分析工具，洞悉营销大数据背后的有用信息的活动与过程。营销数据分析旨在获得营销数据的潜在信息和内在规律，让数据驱动营销，为精准营销提供依据，从而提升营销决策效率，实现营销目标。本章将营销数据分析方法分为基本方法和高级方法两类。常用的基本方法有对比法、拆分法、排序法、分组法、交叉法、降维法、增维法、指标法和图形法。高级方法一般包括分类分析法、回归分析法、聚类分析法、相关分析法、标签分析法、时间序列分析法。企业能否捕获消费者的海量行为数据，分析、洞察消费者信息，预测消费者偏好，决定了企业能否做出更明智的产品与营销决策，因此大数据营销人才、营销数据分析人才成为企业和社会的紧缺人才。

实训目的

巩固营销数据分析的相关概念、应用领域、方法、流程及影响；通过教师讲解，对营销数据分析的基础有一定了解，为后续的课程学习打下坚实基础。

思考与练习

1. 什么是营销数据分析？
2. 简述营销数据分析的负面影响及如何应对。

参考资料

[1] Kotler P, Kartajaya H, Setiawan I. Marketing 5.0:Technology for humanity[M]. New York: John Wiley & Sons, 2021.

[2] 殷复莲. 数据分析与数据挖掘实用教程[M]. 北京：中国传媒大学出版社，2017.

[3] 方志军. 数据科学与大数据技术导论[M]. 武汉：华中科技大学出版社，2019.

[4] 樊华，李玉萍，邓凤仪. 营销数据分析：市场分析与软件应用[M]. 成都：西南财经大学出版社，2020.

[5] 康俊，刁子鹤，杨智，宋美娜. 新一代信息技术对营销战略的影响：述评与展望[J]. 经济管理，2021,43(12):187-202.

第 2 章
基于聚类算法的价格带分析

 学习目标
- 了解聚类算法的基本概念；
- 了解聚类算法的应用；
- 掌握如何利用聚类算法对市场价格进行细分。

 学习重点
- 聚类算法的应用；
- 利用聚类算法进行市场价格细分。

 学习难点
- 聚类算法的原理；
- 模型评估与结果分析。

 本章思维导图

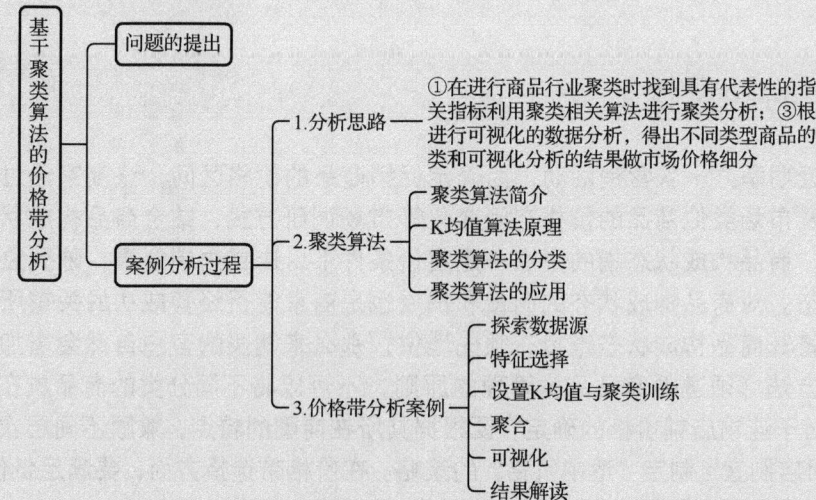

2.1 问题的提出

2.1.1 价格带分析

价格带（Price Zone）指的是某商品品类的价格由低到高形成的价格幅度，其幅度决定了该类商品面对的消费者的层次和数量。在商品价格带中，由于价格高低幅度不同，其中包含的商品品类和数量也有所不同。同时，由于价格带中各价格段的商品陈列量的差异，商店陈列呈现不同形态，最终形成商店的经营特点和特性，从而进一步满足客户对商品丰富性的需求。商品品类管理是对一类具有相似特征或功能的商品进行整体分类和管理，而价格带则是在商品品类的基础上，通过市场调研和竞争情况对不同品种的价格进行划分和管理。价格带的目标是帮助消费者了解市场上不同商品品种的价格范围，从而做出更明智的购买决策，也帮助企业了解市场上的价格竞争情况，制定合适的定价策略等。

商品价格带分析是市场调研普遍采用的一种方法，在商品定价的过程中不可或缺。在商品管理过程中，运用好价格带分析，不仅可以帮助企业节约有限的资源，还可以提高企业的经济效益。企业可以依据其竞争对手的经营策略及客户的消费习惯来分析价格带，还可以根据客户的反馈和市场中其他企业的经营情况及时调整自身的经营策略和商品结构，增强企业自身竞争力。因此，无论是经营商还是供销商，都需要密切关注市场中类似商品品类的价格变化，从而划定适合自己经营的价格空间，灵活、有效地与对手竞争。

2.1.2 问题设计

某商家计划近期举办一次营销活动，为确定促销商品的价格区间，该商家通过问卷调查、客户反馈及市场类似商品的价格空间变化等市场调研方式，结合商品构成状态，确定合适的价格。商品构成状态指的是在一定售价条件下，店铺内销售量、陈列量或商品品目数量的状态。对商品构成状态的衡量和把握也是商家能否经营成功的关键所在，如果某商家能够将其商品构成状态维持在领先地位，那么来购买的客户自然会增加。同时，价格带分析方法必须遵循商品品类管理的原则，不可以将不同分类的商品放在一起进行比较。尤其对于连锁店铺价格的确定，要根据其所在商圈的特点，兼顾不同层次的客户需求，采取"因店制宜"制定"适中价格"的策略。在价格带选择方面，要满足低价位、商品价格种类少、窄价格带、充分陈列等基本前提。

2.1.3 问题解决思路

1．价格带的制定

价格带分析不仅和商品价格有关，还要与商品品牌、气候、促销等因素联合起来进行分析。价格带制定的具体步骤如下：①企业需要进入商品销售区域或卖场，把握竞争对手和客户消费习惯，了解商品的价格变化情况；②根据经营情况和客户反馈，并结合竞争对手的经营策略，及时调整商品结构，增强竞争力；③明确价格带分析的必要组成因素，即竞争者和企业自身商品的详细资料、企业内部的商品组织分析表及分析报表；④寻找商品品类中的"价格点"，这也是价格带分析的关键所在；⑤根据价格线找到价格点，给出最终商品价格图。

2．市场价格细分

利用聚类算法进行市场价格细分，基本思路如下：①在进行商品行业聚类时找到具有代表性的指标；②对相关指标利用聚类相关算法进行聚类分析；③根据聚类分析结果进行可视化的数据分析，得出不同类型商品的特性；④根据聚类和可视化分析的结果做市场价格细分。

2.2 聚类算法

2.2.1 聚类算法简介

在基本术语中，聚类算法是指在数据中寻找结构，使同一聚类（或组）中的元素彼此之间比其他聚类中的元素更相似，也是在没有训练和不知道划分类别的前提条件下，根据信息的相似性原则，对样本进行分类。

聚类算法是数据挖掘的重要技术之一，也是最常用的一类无监督机器学习算法，其目的是将数据划分为有意义或有用的组（也称簇）。这些划分可以根据业务需求或建模需求进行，也可以纯粹用于辅助探索数据的自然结构和分布。比如，如果企业有很多当前和潜在的客户信息，就可以使用聚类将客户分组，有助于进一步分析并制定营销活动。最著名的客户价值判断模型是 RFM[①]，该模型就经常与聚类算法结合使用。此外，聚类还可以用于降维和矢量量化（Vector Quantization），可以将高维特征压缩到单个列中，常用于图像、音频、视频等非结构化数据，可以显著压缩数据量。

如果目标是分成有意义的组，则簇应该捕获数据的自然结构。然而，从某种意义上

---

① RFM 是衡量客户价值和客户创利能力的重要工具和手段，其有三个指标：最近一次交易时间与当前的时间间隔（Recency）、购买频次（Frequency）、购买金额（Monetary）。

说，聚类算法只是解决其他问题（如数据汇总）的起点。无论是出于理论还是实用目的，聚类算法在许多领域都发挥着重要作用。这些领域包括心理学、生物学、统计学、模式识别、信息检索、机器学习和数据挖掘等。

2.2.2 K 均值算法原理

聚类算法有很多种，K 均值是最常用的聚类算法之一，也是最基本、最重要的算法。该算法的主要特点是简单、易于理解且计算速度快，但它只适用于连续型的数据，并且必须在对数据进行聚类之前手动指定要划分的类别。

K 均值算法是一种简单的迭代聚类算法，它以距离作为相似性指标，查找给定数据集中的 K 个类别。其中每个类的中心根据类中所有值的均值得到，每个类用聚类中心来描述。聚类的目标是以欧氏距离作为相似度指标，使各类的聚类平方和最小。

K 均值的基本思想是：通过迭代找到一种方法来划分出 K 个聚类，用这 K 个聚类的均值来表示对应样本时总体误差是最小的。

K 均值算法流程如下。

1）首先选取数据空间中的 K 个对象作为初始中心，每个对象代表一个聚类中心。

2）根据样本数据对象与聚类中心的欧氏距离，以距离最近为准则，分到距离最近的类。欧氏距离表达式为：

$$\rho = \sqrt{(x_2-x_1)^2 + (y_2-y_1)^2}, \quad |X| = \sqrt{x_2^2 + y_2^2}$$

其中，ρ 为点 (x_2, y_2) 与点 (x_1, y_1) 之间的欧氏距离；$|X|$ 为点 (x_2, y_2) 到原点的欧式距离。

3）更新聚类中心并判断聚类中心和目标函数的值是否发生改变，若不变，则输出结果，若改变，则返回上一步。

K 均值算法流程图如图 2-1 所示。

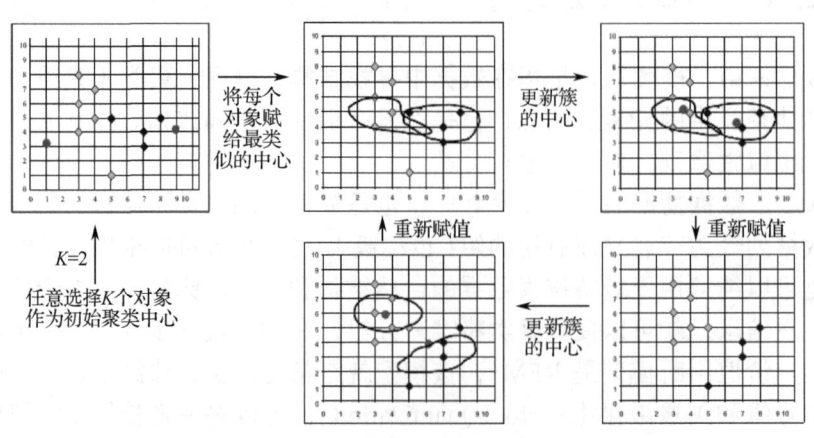

图 2-1 K 均值算法流程

总体来说，K 均值是一种基于距离的聚类算法，将所有数据归类到其最邻近的中心。它适用于对球形簇分布的数据进行聚类分析，可应用于客户细分、市场细分等分析场景。用户在使用时需要指定聚类个数。

2.2.3 聚类算法的分类

聚类算法依据研究方向和适用数据集的不同可以划分为五类，分别为基于划分、基于层次、基于密度、基于网格及基于模型的聚类算法。

1. 基于划分的聚类算法

基于划分的聚类算法的基本思想是将簇的质心作为聚类中心，其中簇的质心是由数据点构成的。接着依照距离大小将数据对象进行簇类划分，以此实现数据集的聚类操作。主要思想为将一个包括 n 个数据对象的数据集划分为 k 个类簇，同时每个类簇代表数据集中的一组相似度最高的数据对象。比较经典的基于划分的聚类算法有 K 均值算法、CLARANS 算法等。但是目前大多数此类聚类算法都存在灵活性较差的问题，并且算法需要预先输入终止条件。

2. 基于层次的聚类算法

基于层次的聚类算法主要按照"自底向上"和"自顶而下"的策略，将其分为凝聚层次聚类和分裂层次聚类。凝聚层次聚类是先进行合并，将数据集中所有数据对象看成一个类簇，然后对簇进行一定规则的合并操作，直到合并的簇族满足预定的类簇族或划分的类簇满足某个预设终止条件，则完成聚类运算。分裂层次聚类是先进行划分，将所有数据对象看成一个簇，然后对簇进行子簇的划分，递归划分，直到划分出的子簇满足终止条件，则完成聚类运算。基于层次的聚类算法可以在不同层次上展示数据集的聚类结果，并且可以通过绘制树状图实现聚类结果的可视化，从而进一步凸显聚类算法包含的物理意义。目前应用比较广泛的层次聚类算法有 CURE 算法、BIRCH 算法等。

3. 基于密度的聚类算法

基于密度的聚类算法主要是利用样本点分布紧凑程度，以样本点的数量大小代替距离测度，从而实现对数据样本点间相似性的度量。同时，基于密度的聚类算法在一些方面弥补了一些传统类别聚类算法的不足，如解决了一些传统类别聚类算法只能发现球型簇的问题。目前比较典型的基于密度的聚类算法主要有 DBSCAN 算法、OPTICS 算法及 DENCLUE 算法等。

4. 基于网格的聚类算法

基于网格的聚类算法主要通过人为构建网格数据结构，利用数据集的数据填充网格单元，从而实现对数据集的间接压缩，接着通过对网格中包含的数据样本点个数进行信息统计，最后按照网格单元中的统计信息对数据集进行聚类操作。目前比较典型的基于网格的聚类算法主要有 STING 算法、CLIQUE 算法及 WAVECLUSTER 算法等。基于网格的聚类算法的优点是聚类处理时间比较短，适合处理低维数据集。但其也具有一定的局限性，即网格的划分粗细会在不同程度上影响算法的效率和精度。对于高维数据集，数据集的划分可能过于稀疏，从而导致聚类效果达不到理想状态。

5. 基于模型的聚类算法

基于模型的聚类算法需要为每组类别的数据对象构建数学模型，数学模型中的参数是根据数据集数据对象的真实分布情况得出的，接着从数据集中寻找与模型匹配度高的具体数据对象，以此进一步完成聚类操作。目前比较典型的基于模型的聚类算法主要有 SOM 算法、COBWEB 算法等。基于模型的聚类算法依据概率的方式，通过构建模型来完成对数据集的聚类操作，其算法思想和操作规程都比较简单，但局限是时间复杂度较高，模型建立时假设条件不能保证一定成立，模型选取的参数也比较敏感等。

2.2.4　聚类算法的应用

在对世界的分析和描述中，类或在概念上有意义的具有公共特性的对象组，起着很重要的作用。在实践中，人类擅长将对象划分为组（簇），并将特定对象分配到这些组中。比如，即使非常年幼的孩子也可以快速识别照片中的物体，将其分类为建筑物、车辆、人物、动物、植物等。就数据理解而言，簇是潜在的类别，而聚类算法是研究自动发现这些类别的技术。聚类算法可用于解决许多现实世界的问题，以下有一些具体例子。

1. 查找信息

互联网包括数亿个 Web 网页，网络搜索引擎可以返回数千个页面。这里可以使用聚类将搜索结果分成若干簇，其中每个簇捕获查询的特定方面。比如，搜索词"电影"返回的页面可以分为评论、电影预告片、电影明星、电影院等类别。每个类别（簇）可以划分为多个子类别（子簇），创建一个层次结构，帮助用户进一步探索查询结果。

2. 企业并购绩效评价

并购已经成为影响上市企业业绩的重要行为之一。传统的企业并购绩效评价方法主要是事件研究法和财务指标研究法，但使用基于层次的聚类算法的企业并购绩效评价方法通过构建并购绩效评价模型，可以从行业的角度评价企业并购绩效，从而可以对企业的并购行为有更加全面和深刻的认识。

3. 客户细分

企业会收集有关当前和潜在客户的大量信息。聚类可以将客户分组，以进一步分析和制定营销活动。比如，最流行的客户价值判断模型 RFM 经常与聚类分析结合使用，从而确定客户价值得分水平。

2.3　价格带分析案例

某商家计划举办一场营销活动，为确定活动商品的价格区间，该商家运营部基于多种市场调研方式，确定适合商家的经营价格范围。在商品价格带中，由于各个商家商品价格的高低幅度、包含种类及陈列数量不同，商家需要结合自己店铺的经营特色和理念合理制定适合自己的价格，从而进一步满足消费者的商品服务需求。在本案例中，收集与"电脑椅"相关的商品数据，在运用聚类算法对价格进行划分的基础上，结合数字化手段进行市场细分，最后得出电脑椅的聚合和可视化结果。同时，在兼顾商品成本和效益的前提下，依据市场细分结果制定出适合该商家的定价参照范围。

1. 探索数据源

本案例主要收集了与"电脑椅"相关的商品数据，共 400 条记录，如表 2-1 所示。

表 2-1 商品数据（部分）　　　　　　　　　　　　　　　单位：元

序号	宝贝标题	宝贝 id	原价最低	原价最高	折扣率
1	职员学生宿舍弓形会议椅	639083283072	169	269	66.54%
2	卡勒维家用皮质铁架电竞椅包邮	558336880081	309	749	77.30%
3	电脑椅学生游戏椅子电竞椅可躺	617248419464	318	1038	50.00%
4	电脑椅子靠背家用宿舍书桌麻将座椅弓形办公室职员会议椅舒适久坐	626956907976	112	198	50.00%
5	厂家直销电脑椅人体工学办公椅	642269420328	138	338	50.00%
6	椅子靠背家用一棵柠檬塑料透气	625662150622	156	396	50.00%
7	可躺电脑椅家用办公椅游戏电竞椅子靠背人体工学舒适久坐学生座椅	653541195765	218	478	50.00%
8	人体工学电脑椅靠背家用书房	45276509091	1699	1699	47.03%
……	……	……	……	……	……

2. 特征选择

根据案例实现思路，需要将"销售价最低"数据设置为特征，为下面的算法运用创造条件，如图 2-2 所示。

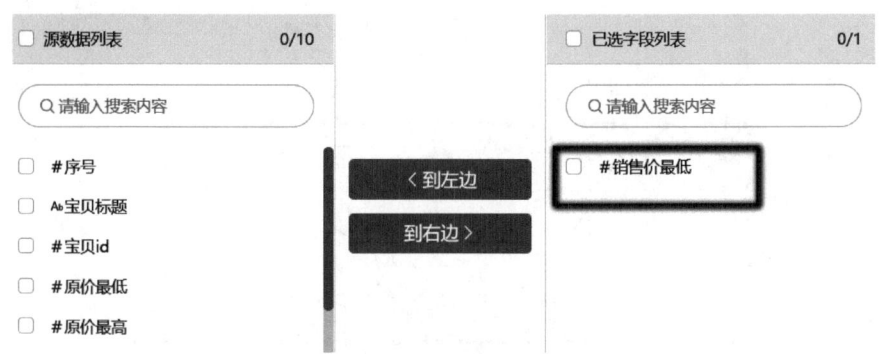

图 2-2 特征选择

3. 设置 K 均值与聚类训练

在平台中实现 K 均值算法，需要设置 K 均值，并且对数据进行聚类训练。该步骤的目的是通过聚类算法将产品销售价细分成多个价格带。

本案例对 K 均值进行设置时,将 K 均值设置为 "7",代表了一共会形成 7 个类,分别对应 7 个价格带。另外,归一化可以让不同维度的特征在数值上有一定比较性,这样可以大大提高分类器的准确性。这里归一化的方法选择为 MinMaxScaler,其他设置如图 2-3 所示,实现流程如图 2-4 所示。

图 2-3　设置 K 均值参数

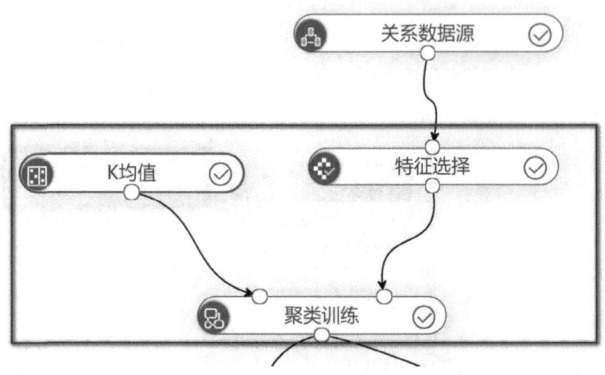

图 2-4　K 均值算法实现流程

根据聚类训练的基本算法步骤,预测结果如图 2-5 所示,共有数据 400 条,其中 prediction 字段为对应的类别。

第2章 基于聚类算法的价格带分析

当前显示 100 条 / 总共有 400 条数据   提示:点击单元格可查看超出的内容

# 折扣率	# 销售价最低	# 销售价最高	# 库存	# 总销量	# prediction
0.5	69.0	159.0	446639.0	3076.0	0
0.25	118.0	198.0	89042.0	41535.0	0
0.5	75.0	118.0	310439.0	251829.0	0
0.3999	579.0	699.0	37864.0	31559.0	2
0.5	229.0	359.0	1066.0	117652.0	0
0.5	138.0	178.0	380445.0	13374.0	0

图 2-5 预测结果

4. 聚合

通过对聚类训练的输出结果进行聚合,获取每个类的价格带范围,具体包括:以分类结果 prediction 为分组依据,获取"销售价最低"字段的最小值(Min)和最大值(Max);对"总销售金额"字段进行求和(Sum),获取每个价格带的总销售金额;对"总销量"字段进行求和(Sum),获取每个价格带的总销量;对"宝贝 id"字段进行计数(Count),获取每个价格带的在线商品数;对"总销售金额"字段进行求平均数(Avg),获取每个价格带的平均销售额。

为了便于商家观察数据,找到合适的价格带进行产品定价,这里可以拖拽"聚合"节点,建立如图 2-6 所示的关联。

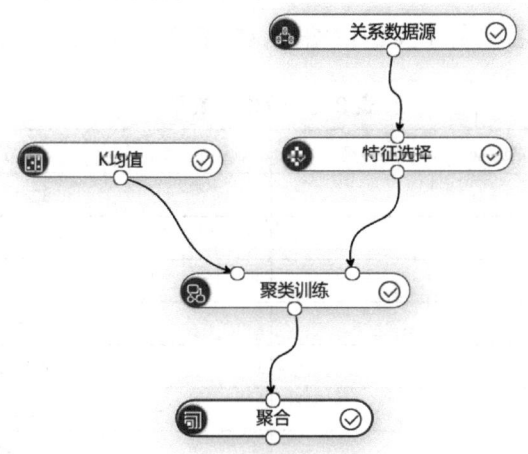

图 2-6 聚合

进一步添加聚合条件配置,如表 2-2 所示。

表 2-2 聚合条件配置

已选字段	结果列名	操作
prediction	分类	Group

续表

已 选 字 段	结 果 列 名	操 作
销售价最低	价格带（最低）	Min
销售价最低	价格带（最高）	Max
总销售金额	总销售金额	Sum
总销量	总销量	Sum
宝贝 id	在线商品数	Count
总销售金额	平均销售金额	Avg

实验结果按照"销售价最低"将市场价格细分为 7 个价格带，不同价格带的数据如表 2-3 所示。

表 2-3　聚合结果　　　　　　　　　　　　　　　单位：元

分　类	价格带（最低）	价格带（最高）	总销量（把）	在线商品数（个）
1	3959	4499	57871	3
6	6388	6388	13406	1
3	2488	2639	16574	3
5	3288	3288	32451	1
4	1699	2179	108971	6
2	549	1349	1163996	48
0	32	509	14470742	338

通过聚合结果可以看出每个类的价格段，如表 2-4 所示。

表 2-4　价格段展示

分　类	价　格　段
0	32～509 元
1	3959～4499 元
2	549～1349 元
3	2488～2639 元
4	1699～2179 元
5	3288 元
6	6388 元

5. 可视化

将聚合结果转化为平台数据集（数据集→新建自助数据集），再利用自助仪表盘进行数据可视化：

- 查看每个类的总销售金额。
- 查看每个类的总销量。
- 查看每个类的商品数量。

第2章 基于聚类算法的价格带分析

- 查看每个类的平均销售金额。

以上4方面内容的步骤相同，这里以"总销售金额"图形的制作为例。首先，在界面左侧选择对应的数据集（见图2-7）；其次，将上方的菜单栏中的图形拖入画布（见图2-8，图形默认是柱形图）；再次，设置图形内容，将"Group_prediction"拖入"Sum_column11"区（见图2-9）；最后，将数据标签显示在柱形图的外面（见图2-10）。

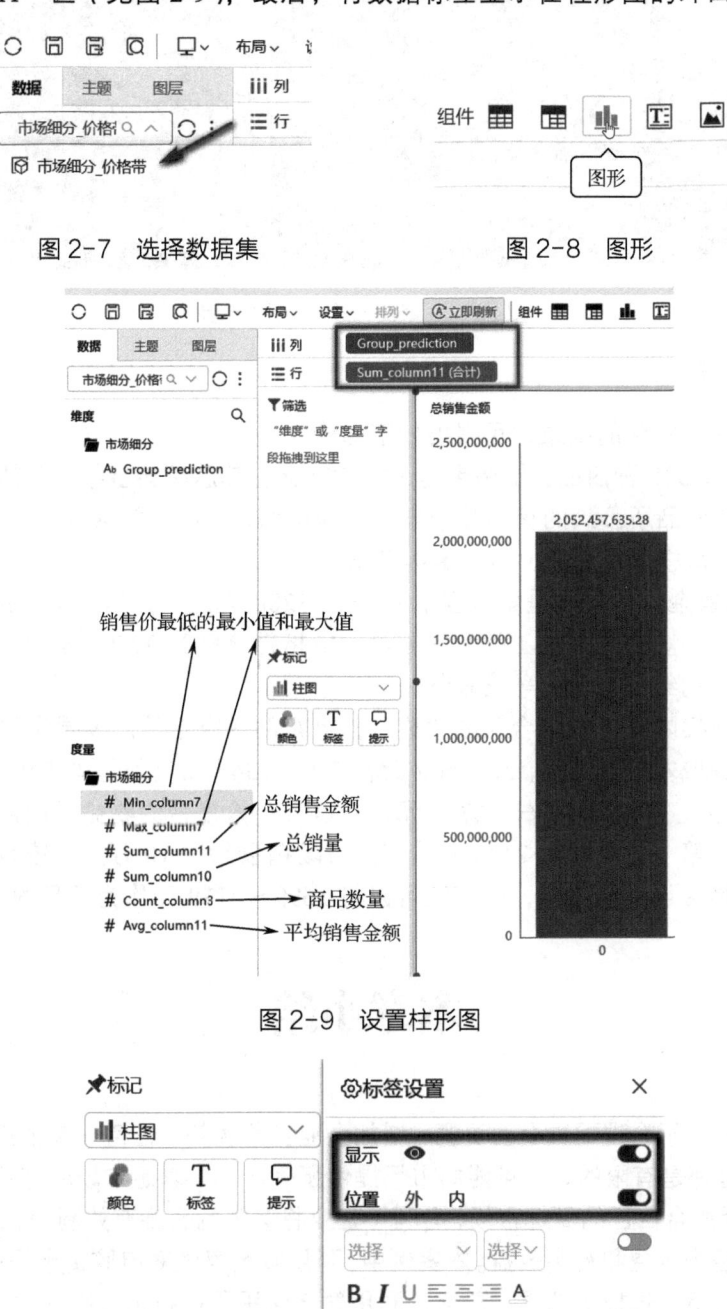

图 2-7　选择数据集　　　　　图 2-8　图形

图 2-9　设置柱形图

图 2-10　设置数据标签

以上 4 张图的最终绘制结果如图 2-11 所示。

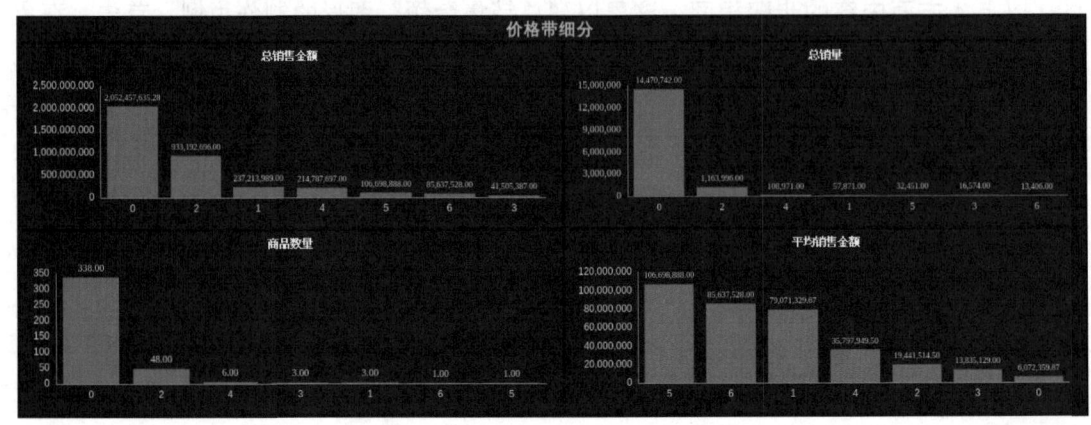

图 2-11　最终可视化结果展示

6. 结果解读

结合聚合和可视化的结果，可得出如下结论。

1）第 0 类共 338 种商品，价格带为 32~509 元，其总销售金额、总销量远高于其他类，但整体每个商品所分到的销售金额低于其他价格带。第 2 类共 48 种产品，价格带为 549~1349 元，其总销售金额、总销量排名第二。

2）平均销售金额最高的是第 5 类，价格在 3288 元左右，TOP400 中处于该价格范围的商品只有一个。其次是第 1 类和第 6 类，价格带分别为 3959~4499 元和 6388 元左右，这三类对应的细分市场竞争度较低。

根据以上观察内容，并结合新品的成本，可帮助商家定价。要想实现收益，产品定价需要高于产品成本。据观察，32~509 元和 549~1349 元属于整体市场的热销价格带，但 3959~4499 元、3288 元左右、6388 元左右这三个价格带的收益更加可观，市场竞争度较低。此外，第 4 类 1699~2179 元的细分市场销量超过 10 万把，较为客观，如果新品成本在该价格带可实现收益，则商家可以将 1699~2179 元作为新品的定价参照范围。

本章小结

市场细分有利于合理配置企业资源，增加企业竞争优势。任何一家企业的资源——人力、物力、资金都是有限的，不可能向市场提供所有产品，满足市场所有消费需求。通过细分市场，选择适合自己的目标市场，有利于企业将有限的资源有效利用，避免资源浪费，并获得更大的经济效益和社会效益。本案例中，利用聚类算法对电脑椅市场价格进行细分，为店铺新品的价格定位提供依据。总之，利用数字化手段进行市场细分对企业意义重大。

价格带细分案例实现过程为：①首先将"销售价最低"数据设置为特征，在平台中为实现 K 均值算法，需要设置 K 均值为"7"，并且对数据进行聚类训练。②为方便商家依据不同价格带进行产品定价,需要对聚类训练的输出结果进行聚合,将每个类型的"宝贝 id"进行汇总。③算法运行完成后,在自助仪表盘模块进行可视化仪表盘制作,对结果进行可视化呈现。具体流程如图 2-12 所示。

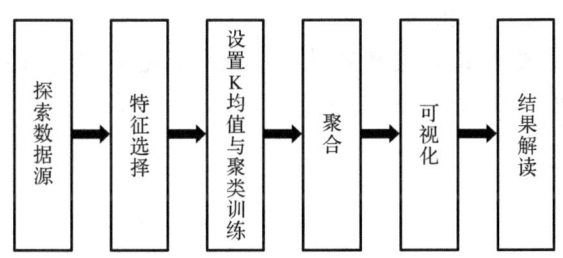

图 2-12　案例操作流程

市场细分的目的是选择一个目标市场。基于市场细分,企业首先仔细评估每个细分市场,然后根据营销目标和资源条件,选择合适的目标市场,确定自己的目标市场营销策略,实现市场细分和目标营销。为了选择合适的目标市场,企业必须评估每个细分市场。评价主要从三个方面考虑,即各个细分市场的规模和增长潜力、各个细分市场的吸引力及企业自身的目标和资源。总之,利用大数据分析方法对市场价格进行分析有助于提升企业的竞争力,企业也可以结合数据分析反馈的结果对产品的价格、营销机制进行调整,更好地实现营销活动的目标。

实训目的

巩固聚类算法的原理和流程;通过教师讲解与实践,实际操作市场细分,帮助企业进行营销管理。

思考与练习

1. 通过相关模块,掌握价格带分析案例的操作与应用。
2. 了解一些应用于其他领域的聚类算法。

参考资料

[1] 周涛, 陆惠玲. 数据挖掘中聚类算法研究进展[J]. 计算机工程与应用, 2012, 48(12): 100-111.

[2] 万映红，申杨. 基于聚类—神经网络的客户价值分类方法及应用[J]. 经济管理，2008(8): 78-84.

[3] 史海洋，虞慧群，范贵生. 基于聚类算法的客户细分及其优化[J]. 计算机工程与设计，2019, 40(11): 3282-3287.

[4] 刘潇，王效俐. 基于 K 均值和邻域粗糙集的航空客户价值分类研究[J]. 运筹与管理，2021, 30(3): 104-111.

第3章
用户画像分析

学习目标
- 了解用户画像分析的基本概念和应用；
- 了解用户画像可视化的呈现方式与方法；
- 掌握基于多维或融合的用户画像构建及分析方法。

 学习重点
- 大数据背景下用户画像的管理；
- 用户画像的应用。

 学习难点
- 自助仪表盘的创建；
- 用户画像数据可视化结果的解读。

本章思维导图

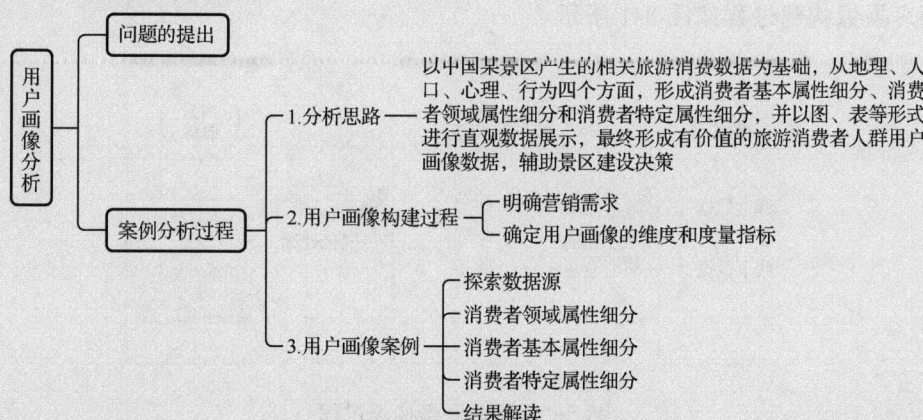

3.1 问题的提出

3.1.1 用户画像

在产业互联网 5.0 时代，科技的发展让各行各业可以通过大数据来弱化个体的干扰因素，从而挖掘出群体用户的共性。尤其是大数据在商业领域的应用，让企业和市场调查员能快速掌握不同消费群体的用户画像，从而洞悉不同消费群体的共同需求，为企业实现个性化、精准化服务或开发特色产品提供了数据基础。这意味着，通过用户画像，我们不仅可以抽象出每个企业所对应的目标客户，也可以通过整合不同企业的用户画像分析了解当前市场细分情况，从而为企业选择自己的目标客户提供充分的数据支持。

用户画像（User Portrait）最早由阿兰·库珀（Alan Cooper）在 1997 年提出，其本质是运用海量用户信息来筛选用户特征需求的一种分析工具。换句话说，就是对用户行为数据进行挖掘，发现用户潜在的需求，从而有针对性地提供个性化产品与服务，达到精准推送的目的。也有学者指出，用户画像是给用户打标签的过程，从而让计算机能够有序处理此类相关信息，最终取得通过算法模型"理解"用户行为与心理的结果。比如，M 酒店为了构建用户画像，需要先收集相关的客户信息，M 酒店可通过现场访谈、发放问卷等方式收集一手数据，并通过访问数据库等方式收集二手数据；在数据挖掘阶段，M 酒店可借助数理统计、数据挖掘和机器学习等方法对获得的原始数据进行聚类分析；在用户画像的呈现阶段，M 酒店可借助标签云、统计图等方式实现用户画像的可视化呈现。用户画像构建过程如图 3-1 所示。

图 3-1 用户画像构建过程

构建用户画像时，需要考虑三个主要构成要素，第一个要素就是用户。要在用户特征的基础上描绘用户，形成用户标签，才能准确挖掘到用户的消费习惯、行为偏好和消费需求等共性特征。而描述什么样的用户，则是用户画像的第二个要素：物。这里的物指的就是商品或服务。商家要知道有形的商品或无形的服务的对象——用户的需求特征是什么，这样才能赢得用户的喜爱，获取市场份额。用户画像的第三个要素就是环境。

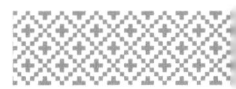

这里的环境指的是具体情境，如王老吉凉茶在怕上火的时候喝。也就是说，商家需要以用户为中心，让用户能顺畅地在某个特定场景中联想到某商品或服务。只有充分考虑到用户、物和环境这三个要素间的相互关系，才能构建一个完整、有效的用户画像。

鉴于用户画像在商业领域的重要地位，国内外学者倾向于从两个方向研究用户画像的构建过程：一种是典型用户（User Personas），是由产品设计人员或运营人员依据用户需求从用户群体中抽象而出的，其本质是一种统计用户需求的工具，帮助设计人员站在用户的角度思考问题；另一种是用户画像（User Profiles），是用户在使用产品、享受服务等过程中展现的态度、行为等数据，其本质是通过给用户贴标签的形式刻画用户意图。现有研究表明，目前企业倾向于通过以下六种方法构建各自需要的用户画像，具体如表3-1所示。

表3-1 用户画像的不同构建方法

构建方法	逻辑思路	性能特点	局限性
基于设计与思维	通过调查问卷、用户访谈等方式了解用户的共性与差异，据此进行分析和设计，以形成不同的用户画像	1. 通过开放性的问题获得用户真实的心理需求，具象用户特征； 2. 特征或维度相对容易解释； 3. 数据有限时需要结合定性与定量方法	1. 无法确定用户群体是不是真的； 2. 画像结果在很大程度上取决于设计人员对目标用户群的直觉判断
基于本体或概念	利用本体或概念中定义的结构化信息和关系信息刻画用户	1. 有较强的语义表达和逻辑推理能力； 2. 本体的结构化和语义性可以弥补社会化标签的不足	1. 需要对不同的领域分别构建相应的本体结构； 2. 需要专家参与； 3. 费时费力且成本高
基于主题或话题	通过主题模型或话题模型发现文本信息中隐含的主题或话题，进而刻画用户	1. 不考虑词语的顺序，只考虑它们出现的次数； 2. 可以捕捉隐含的语义信息； 3. 将用户和资源文本一起考虑	1. 无法真正将用户本身的特征引入模型中； 2. 分析正面情感、负面情感时可能存在偏差
基于兴趣或偏好	利用用户经常浏览或关注的信息刻画用户	1. 充分利用不同用户相似的兴趣偏好； 2. 一定程度上能够克服过多的无关词语带来的负面影响	1. 不能很好地处理用户兴趣、偏好的动态性、实时性； 2. 只能从有限的历史行为中估计用户的兴趣和偏好
基于行为或日志	利用丰富的行为、日志和点击历史数据刻画用户	1. 利用丰富的用户个性化信息； 2. 充分利用不同用户相似的行为模式	1. 不能很好地处理用户行为日志中的非理性因素； 2. 不能很好地解决用户行为日志中的数据稀疏性、数据异质性问题
基于多维或融合	通过多种特征类型的数据从多个维度刻画用户	1. 综合考虑用户多方面的特征； 2. 采用多级模型或从多角度分析属性之间的关联信息	1. 计算量大且复杂； 2. 涉及的特征维度可达上万级别

综上所述，企业可以根据不同构建方法的逻辑思路、性能特点及局限性等选择能够满足自己需求的方法来构建自己的用户画像。

3.1.2 问题设计

景区运营离不开用户画像的构建,它可以用于新项目设计预判、营销活动推广、广告投放等环节中。基于中国景区旅游消费的相关数据,形成有价值的旅游消费人群细分数据,可以辅助景区建设决策。

用户画像需要进行多维度精准分析,不同维度分析可探查用户的不同需求。比如,根据用户的景区偏好,可以了解到不同类型景区的市场状况,依靠用户画像设计、引进更加适合景区的旅游产品;根据用户的消费偏好,可以初步了解景区有哪些项目可以进行升级改造,提升产品的体验感,还可以预测游客的消费行为和游览兴趣等。

总之,构建用户画像的意义是更加了解景区的市场、用户的需求,帮助景区进行类型定位及用户定位。

3.1.3 问题解决思路

消费者市场细分通常可以按照地理变量、人口统计变量、心理变量和行为特征变量进行。任何企业只能在有限的资源和能力范围之内满足部分市场需求,所以基于游客特征与需求的差异性,将整个旅游市场进行精确细分变得尤为重要。通过用户画像分析,结合不同变量,提出行之有效的营销建议,从而集中企业资源,整合企业优势,制定科学的运营策略,提升企业核心竞争力。消费者人群细分即构建用户画像,通过画像让企业充分掌握目标客户群的消费需求,从而帮助企业完成策略的选择与战略的决策。

本章以中国某景区产生的相关旅游消费数据为基础,基于多维或融合的角度,从地理、人口、心理、行为四个方面形成消费者基本属性细分、消费者领域属性细分和消费者特定属性细分,并以图、表等形式进行直观数据展示,最终形成有价值的旅游消费者人群用户画像,辅助景区建设决策。结合国内外学者对用户画像构建流程的研究,本章问题解决思路如下。

1)用户数据收集。为收集所需的用户特征数据,既可通过访谈、问卷调查等方法收集一手数据,又可通过 Python 等软件收集海量二手数据。

2)用户数据筛选及挖掘。先删除一些信息不完整、冗余或异常的用户数据,再根据目标选择合适的构建方法,逐步深入挖掘用户画像中的关键要素。

3)研究用户信息,细分标签。按照消费者基本属性细分,即按照消费者性别、年龄、教育水平等人口统计数据细分;按照消费者领域属性细分,即根据所需研究的目标(研究领域内的相关知识面)对用户进行分析,主要包括行为属性(游客出行方式、游客景区线上购买门票支付方式等)和兴趣属性(游客出行同游人员和游客景区偏好等);按照消费者特定属性细分,多指按照依据研究或实际需要而特别提炼出来的用户属性进行分析。如游客的消费情境、饮食习惯和历史信息等。

4)形成用户画像并进行可视化呈现。通过汇集不同属性的标签,制作一个相对完整的用户画像仪表盘，从而形成用户画像的可视化展示，并可以根据这个用户画像仪表盘，具体分析消费者的用户需求，从而提出相应的营销建议。

3.2 用户画像构建过程

用户画像精不精准，关键取决于用户画像维度的划分。用户画像维度的划分方式根据人群和使用场景的变化而有所不同。在构建用户画像之前，需要在用户画像三要素的基础上明确企业的营销需求（物，产品），再确定其用户画像的维度和度量指标，最后结合具体使用情境形成用户画像，并以此制定相关营销策略。

3.2.1 明确营销需求

在如今产品极度爆炸、竞争尤为激烈的5.0时代，如何"捕获"目标客户，并依据目标客户的消费需求实行精准营销，对于品牌获得成功具有重要的战略意义。用户画像以其对客户信息的高度概括，帮助商家迅速"捕获"目标客户，进而帮助商家精准营销。明确营销需求可围绕流量、转化、客单价和复购率这个几个核心要素展开。下面以旅游业为例介绍。

1. 流量

流量要解决"如何让游客来"的问题。要让游客来，首先要了解游客，这样才能根据游客的特点精准制订推广方案，将个性化的产品与服务、优惠力度大的促销活动等定向展现在目标客户面前。满足游客需求痛点的产品才能赢得青睐，才会带来源源不断的流量。因此，企业要想获得流量加持，就需要充分分析游客的基本信息，如游客的人数、客源地、目的地，游客对平台App的使用情况、网址的浏览记录等进行细致划分与描述，善于利用老客户的资源挖掘预测新客户，从而获得更精准的流量。

2. 转化

转化要解决"如何让游客消费"的问题。要让游客消费，企业就要知道游客的需求和喜好，尽量满足游客需求，为不同的游客推送不同的旅游线路等产品。流量精不精准对产品转化率有着直接影响，面对泛流量，企业需要在营销资源有限的情况下把流量做得精准。所以，为了提高转化率，企业要从新老客户的区域分布、消费水平、平台App的使用情况、浏览数据记录等方面描述客户转化率并进行提升，不断挖掘出具有购买相似产品的动机与同等消费水平的精准人群，实现更精准的流量转化。后期则要做好售后，如管理好买家秀和评论，实现后期新游客的转化。

3. 客单价

客单价要解决"如何让游客多消费"的问题。要让游客多消费，企业就要知道哪些

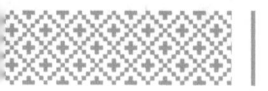

游客会多买，再通过个性化旅游路线设置、旅游套餐满减活动等方式，将不同价位、不同搭配方案推送给相应的游客。

4. 复购率

复购率要解决"如何让游客再消费"的问题。要让游客再次消费，企业就要知道哪些游客再次购买的概率会更高。所以就需要从区域分布、订购平台、浏览习惯等方面研究游客的复购率。

3.2.2 确定用户画像的维度和度量指标

1. 用户画像的维度

一般用户画像的维度主要是用户基础信息标签和行为信息标签。这里的用户基础信息标签指的是用户的基本信息特征，如年龄、性别、工作、住址等；行为信息标签主要展现了消费过程中的行为，如消费习惯、商品喜好、消费选择的平台途径等。

用户画像通过贴标签的形式来展示用户多样性的消费需求，因此为了对用户形成全方位、立体化、多维度的标签化刻画，用户标签必然也是多层次、多角度且便于理解、没有歧义的。比如，在电商领域，用户标签可以分为事实标签、模型标签和网页浏览标签。而在旅游酒店管理领域，用户标签可以分为以下几种。

1）事实标签。一般指用户的相关属性，如性别、年龄、获取酒店信息的渠道等。

2）地理位置标签。地理位置标签本质上也是事实标签，一般由酒店客户所处的地理位置自动生成，如浏览网页时的地理位置、扫码下单时的空间信息等。

3）网页浏览标签。一般指用户通过第三方网站或搜索引擎广告等途径进入酒店网站主页时留下的网络浏览信息记录。

4）消费模型标签。消费模型标签是结合上述三种标签及酒店自身特点后对用户信息进行的整合。比如，酒店会根据自身发展阶段，将客户分为满意客户、潜在客户或流失客户等。

2. 用户画像的常见度量指标

使用不同维度描述客户时，选择的度量指标也有所不同。以电商领域为例，以下是一些常见的度量指标。

- 页面浏览量：页面被用户查看的次数。
- 访客数：各个界面的浏览量之和，包括重复浏览累加的次数。
- 浏览回头客户数：最近 7 天内隔天再次浏览的用户数。
- 成交客户数：已付款的客户数，根据付款时间统计。
- 成交金额：成功下单成交总金额，根据付款时间统计。
- 转化率：成交客户数与店铺访客数之比。
- 客单价：成交金额与成交客户数之比。

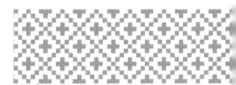

- 成交回头客户：在店铺发生过 2 次或 2 次以上成交的客户，在所选时间段内要进行去重计算（生意参谋[①]的统计标准为最近 1 年再次成交的客户，即回头客）。

不同行业用户画像的维度有所不同，度量指标也不同。比如，在旅游行业中，企业通常会通过收集用户的基本信息、领域信息和行为信息等分析用户画像指标，如表 3-2 所示。

表 3-2 旅游行业用户画像指标

指标类别	指标	属性详情
基本信息	景区类型	游客景区偏好
	途径	游客获取旅游景区信息的途径
	出行方式	游客出行选择的交通方式
	人员	游客出行的同游人员
	年龄段	游客年龄分布
	性别	游客性别
	个人月收入	游客个人月收入
领域信息	客源地	游客客源地
	景区位置	游客偏好的景区位置
行为信息	景区线上购票支付方式	游客景区线上购买门票支付方式
	平均价格	游客购买景区门票的平均价格
	消费情况	游客景区消费情况
	项目类型	游客在景区额外消费的项目
	额外消费金额	游客在额外项目上消费的金额

3. 用户画像描述

在确定营销需求和用户画像维度的基础上，需要根据不同维度和不同指标进行用户画像描述和营销分析，如客源地、游客职业、游客性别等方面。首先，依据游客基本信息标签，通过游客属性分析，分清哪些客户是企业的忠实"粉丝"，哪些是企业要找的目标客户，哪些是潜在的客户，这样企业就能建立客户信息库；其次，利用数据管理平台或数据分析方法进行客户行为数据的统计与分析，依据不同维度、标签建立用户画像属性，如表 3-3 所示；最后，根据用户画像的特征，企业便可确定自己的目标客户群体，然后向此类目标客户群体定向投放相关的营销广告或服务信息，再根据营销效果分析数据反馈信息，这样就可以不断丰富与优化用户画像模型，逐步提升用户画像构建的精准度，最终帮助企业结合自身特色选择目标客户并开展精准营销。

表 3-3 用户画像维度、标签和属性

维度	标签	用户画像属性
社会关系维度	社会关系	与朋友/家人/同事等出行或单独出行

[①] 生意参谋：阿里巴巴商家端统一数据产品平台。

续表

维　　度	标　　签	用户画像属性
时间情境维度	时间	选定的旅游时间
	季节	春夏秋冬四季
	月份	具体月份
偏好景区维度	性质	博物馆/动植物园/名胜古迹等
	位置	国内/国外等
	开放时间	全天/仅晚上等
	景区票价	低于100元/100～200元等
	交通状况	远离市区、交通便利、闹市区拥堵等
	酒店服务	有/无；星级酒店/青年旅社等

4. 用户画像的应用

借助用户画像，我们可以更直观地了解用户。在商家营销的不同阶段，用户画像有不同的作用。在前期规划阶段，商家要把产品匹配到正确的人群，精准定位目标市场，借助用户画像，商家可以找到自己的目标市场，实行精准营销。随着市场占有率不断提高，商家可以通过用户画像对已有的客户行为数据进行分析，帮助确定整体运营节奏，并选择有效的推广手段，从而确保未来的发展思路和方向不出现大偏差。在售后阶段，也可以及时对用户评价进行反馈，为产品升级、开拓新市场提供坚实有力的决策依据。具体应用包括以下三个方面。

1）精准营销。精准营销是指依托大数据分析技术，对用户数据进行挖掘，通过寻找数据之间有价值的规律与联系，可精准判断出用户对产品的需求和购买偏好，在此基础上实现消费者细分，精准定位目标市场，从而提供个性化的产品和服务。与一般的电商网络营销相比，精准营销不仅能够促使广告精准投放，还能减少营销过程中耗用的资金，大大提高企业营销效率。比如，比亚迪公司通过分析客户消费数据与潜在客户需求，实施精准营销策略，最终实现其第一款中级家庭轿车F3的销售成功。

2）客户研究。根据大量的客户行为数据，对行业或人群的特征进行描述，甚至可以根据产品属性精准分析用户年龄等特征。比如，一个消费者在一段时间内先后购买了腮红、眼影、口红等化妆品，基于这样的购买行为，就可以大致分析出这个消费者是女性。客户研究还可以指导产品优化，如在航空公司App机票预订流程的漏斗分析中，可以根据流程中每个环节的转化率调整App的功能结构，从而减少订单流失。

3）业务决策。挖掘客户数据是指挖掘客户的基本信息数据和行为信息数据，采用数据挖掘中的回归分析、聚类分析、关联分析等算法模型对数据进行加工处理，通过相似特征划分、排名统计、流量趋势、地域分析、竞品分析、行业趋势分析等找寻人群与人群、人群与产品、产品与产品、产品与品牌之间潜在的差异与联系，从而发现并挖掘出更大的商机，更好地进行业务决策。

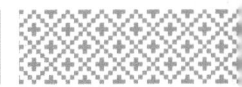

3.3 用户画像案例

某景区为精准"捕捉"目标客户,依据目标客户的消费需求实行进一步精准营销,在尊重经济发展的客观规律前提下,利用丰富的景区客户数据资源,通过对客户的基本属性和特定属性进行全面分析,并结合用户画像的构建和旅游产品使用者的特征刻画,打磨出与客户消费需求相匹配的旅游产品和服务。本案例结合客户数据的挖掘,从领域属性、基本属性、特定属性三方面对旅游市场消费者群体进行细分,帮助景区管理人员培养客户思维,站在客户的角度设计产品、精准营销,也有助于景区后续完善旅游产品和提升旅游服务质量。

1. 探索数据源

首先通过"景区类型""途径"等字段对数据源进行整理,如表3-4至表3-16所示。这些数据源分别代表了游客景区偏好占比、游客获取旅游景区信息的途径、游客出行选择的交通方式占比、游客出行的同游人员占比、游客年龄分布、游客性别占比、游客客源地占比、游客个人月收入占比、游客景区线上购买门票支付方式、游客购买景区门票的平均价格占比、游客景区消费情况、游客在景区额外消费的项目、游客在额外项目上消费的金额占比。

表3-4 游客景区偏好占比数据源

景 区 类 型	占 比
湖光山色	0.485
海滨岛屿	0.452
民族/古镇风情	0.418
主题公园/游乐园	0.402
历史遗迹	0.351
都市观光	0.347
田园度假	0.342
温泉度假区	0.327
动植物园	0.243
户外探险(滑雪、登山等)	0.230
草原沙漠	0.226
博物馆	0.204
其他	0.003

营销数据分析

表3-5 游客获取旅游景区信息的途径数据源

途　径	占　比
在线旅游预定网站广告	0.602
旅游攻略网站推荐	0.493
亲朋推荐	0.404
旅行社推荐	0.270
综艺节目	0.201
直播平台	0.198
影视/文学作品	0.142
户外广告	0.130
平面广告	0.095
其他	0.011

表3-6 游客出行选择的交通方式占比数据源

出　行　方　式	占　比
火车	0.723
自驾	0.622
长途汽车	0.414
租车	0.242
公交车	0.207
自行车	0.072

表3-7 游客出行的同游人员占比数据源

人　员	占　比
配偶	0.609
孩子	0.455
父母	0.344
同学/朋友	0.319
同事	0.244
情侣	0.157
亲戚	0.154
"驴友"	0.096
无人同行	0.060

表3-8 游客年龄分布数据源

年　龄　段	占　比
"60后"	0.213
"70后"	0.126

续表

年 龄 段	占 比
"80后"	0.149
"90后"	0.412
"00后"	0.1

表 3-9 游客性别占比数据源

性 别	占 比
女	0.593
男	0.407

表 3-10 游客客源地占比数据源

客 源 地	占 比
广东省	0.208
北京市	0.132
上海市	0.085
重庆市	0.053
湖北省	0.02
浙江省	0.018
江苏省	0.011
湖南省	0.082

表 3-11 游客个人月收入占比数据源

个人月收入	占 比
0~4000元	0.106
4000~8000元	0.192
8000~15000元	0.495
15000元以上	0.207

表 3-12 游客景区线上购买门票支付方式数据源

景区线上购票支付方式	占 比
微信支付	0.214
网上银行	0.65
旅游网站的金融产品/礼品卡	0.59
其他	0.36
支付宝	0.625

表 3-13　游客购买景区门票的平均价格占比数据源

平均价格	占比
0～50 元	0.17
51～100 元	0.227
101～150 元	0.36
151～300 元	0.282
301～500 元	0.078
500 元以上	0.037

表 3-14　游客景区消费情况数据源

消费情况	占比
有额外消费	0.457
偶尔消费	0.494
从不消费	0.049

表 3-15　游客在景区额外消费的项目数据源

项目类型	占比
餐饮类	0.732
购物类	0.64
景区小交通	0.554
休闲娱乐	0.426
导游/导览服务	0.29
儿童服务	0.251

表 3-16　游客在额外项目上消费的金额占比数据源

额外消费金额	占比
0～100 元	0.085
101～300 元	0.358
301～500 元	0.382
501～1000 元	0.118
1001 元以上	0.058

接下来，我们将在以上数据源基础上具体分析并阐明如何实现用户画像的可视化呈现。

2. 消费者领域属性细分

打开【分析展现】中的"自助仪表盘"进行消费者区域细分可视化操作，这里对游客客源地进行分析。在数据集搜索框中输入"游客客源地"数据集名称，创建第一个图形组件，拖入"客源地"和"占比"字段，如图 3-2 所示。

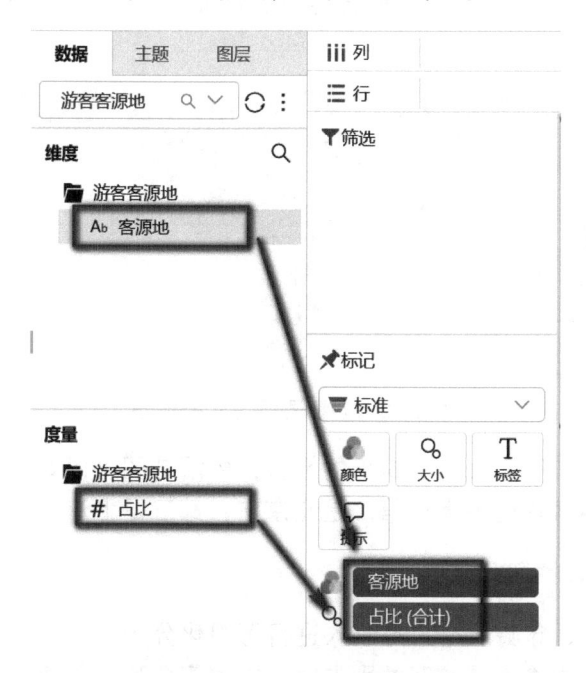

图 3-2 选择字段

在【智能配图】中的组件中设置"漏斗图"图表类型，具体配置如图 3-3 所示。

在【组件设置】中的"组件"板块设置图表标题及字号等相关参数，如图 3-4 所示。

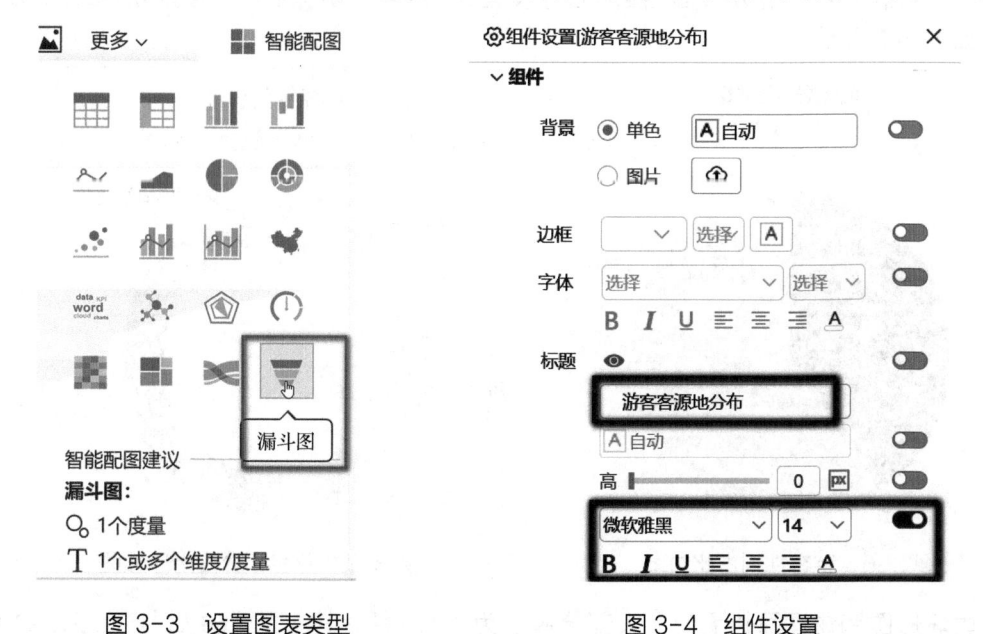

图 3-3 设置图表类型　　　　图 3-4 组件设置

最终形成游客客源地分布漏斗图，如图 3-5 所示。

营销数据分析

游客客源地分布

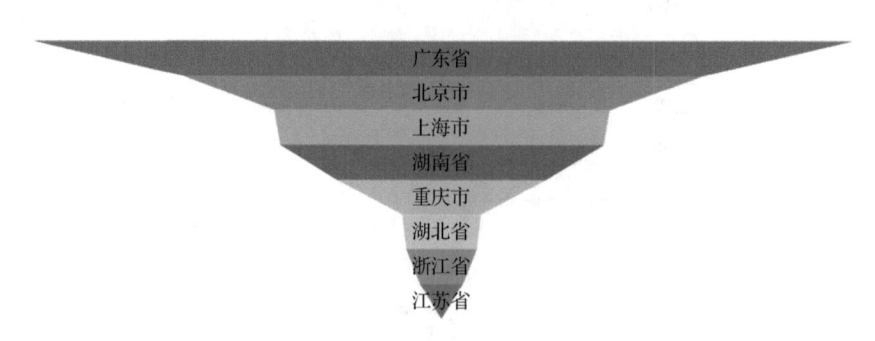

广东省
北京市
上海市
湖南省
重庆市
湖北省
浙江省
江苏省

图 3-5　游客客源地分布地图

该客源地选取了占比最大超过 50% 的地区，由漏斗图可以看出，广东省的梯形面积最大，代表该地区游客占比最大；第二是北京市；第三是上海市。

3. 消费者基本属性细分

这里对游客性别、年龄及个人月收入进行可视化分析。

在数据集搜索框中输入"游客性别占比"数据集名称，创建第二个图形组件，拖入"性别"和"占比"字段到行和列中，并设置合适的标题及"饼图"的呈现方式，具体步骤与上一步相同，不再展开说明。最终呈现的游客性别占比饼图如 3-6 所示。

同样绘制游客年龄分布图，图形名称设置为"游客年龄分布"，选用环形图方式展现，结果如图 3-7 所示。

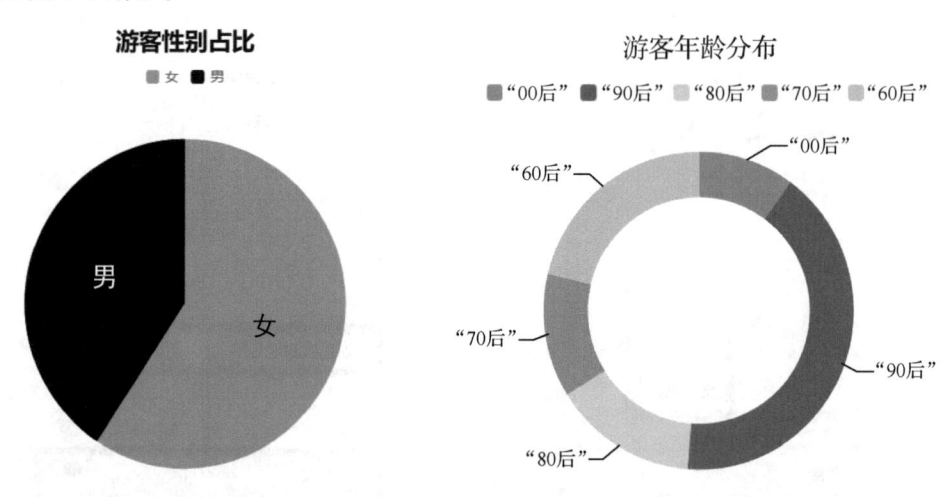

游客性别占比　　　　　　　游客年龄分布
■女　■男　　　■"00后" ■"90后" ■"80后" ■"70后" ■"60后"

图 3-6　游客性别占比饼图　　　图 3-7　游客年龄占比环形图

由环形图和饼图可以看出，大部分游客为"90 后"，其次是"60 后"。而且从男女游客比例达到 4∶6 可以看出，该景区比较吸引女性游客。

创建新的图形组件，依据"游客个人月收入"数据集绘制游客个人月收入占比面积图，结果如图 3-8 所示。

游客个人月收入占比

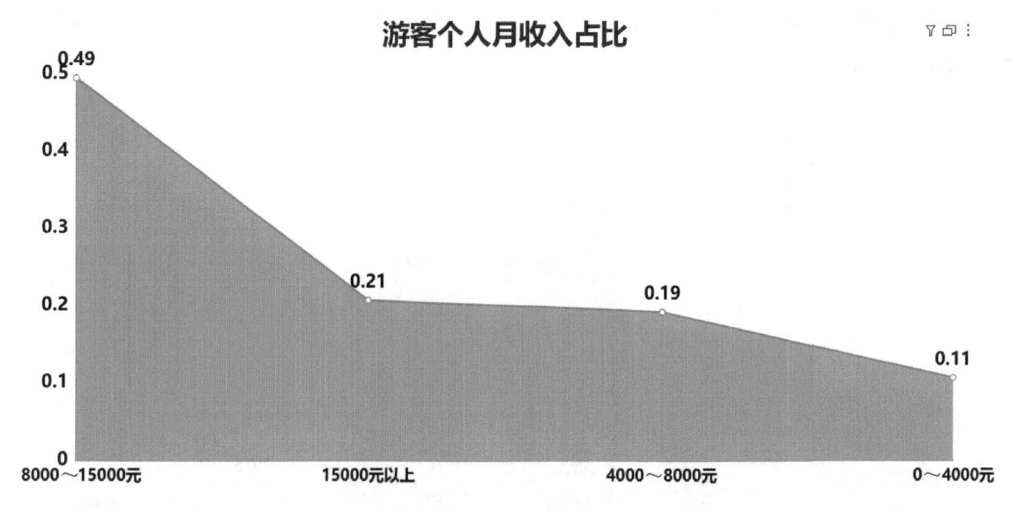

图 3-8　游客个人月收入占比面积图

个人月收入在 8000～15000 元的游客占比最大，个人月收入在 0～4000 元的游客占比最小，可以说明个人收入对出游影响较大。

4．消费者特定属性细分

接下来对消费者行为特征进行分析，包括游客景区线上购买门票支付方式占比、游客购买景区门票的平均价格占比、游客景区消费情况、游客在景区额外消费的项目、游客在额外项目上消费的金额占比、游客景区偏好占比、游客获取旅游景区信息的途径、游客出行选择的交通方式占比、游客出行的同游人员占比。

创建新的图形组件，依据"游客景区线上购买门票支付方式"数据集绘制柱图，游客出行的结果如图 3-9 所示。

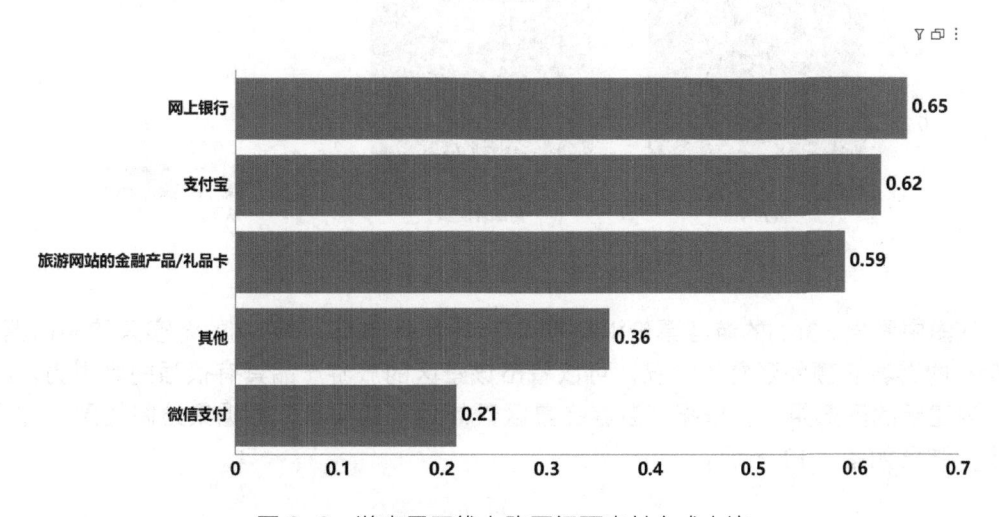

图 3-9　游客景区线上购买门票支付方式占比

营销数据分析

从游客线上购买门票支付方式占比情况来看，总体上，网上银行占比最大，达到了65%，其次是支付宝，占比达到了62%。

创建新的图形组件，依据"游客购买景区门票的平均价格"数据集绘制柱图，结果如图 3-10 所示。

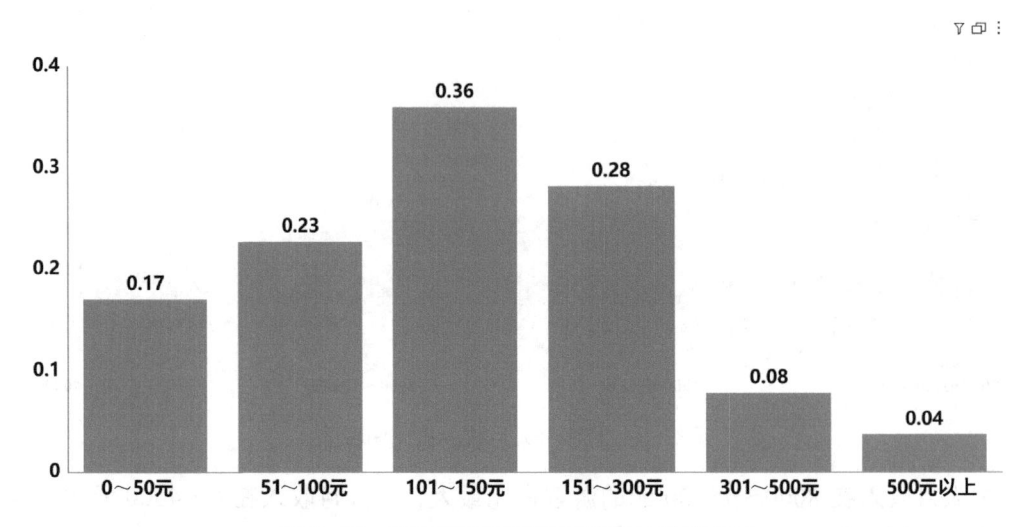

图 3-10　游客购买景区门票的平均价格占比

创建新的图形组件，依据"游客景区消费情况"数据集绘制柱图，结果如图 3-11 所示。

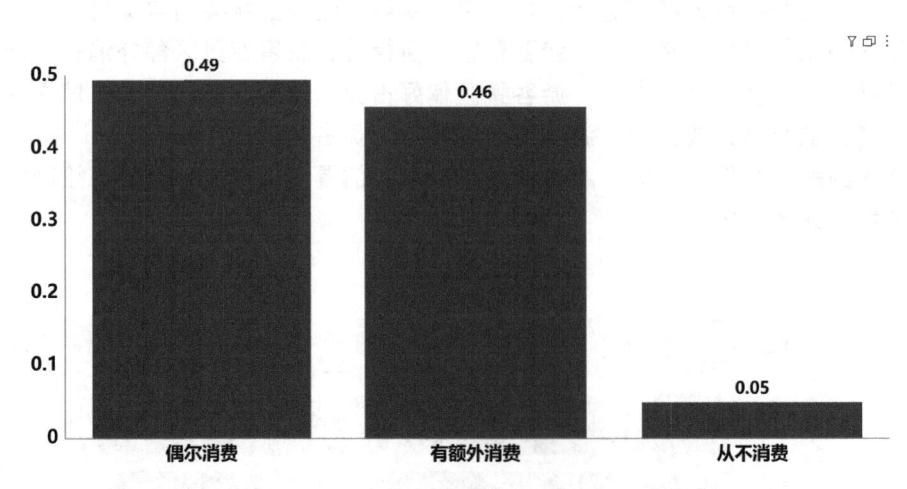

图 3-11　游客景区消费情况

从图中看出，36%的游客票价消费水平在 101～150 元。除 5%的游客只购买门票外，有 95%的游客有额外消费的情况，可以看出该景区的旅游产品具有很强的吸引力。

创建新的图形组件，依据"游客在景区额外消费的项目"数据集绘制柱图，并降序排序，结果如图 3-12 所示。

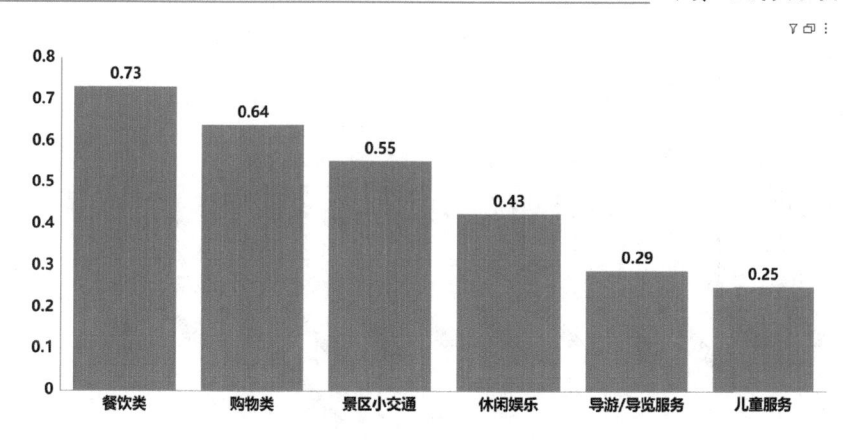

图 3-12　游客在景区额外消费的项目

创建新的图形组件，依据"额外消费金额"数据集绘制柱图，结果如图 3-13 所示。

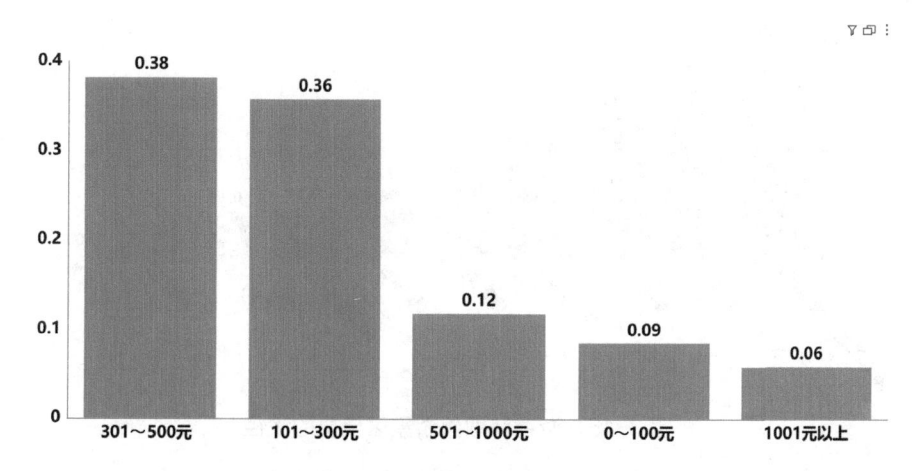

图 3-13　游客在额外项目上消费的金额占比

从图中可看出，游客在景区额外消费的项目主要是餐饮类（73%）和购物类（64%）。可见在旅游收入方面，餐饮类和购物类占比很大。在消费金额方面，额外消费金额在 101～500 元的游客占比达 74%；其中 301～500 元的游客占比最多，为 38.2%。

创建新的图形组件，依据"游客景区偏好"数据集绘制柱图，并降序排序，结果如图 3-14 所示。

从图中可看出，该景区湖光山色、海滨岛屿等自然风光景区最具吸引力，是该景区的主要聚客景区；民族/古镇风情、历史遗迹这些新兴文旅景区是景区的中坚力量，也有超四成的游客选择了主题公园/游乐园。

创建新的图形组件，依据"游客获取旅游景区信息的途径"数据集绘制柱图，并降序排序，结果如图 3-15 所示。

营销数据分析

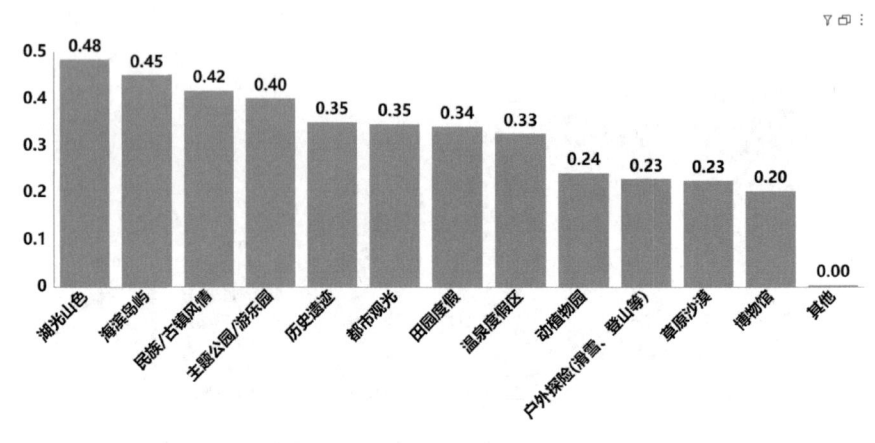

图 3-14 游客景区偏好占比

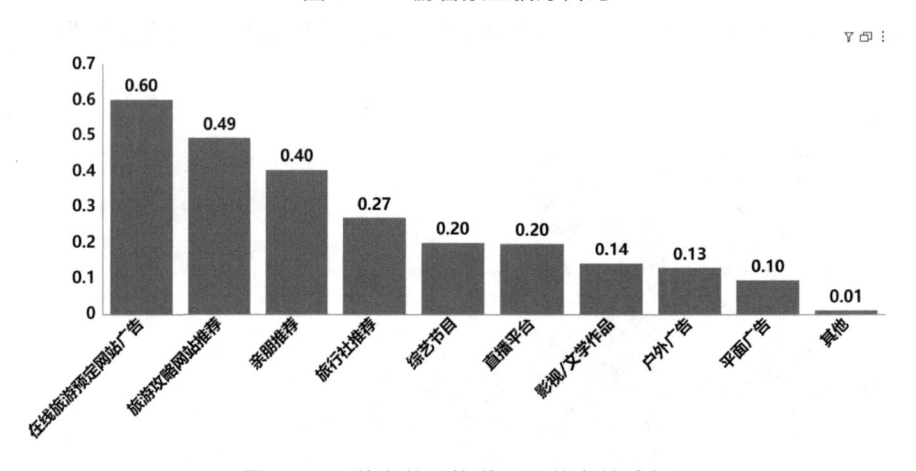

图 3-15 游客获取旅游景区信息的途径

从图中可看出，游客主要通过在线旅游网站来了解该景区信息，其次是旅游攻略网站。游客获取旅游景区信息的途径随着环境变化而变化，如今短视频、直播等途径更是旅游平台营销的主力军。

创建新的图形组件，依据"游客出行选择的交通方式"数据集绘制柱图，结果如图 3-16 所示。

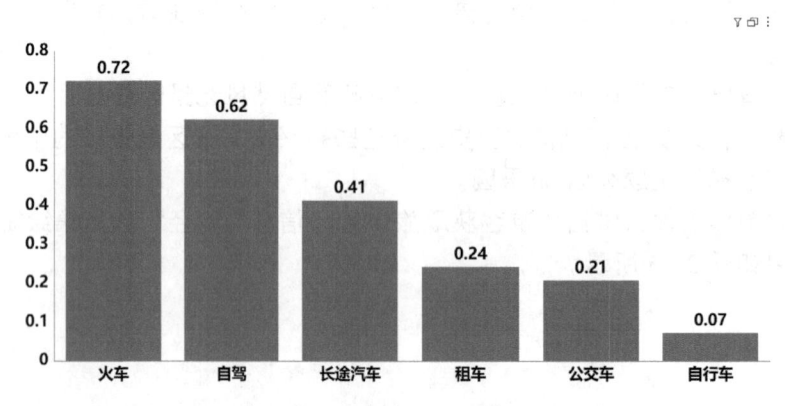

图 3-16 游客出行选择的交通方式占比

创建新的图形组件,依据"游客出行的同游人员"数据集绘制柱图,并降序排序,保留 TOP5 数据,最终如图 3-17 所示。

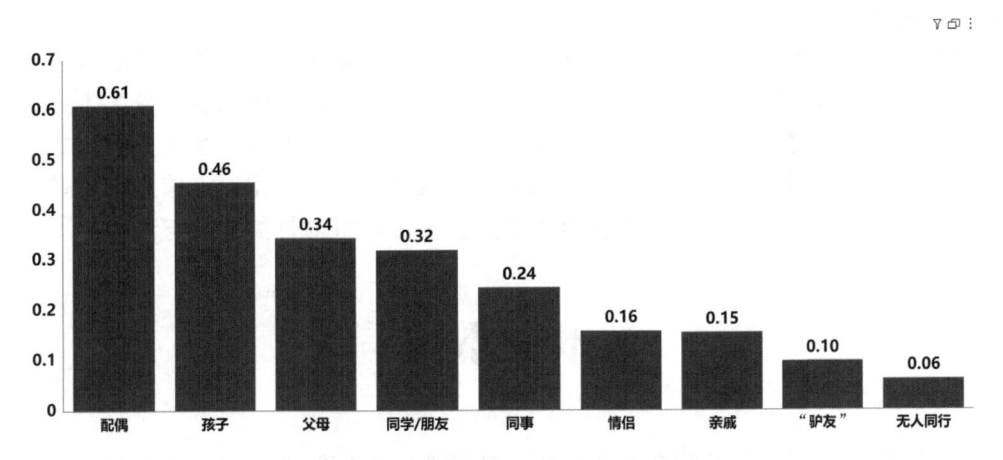

图 3-17 游客出行的同游人员占比柱形图

从图中可看出,游客主要与配偶、孩子、父母、同学/朋友及同事结伴出游,大部分游客最喜欢与家人一起出去游玩,其中与配偶出行的比率达到了 61%,孩子也是家人团体出游的一个重要原因。交通方式,大部分游客选择火车,说明大多数游客距离目的地较远。对于家人结伴出游,自驾游受到更多游客的青睐。

5. 结果解读

最终可视化仪表盘如图 3-18 所示。

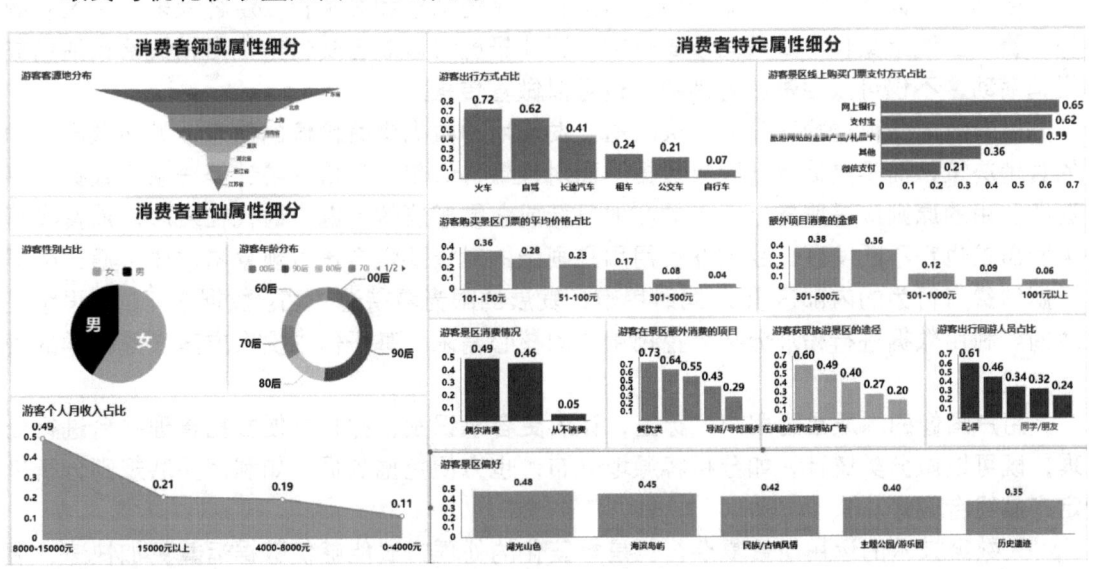

图 3-18 仪表盘

以上对游客景区偏好占比、游客获取旅游景区信息的途径、游客出行选择的交通方式占比、游客出行的同游人员占比、游客年龄分布、游客性别占比、游客客源地占比、

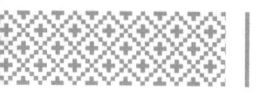

游客个人月收入占比、游客景区线上购买门票支付方式、游客购买景区门票的平均价格占比、游客景区消费情况、游客在景区额外消费的项目、游客在额外项目上消费的金额占比分别进行了可视化分析。

结论为：女性相对于男性更喜欢出游；"90后"的游客占所有年龄段的游客比重最大；从广东省来该景区旅游的游客占比最大，且大多数游客偏爱的旅游景区类型为湖光山色。游客大多在景区有额外消费，且金额大于100元；游客对于线上支付方式更倾向于支付宝；游客大多从旅游网站了解景点信息并预订门票。根据以上信息，该景点的工作人员可以根据实际情况，对景点宣传或景点营销进行针对性的提升与改善。

本章小结

用户画像通过对用户进行全方位分析，帮助企业进行精准营销。企业利用丰富的客户数据资源，通过构建用户画像，一方面模拟用户行为，预测用户的购买意愿；另一方面根据数据挖掘用户需求，打磨与其需求相匹配的产品。本案例从领域属性、基本属性、特定属性三方面对旅游市场消费者群体进行细分，构建用户画像（此处指游客画像）帮助景区管理人员培养客户思维，站在客户的角度设计产品、精准营销等，有助于景区后续进行营销推广的效果评估，完善产品运营，提升旅游服务质量。

通过构建游客画像，提出相关营销建议：①可以更多地针对女性推出相关旅游产品或服务，围绕女性打造相关旅游主题；②大多数游客偏好的景区为湖光山色，相关旅游公司或网站可以适时推出以湖光山色为主题的旅游活动和服务；③游客大多在景区有额外消费，且线上支付方式倾向于支付宝，因此景区可以联合支付宝推出相关营销活动或促销活动，不仅可以促进游客消费，也可以做宣传推广。

用户画像是根据营销需求解决问题，发现用户数据中有价值的信息，继而做出科学的营销决策，而不是简单地收集数据。面对位置、订单、评价、统计等一系列数据，筛选和利用的原则应是服务于既定的商业目标或急需解决的问题。时代在发展，消费者行为和需求也在不断发展，我们在使用用户画像的时候要学会透过现象看本质（通过数据了解消费者行为的内部需求），同时用辩证发展的眼光看待这一切。数据是死的，思维是活的。利用数据进行精准分析，挖掘用户的核心需求，基于需求提出方案才是科学的营销方式。

用户画像的本质是为用户贴标签，让人更容易识别，并且方便数据管理平台进行处理，既可以做分类统计，如分析客源地分布，也方便挖掘数据，如利用关联规则分析确定产品组合偏好。

大数据技术的运用纷繁复杂，但是标签化的处理方式能够使数据运算更加快速、便捷。它能够程序化处理与人相关的信息，利用收集起来的信息，通过算法模型来理解人的特征。当计算机有了与人类似的标签属性，互联网就能精准识别人群，无论是广告投放还是引擎搜索等都能够瞄准目标用户，提高信息获取效率。

实训目的

巩固用户画像分析的原理；通过教师讲解与实践，实际操作用户画像分析案例，帮助企业展开营销活动。

思考与练习

1. 通过相关模块，掌握用户画像的应用。
2. 思考用户画像在大数据时代更广泛的应用。

参考资料

[1] Brickey J, Walczak S, Burgess T. Comparing Semi-Automated Clustering Methods for Persona Development[J]. IEEE Transactions on Software Engineering, 2012, 38(3): 537-546.

[2] Mianowska B, Nguyen N T. Tuning User Profiles Based on Analyzing Dynamic Preference in Document Retrieval Systems[J]. Multimedia Tools and Applications, 2013, 65(1):93-118.

[3] 齐丽云，汪克夷，路英贤等. 基于消费者行为的市场细分模型构建与验证：以移动通信行业为例[J]. 管理学报，2009, 6(6): 805-811.

[4] 牛俊洁，崔忠伟，赵晨洁，王永金，吴恋. 个性化旅游推荐技术研究及发展综述[J]. 物联网技术，2020, 10(3): 86-88, 91.

[5] 刘海鸥，孙晶晶，苏妍嫄等. 基于用户画像的旅游情境化推荐服务研究[J]. 情报理论与实践，2018, 41(10): 87-92.

[6] Lust G, Vandewaftere M, Ceulemans E, et al. Tool-use in a Blended Undergraduate Course: In Search of User Profiles[J]. Computers & Education, 2011, 57(3): 2135-2144.

第 4 章
基于 ARIMA 模型的产品生命周期预测

学习目标
- 了解产品生命周期的概念；
- 了解时间序列法；
- 掌握 ARIMA 模型，并能将其应用于预测产品生命周期。

学习重点
- 产品生命周期理论；
- ARIMA 模型。

学习难点
- ARIMA 模型的构建；
- 产品生命周期曲线的绘制与解读。

本章思维导图

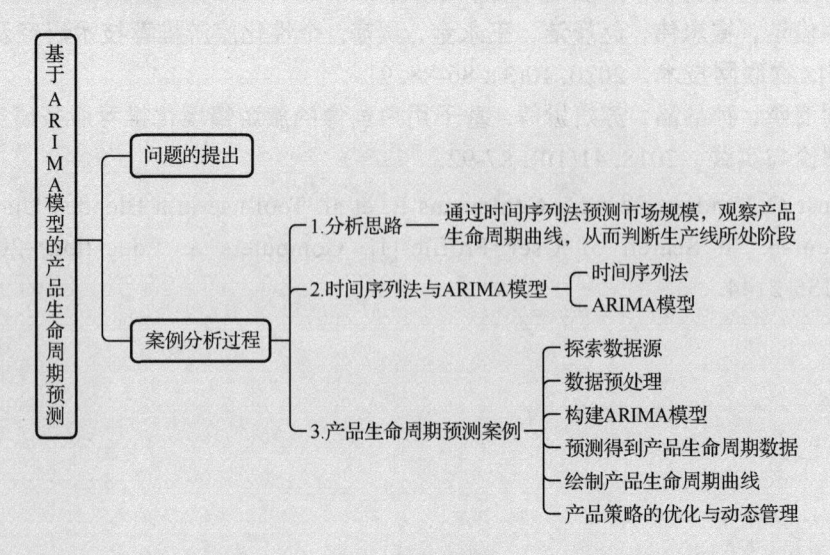

```
                              ┌─ 问题的提出
                              │
                              │                 ┌─ 1.分析思路 ── 通过时间序列法预测市场规模，观察产品
                              │                 │                生命周期曲线，从而判断生产线所处阶段
基于ARIMA模型的                │                 │
产品生命周期预测 ─────────────┤                 │                              ┌─ 时间序列法
                              │                 ├─ 2.时间序列法与ARIMA模型 ──┤
                              │                 │                              └─ ARIMA模型
                              └─ 案例分析过程 ──┤
                                                │                              ┌─ 探索数据源
                                                │                              ├─ 数据预处理
                                                │                              ├─ 构建ARIMA模型
                                                └─ 3.产品生命周期预测案例 ────┤
                                                                               ├─ 预测得到产品生命周期数据
                                                                               ├─ 绘制产品生命周期曲线
                                                                               └─ 产品策略的优化与动态管理
```

第4章 基于ARIMA模型的产品生命周期预测

4.1 问题的提出

4.1.1 产品生命周期理论

产品生命周期是指产品从进入市场到离开市场所经历的市场生命循环过程。因此,产品生命周期理论也称商品循环理论。一般来说,所有产品都要经历从畅销到滞销,并遵循产品生命的周期性,即经历引入、成长、成熟、衰退四个阶段。有学者基于时间与10%的销售增长率区分四个阶段:引入阶段,产品初入市场,销售增长率低于10%;成长阶段,市场中该产品继续存在,销售增长率不低于10%;成熟阶段,市场中该产品继续存在,销售增长率回落至10%以下;衰退阶段,市场中该产品继续存在,但销售增长率转为负数。

企业通过对产品生命周期进行分析,可以制定或优化相应的市场营销策略,从而增加销量,实现利益最大化。在大数据背景下,企业可以获得非常全面的市场信息,利用多种类型的信息对产品进行生命周期阶段的划分,还可以结合内部同类产品相关数据及行业同类产品数据对新上市产品进行生命周期预测。

大数据分析可以通过代入不同变量,如销售额、销售增长率、成本、利润、价格、市场占有率、现有客户数量及使用者类型等,拟合产品生命周期曲线。比如,通过历史同类产品的销售额、利润数据拟合出某产品的生命周期曲线为经典的 S 形曲线,判断引入阶段大约持续三个月;通过历史同类产品的成本、价格数据拟合出某产品的生命周期曲线为 U 形曲线,判断引入阶段大约持续两个半月。同样,根据不同的变量数据均可拟合出一条生命周期曲线,并能判断其每个阶段的大约持续时间。根据这些数据建立分析模型,通过分析模型预测最佳产品生命周期曲线,并明确地划分出不同的阶段。

比如,可以在产品引入阶段进入市场,并在销售增长期到来之前,考虑基本的销售改进和产品评估,优先抢占市场。在成长阶段,考虑扩大产品推广范围,并增加销售渠道。在成熟阶段,市场竞争加剧,需要更加聚焦于客户。在衰退阶段,企业必须采取适当的措施,尽量减少损失。而这些策略能否成功实施,与企业的生产线控制息息相关。

4.1.2 问题设计

某公司集研发、生产、销售于一体,在产品研发方面始终坚持自主创新和引进吸收相结合。该公司拥有国家级领先技术,其研发团队由各方面的高级人才组成,综合素质较高,能够迅速响应市场需求变化,积极研发适销对路的新产品。该公司的主营产品是液晶电视机、液晶显示器等电子产品。

为了更好地了解公司产品所处阶段,对生产线进行改造和升级,从而更好地迎合市场需求,提高公司产品在市场上的竞争力,该公司准备让数据运营专员对产品历史销售

数据进行分析，从产品在各个国家销售的数量和增量等数据判断出 2021 年 10 月公司的生产线处于哪个阶段，以便更好地制定下一阶段的生产线运营策略，根据数据反馈结果分析消费者行为，为营销活动提供更好的策略和建议。该公司获取了 2015 年 1 月—2021 年 9 月国际贸易产品液晶电视机的出口数据。数据运营专员准备借助时间序列法对生产线的生命周期进行预测，得出生产线生命周期，判断 2021 年 10 月企业生产线处于哪个阶段，并给予生产线控制建议。

4.1.3　问题解决思路

在产品引入阶段，生产线处于生产初期，生产速度不必太快，只需满足市场淡季时的需求；在产品成长阶段，市场需求呈持续增长状态，此时生产线处于上升期，需跟紧市场需求加快产品生产，为企业进行大范围产品投放打好基础；在产品成熟阶段，产品在数量上的需求已经达到顶峰，这个阶段的生产线进入稳定期，需结合市场需求注重提升产品质量，从而延长产品成熟阶段；在最后的产品衰退阶段，生产线进入退化期，为减少企业损失，生产线需降低生产速度，最后回到引入阶段的生产状态。所以生产线生命周期是基于产品生命周期形成的。由此，结合数据源，本案例的基本思路如下：①对液晶电视机的出口数据进行分析，预测后期市场规模。②得到产品生命周期，针对产品生命周期曲线判断 2021 年 10 月该公司生产线处于哪个阶段，并给出相关建议。产品生命周期是具有时间规律的，已知 2015 年 1 月—2021 年 9 月的历史数据，想要得到后期的市场规模，可以通过时间序列法进行预测。

4.2　时间序列法与 ARIMA 模型

4.2.1　时间序列法

时间序列法主要依靠过去和现在的数据，通过分析数据找出两者之间的关系，然后利用得到的关系预测未来的数据。

时间序列（动态序列）是指将数据依照某个相同统计指标及产生的先后顺序排列而成的序列。时间序列法能够以现有的历史数据为基础，对未来进行预测。大多数经济数据都以时间序列的形式呈现。根据观察的时间差异，时间序列中的时间可以是年、季度、月或其他时间格式。

时间序列法的价值在于：①反映社会经济现象的发展过程，并描述其发展状况和结果；②分析社会经济现象的发展趋势和速度；③探索社会经济现象的发展规律，从而对未来进行预测；④是一种重要的统计分析手段，可以应用于区域、国家间的对比和分析。

4.2.2 ARIMA 模型

整合移动平均自回归模型（Autoregressive Integrated Moving Average Model，ARIMA 模型）对于线性时间序列的分析和预测有着较好的精度。ARIMA（p，d，q）可视为 AR+I+MA 的组合，其中 AR 表示自回归分析，即通过历史观测值分析未来变化；I 表示积分，即通过差分运算使新的数据序列具有平稳性；MA 表示移动平均，即历史白噪声的线性组合；p 是自回归元素的数量，d 是使之成为平稳序列所做的差分阶数，q 是移动平均线元素的数量。ARIMA 模型可以将非平稳数据序列通过差分运算得到平稳数据序列，再对平稳数据序列建模进行预测分析。

1. 数据平稳化处理

时间序列的平稳性是使用 ARIMA 模型的前提条件，所以对序列进行平稳性检验是必要的。通过时间序列散点图（Time Series Scatter Plot）、自相关函数（Auto Correlation Function，ACF）图、偏相关函数（Partial Auto Correlation Function，PACF）图和单位根检验（Augmented Dickey-Fuller Test，ADF Test）可以初步判断序列的平稳性，再利用统计学方法精确地对数据的平稳性进行测定。对于非平稳序列，可以采用对数法或差分法对其进行平稳化处理，反复进行以上步骤，直至获得一个平稳序列。

数据平稳化处理后，ARIMA（p，d，q）模型即转化为 ARMA（p，q）模型。

2. 模型识别

ARIMA 模型预测的准确程度取决于参数组合（p，d，q）的合理性。根据差分运算法则，依次选取 $d=1$，2，3…并对序列进行 d 阶差分运算，可以得到一个新的序列。对新序列进行平稳性检验，直至数据平稳，此时差分定阶为 d，得到 ARMA（p，q）模型。自相关系数和偏相关系数两个统计指标的引入可以帮助确定 ARMA（p，q）模型的系数特性及模型阶数。对于经过处理的平稳序列，可以通过 ACF 图或 PACF 图分析函数截尾或拖尾的情况，对 ARMA（p，q）模型中 p 和 q 的阶数进行估计。选择合适的阶数后，根据赤池信息准则（Akaike Information Criterion，AIC）匹配合适的模型。如果自相关函数显示拖尾，而偏相关函数显示截尾，则该序列适用 AR 模型；反之，如果自相关函数显示截尾，而偏相关函数显示拖尾，则该序列适用 MA 模型；如果自相关函数和偏相关函数都显示拖尾，则该序列适用 ARMA 模型。

由于自相关函数转变为周期序列，因此可以采用乘积季节模型。当序列的自相关函数规率较高时，需对序列进行非线性模型拟合。

3. 模型检验

在模型识别与参数估计结束后，需要对所选模型与估计结果进行评估与检验，以保证所选模型的有效性。如果评估结果显示不合适，则需更换或修改现有模型。可以通过 t 检验对参数估计进行显著性检验，通过 Q 检验对模型的残差序列进行白噪声检验，若

检验结果显示是白噪声，则该模型适用；若结果显示不是白噪声，则说明在模型的误差序列中存在没有被提取的相关信息，同时表明该模型不适用或不够有效。

4. 模型预测

ARIMA 模型是一种描述随着时间推移而产生的数据序列的方法。该模型一经确定有效性，便能根据模型实现某种程度的短期预测，获取研究结论。

4.3　产品生命周期预测案例

一家主营产品为液晶电视机的公司为了更好地制定下一阶段生产线运营策略，想对产品生命周期进行预测。这家公司的数据运营专员该怎么做呢？

1. 探索数据源

表 4-1 为"2015 年 1 月—2021 年 9 月国际贸易产品液晶电视机的出口数据"（共 81 条数据，此处只显示前 10 条数据），表中包含了统计日期内的产品出口数量、出口金额及对应的汇买价。表 4-2 为重要指标详解。

表 4-1　液晶电视机出口数据

商品名称	日　期	出口数量（万台）	出口金额（万元人民币）	汇买价（元）
液晶电视机	2015 年 1 月	439	488647	620.1263333
液晶电视机	2015 年 2 月	444	499429	623.7031034
液晶电视机	2015 年 3 月	403	451307	622.5158065
液晶电视机	2015 年 4 月	520	584822	618.6463333
液晶电视机	2015 年 5 月	531	607535	618.8335484
液晶电视机	2015 年 6 月	567	623302	619.1206667
液晶电视机	2015 年 7 月	586	626617	619.3709677
液晶电视机	2015 年 8 月	689	733854	632.1093548
液晶电视机	2015 年 9 月	794	898137	635.3072973
液晶电视机	2015 年 10 月	730	814625	633.4191304

表 4-2　重要指标详解

重要指标	详　解
出口数量	统计时间内产品出口数量
出口金额	统计时间内产品出口金额
汇买价	现汇买入价，指银行买入外汇的价格（本案例为中美汇买价）

首先将本案例用到的数据导入【关系数据源】中，新建实验并保存实验后，从左边数据源模块拖拽"关系数据源"节点至画布区，并在右边参数区根据自己上传数据时保

存的路径找到数据表。随后右击"关系数据源"节点并单击"执行到此处",执行成功后右击查看关系数据源节点的输出结果,部分数据如图4-1所示,共5个字段,81条记录。

商品名称	日期	出口数量(万台)	出口金额(万元人民币)	汇买价""元""
液晶电视机	2015-01-01 00:00:00.0	439	488647	620.1263333333
液晶电视机	2015-02-01 00:00:00.0	444	499429	623.7031034483
液晶电视机	2015-03-01 00:00:00.0	403	451307	622.5158064516
液晶电视机	2015-04-01 00:00:00.0	520	584822	618.6463333333
液晶电视机	2015-05-01 00:00:00.0	531	607535	618.8335483871
液晶电视机	2015-06-01 00:00:00.0	567	623302	619.1206666667
液晶电视机	2015-07-01 00:00:00.0	586	626617	619.3709677419
液晶电视机	2015-08-01 00:00:00.0	689	733854	632.1093548387
液晶电视机	2015-09-01 00:00:00.0	794	898137	635.3072972973

图 4-1 关系数据源(部分)

2. 数据预处理

1)修改数据类型。为保证时间序列成功运行,需要将"日期"字段的数据类型修改为"date"日期类型,此步骤可以通过平台的"元数据编辑"节点实现,拖拽"元数据编辑"节点,并与关系数据源节点相连,如图4-2所示。

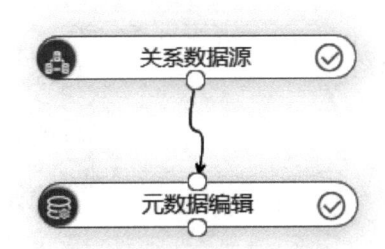

图 4-2 "元数据编辑"节点

节点设置如图4-3所示,设置完成后的数据内容如图4-4所示。

名称	别名	数据类型
column1	商品名称	string
column2	日期	date
column3	出口数量(万台)	integer
column4	出口金额(万元人民币)	integer
column5	汇买价""元""	double

图 4-3 "元数据编辑"节点设置

营销数据分析

Ab 商品名称	Ab 日期	# 出口数量（万台）
液晶电视机	2015-01-01	439
液晶电视机	2015-02-01	444
液晶电视机	2015-03-01	403
液晶电视机	2015-04-01	520
液晶电视机	2015-05-01	531
液晶电视机	2015-06-01	567
液晶电视机	2015-07-01	586
液晶电视机	2015-08-01	689
液晶电视机	2015-09-01	794

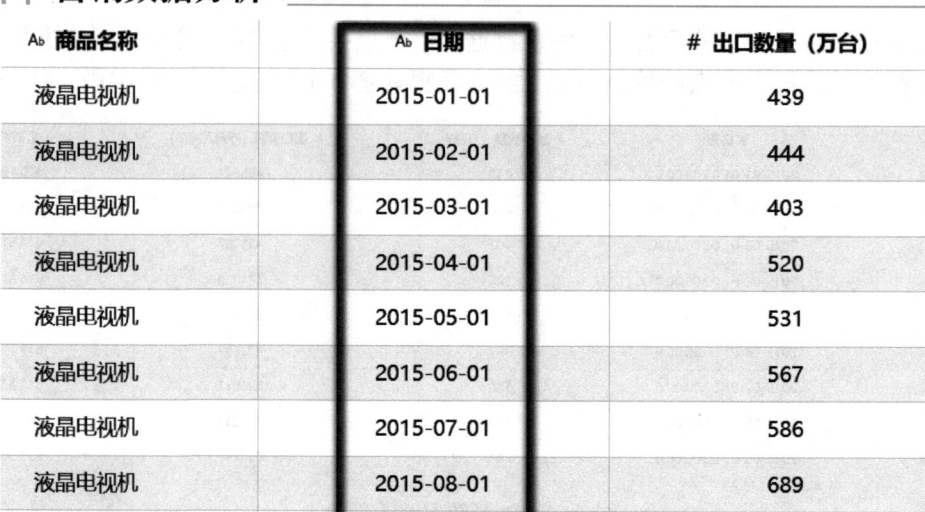

图 4-4 "日期"字段数据类型修改后

2）特征选择。时间序列实现需要选择特征列和标签列，从"特征工程"模块拖拽"特征选择"节点至画布区，并与"元数据编辑"节点相连，如图 4-5 所示。

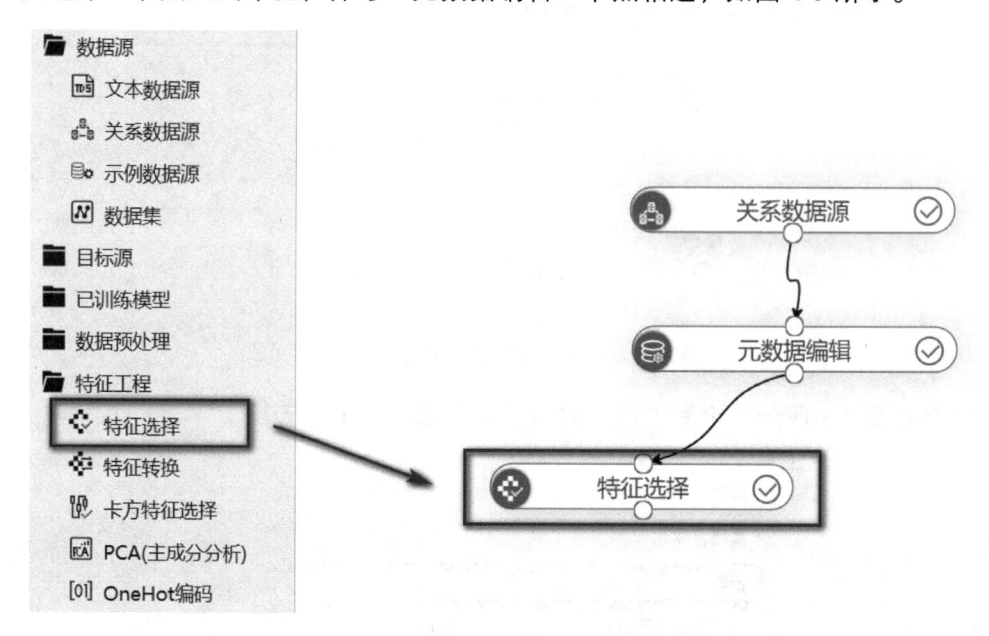

图 4-5 "特征选择"节点

根据分析思路，需要根据历史数据预测市场规模，所以设置"特征选择"节点时，需要将"日期"设为特征列、"出口金额（万元人民币）"设为标签列。节点具体设置内容如图 4-6 所示。

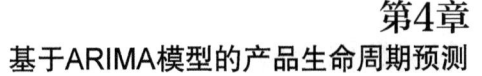

图 4-6　时间序列特征选择

3. 构建 ARIMA 模型

本案例的时间序列预测主要使用了平台的"ARIMA 算法"节点。拖拽"时间序列"模块下面的"ARIMA 算法"节点，并与"特征选择"节点相连，如图 4-7 所示。

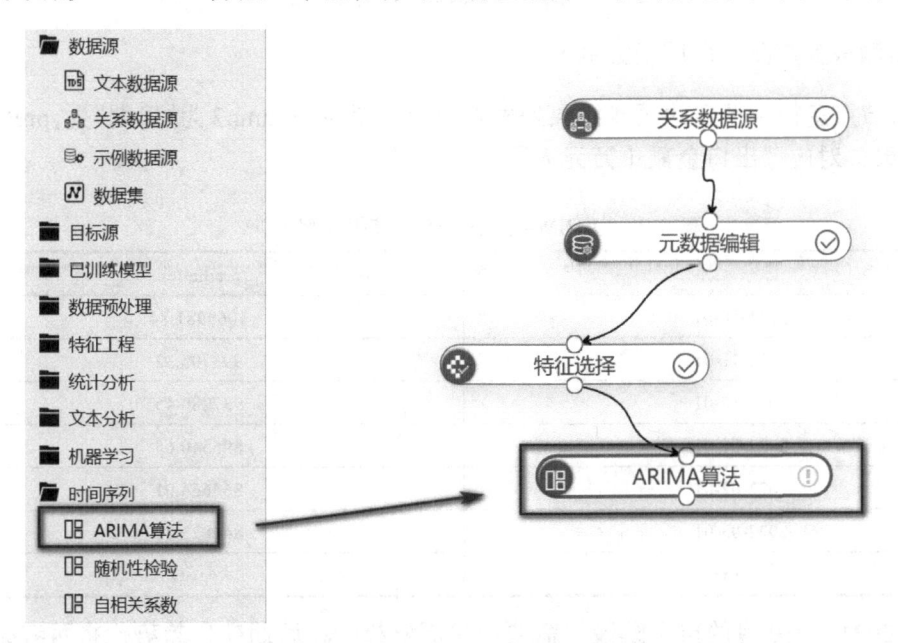

图 4-7　"ARIMA 算法"节点

需要设置基础的 ARIMA（p，d，q）参数和需预测的时间范围。本案例中 ARIMA 参数使用默认的（1，0，1）即可。本案例为完整展示生命周期曲线，选择预测 2021 年 9 月后一年多的产品出口金额数据，其节点参数设置如图 4-8 所示。

营销数据分析

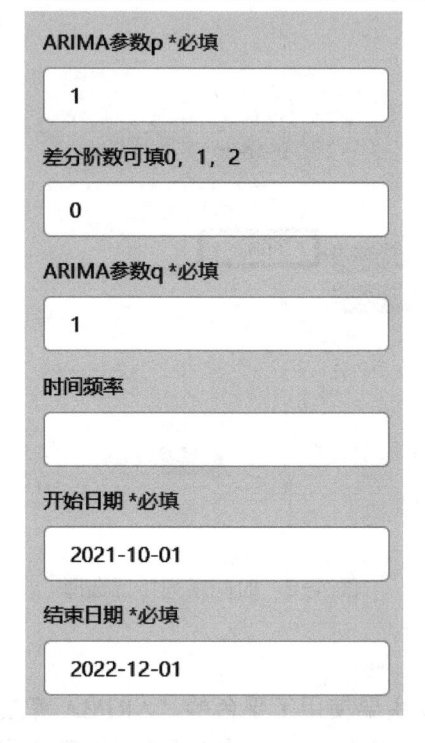

```
ARIMA参数p *必填
[ 1 ]

差分阶数可填0, 1, 2
[ 0 ]

ARIMA参数q *必填
[ 1 ]

时间频率
[       ]

开始日期 *必填
[ 2021-10-01 ]

结束日期 *必填
[ 2022-12-01 ]
```

图 4-8 "ARIMA 算法"参数设置

4. 预测得到产品生命周期数据

至此，节点运行后得到的预测结果如表 4-3 所示，其中 column2 为"日期"列，prediction 为预测结果，对应"出口金额（万元人民币）"一列。

表 4-3 "ARIMA 算法"预测结果（部分）

日　　期	prediction
2021-10-01	1069981.84
2021-11-01	993705.32
2021-12-01	937280.45
2022-01-01	895540.65
2022-02-01	864664.01
2022-03-01	841823.29
……	……

判断 2021 年 10 月的市场阶段，需要观察历史趋势和后期变化趋势，将两者结合后确定。需要将原有的历史数据和预测结果数据进行合并，本案例使用了"PYTHON 脚本"，主要通过从节点中调用 pandas 库的 concat() 函数来实现。

为保证列数相同，需要提前提取数据源中的"日期"字段和"出口金额（万元人民币）"字段，运用平台节点"列选择"来实现，将该节点与"元数据编辑"节点相连，如图 4-9 所示。

第4章 基于ARIMA模型的产品生命周期预测

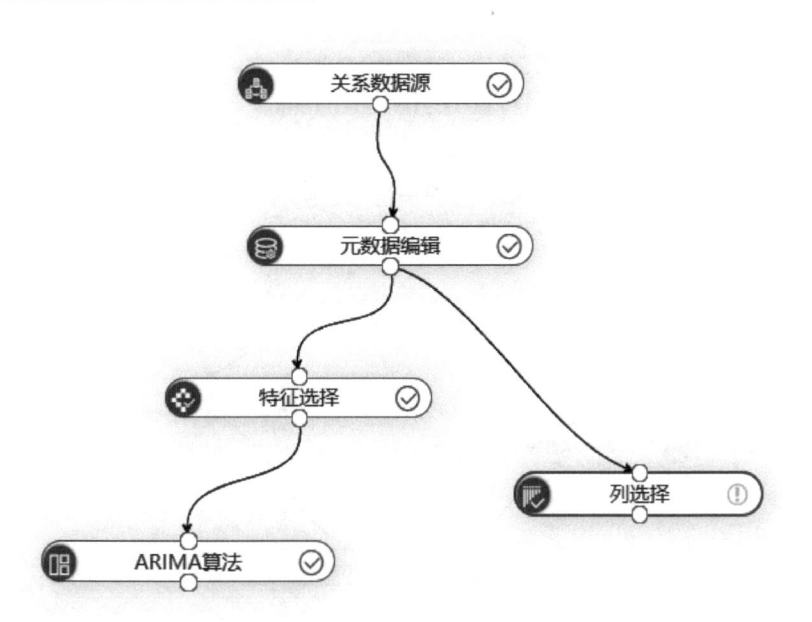

图 4-9 "列选择"节点

其内容设置如图 4-10 所示。

图 4-10 "列选择"节点内容设置

提取完成后，即可通过"PYTHON 脚本"链接提取后的历史数据和预测结果数据，拖拽"自定义模块"下的"PYTHON 脚本"节点，并建立如图 4-11 所示的关联。

营销数据分析

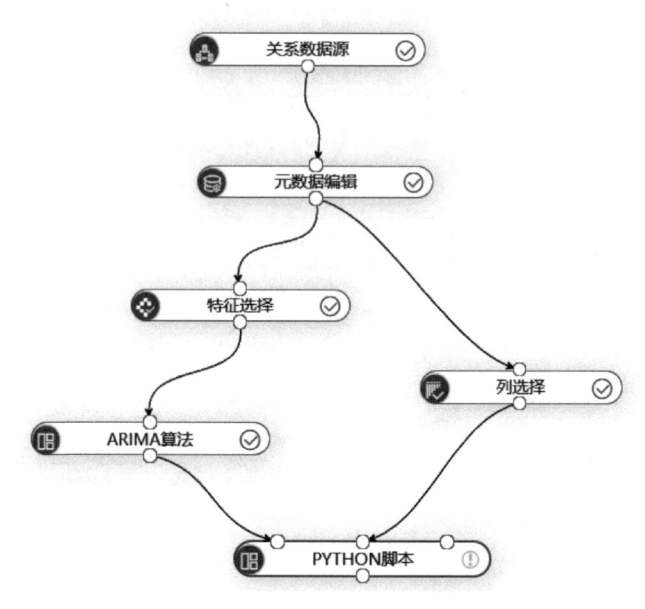

图 4-11 "PYTHON 脚本"节点

编写合并脚本,编写内容如图 4-12 所示。

```
import pandas as pd
def execute(dataframe1=None, dataframe2=None, dataframe3=None):
    dataframe1.columns = ['日期','出口金额(万元人民币)']
    dataframe2.columns = ['日期','出口金额(万元人民币)']
    data = pd.concat([dataframe2,dataframe1])
    print(data)
    return data
```

图 4-12 脚本内容

将上述脚本填写到 PYTHON 脚本框(见图 4-13),然后单击"确定"。

图 4-13 将脚本填写到 PYTHON 脚本框

编辑完成后运行,此时"PYTHON 脚本"输出得到的合并结果,如表 4-4 所示。

表 4-4 合并结果(部分)　　　　　　　　　　　单位:万元

时　间	金　额
2015-01-01	488647.0
2015-02-01	499429.0

第4章 基于ARIMA模型的产品生命周期预测

续表

时　间	金　额
2015-03-01	451307.0
2015-04-01	584822.0
2015-05-01	607535.0
2015-06-01	623302.0
……	……

最终观察生命周期需要在平台中新建可视化仪表盘绘制产品生命周期曲线，所以需要将最终合并的数据以表的形式存入平台数据库，即设置"关系目标源"节点，设置存放路径并将其命名，如图 4-14 所示。

图 4-14　关系目标源设置

本案例完整建模流程如图 4-15 所示。

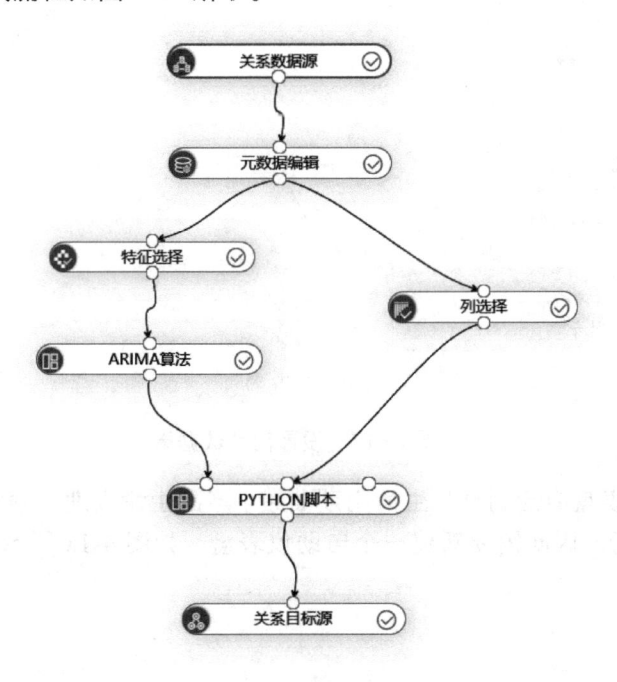

图 4-15　完整建模流程

营销数据分析

5. 绘制产品生命周期曲线

1）设置自助数据集。在数据集界面搜索栏单击"自助数据集",如图 4-16 所示。

图 4-16　进入自助数据集

找到目标数据表,将其另存为数据集,其设置如图 4-17 所示。

图 4-17　设置自助数据集

2）在自助仪表盘中绘制产品生命周期曲线。产品生命周期曲线的绘制需要在"自助仪表盘"模块进行,因此需要新建一个自助仪表盘,如图 4-18 所示。

第4章 基于ARIMA模型的产品生命周期预测

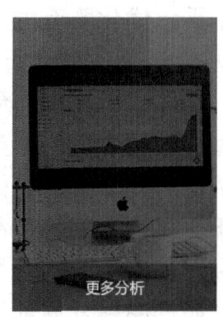

图 4-18　新建自助仪表盘

在自助仪表盘中选择目标数据源，将"日期"拖入列并进行升序排序，将"出口金额（万元人民币）"拖入行，设置图表类型为折线图，即可获得产品生命周期曲线，如图 4-19 所示。

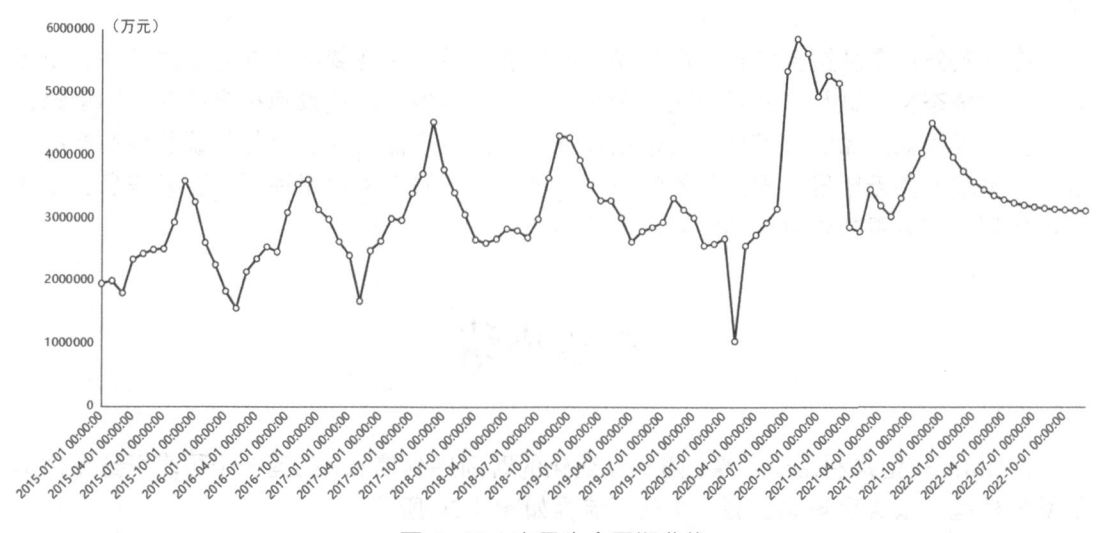

图 4-19　产品生命周期曲线

观察产品生命周期曲线，根据前后趋势变化，可以看出 2021 年 10 月处于产品成熟阶段。此时，企业生产线正处于稳定期，需要根据市场需求来提升产品质量，帮助延长产品成熟阶段，从而为企业创造更多收入。

6. 产品策略的优化与动态管理

在市场营销中，企业为满足消费者需求而提供的各种产品或品牌称为产品项目，在原材料、功能、消费者、分销渠道等方面较为接近的几个产品项目称为产品线。产品组合是由不同的产品线和产品项目组合而成的，它体现在四个维度：宽度、长度、深度和相关性。

营销数据分析

企业最初确定的产品组合是需要不断调整的，需要定期对现有产品组合进行分析和评价，以决定是否要增加或缩减特定的产品线或产品项目，以及是否要提高产品项目的开发水平，优化既有的产品组合。波士顿矩阵法（BCG Matrix）、投资组合分析法（GE矩阵法）、产品项目分析法、产品定位图分析法等都是传统的分析评价方法。在大数据背景下，这些分析方法得到了极大深化和升华，除了少部分定量数据，企业还能够利用更多类型的数据去分析其产品组合。

企业的产品组合中很少只有一条产品线，企业需要定期对其产品组合中的产品线进行分析，以确定哪条产品线应该扩大、缩减或维持现状。产品线分析的主要指标是销售额和利润。在大数据背景下，企业在进行产品线分析时可以用多个变量同时分析一条产品线，如产品线发展前景、产品生命周期阶段、客户满意度、客户忠诚度、销售额、利润、市场份额等。这些变量信息有些是定量的，而更多的是定性的文字评论、图片或半定量的点击量、搜索指数、转化率等。

产品线上的每个产品项目对总销售额和利润的贡献是不同的。企业可以利用大数据选择恰当的模型，分析不同产品项目的市场地位、产品项目开发程度、搜索指数、评价内容、投诉内容和数量、客户忠诚度、客户满意度等，从而确定某个产品项目是否应被剔除。

在深入分析产品组合中各个产品线、产品项目后，企业要针对自身资源条件、市场环境和竞争态势，进行产品组合决策调整。产品组合的一般决策包括产品线延伸策略，以及扩大或缩减产品组合策略。大数据背景下的企业产品组合决策与传统营销的产品组合决策本质上并无明显不同，只不过在大数据背景下做出的决策使用了更多信息、更准确的模型，同时更加注重产品组合决策的动态变化。

本章小结

ARIMA模型是利用非平稳、随机性变化的时间序列信息，构建一个可表征这个序列的数学模型，以实现短期预测，其预测流程如图4-20所示。

通过产品生命周期分析，企业可以对人力、财力进行合理配置，进而为创造利润形成有效的市场营销策略。基于此，本案例获取某公司2015年1月—2021年9月国际贸易产品液晶电视机的出口数据，借助时间序列法，构建ARIMA模型，预测2021年9月后一年左右的液晶电视机出口数据，将预测后期市场规模与历史数据相结合，并绘制产品生命周期曲线，推断2021年10月该公司产品生产线在其生命周期中的位置。不同阶段的生产线需要运用合理的营销策略，有针对性的相关策略会帮助企业迅速发展。

为获得产品生命周期曲线，本案例的具体操作过程如下。

1）将2015年1月—2021年9月国际贸易产品液晶电视机的出口数据（出口数量、出口金额、汇买价）导入"关系数据源"。

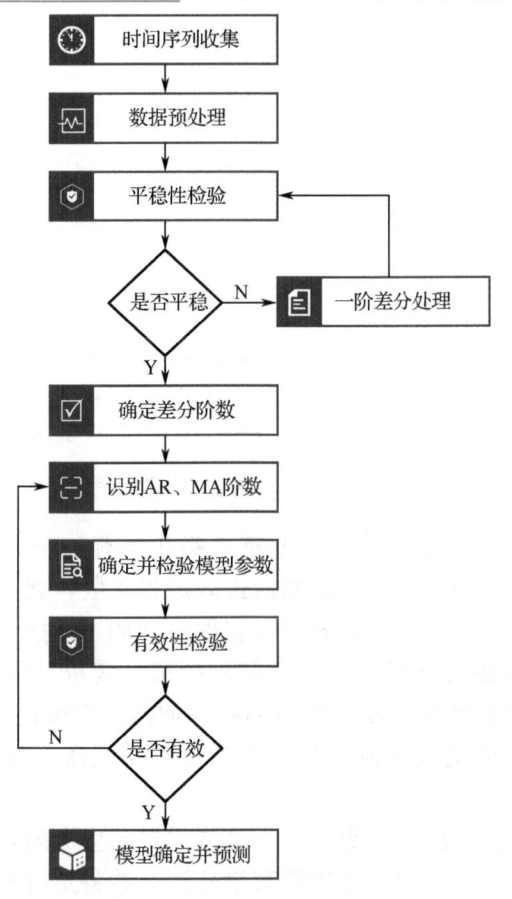

图 4-20　ARIMA 模型预测流程

2）导入数据之后进行数据预处理操作。观察到"日期"字段的数据类型不是"date"类型，因此需要修改数据类型，通过平台的"元数据编辑"节点将"日期"字段的数据类型修改为"date"类型；另外，在正式建模之前要进行特征设置，由于本案例通过时间序列法进行预测，且预测的是出口金额，所以在"特征选择"中，将"日期"设为特征列，"出口金额（万元人民币）"设为标签列。

3）接下来开始建模训练，使用平台"ARIMA 算法"，ARIMA 参数使用默认设置（1，0，1），预测 2021 年 9 月后一年多的产品出口金额数据。

4）运用平台节点"列选择"，将节点与"元数据编辑"节点相连，使预测结果数据与历史数据相结合，通过使用"PYTHON 脚本"，从节点中调用 pandas 库的 concat() 函数来实现。

5）将最终合并的数据以表的形式存入平台数据库，即设置"关系目标源"节点。

6）在数据集界面搜索栏单击"自助数据集"，找到目标数据表，将其另存为数据集。

7）新建自助仪表盘，绘制产品生命周期曲线，在自助仪表盘中选择数据集数据，将"日期"拖入列并进行升序排序，将"出口金额（万元人民币）"拖入行，设置图表类型为折线图，即可获得产品生命周期曲线，可从中看出产品的生命周期阶段，如图 4-21 所示。

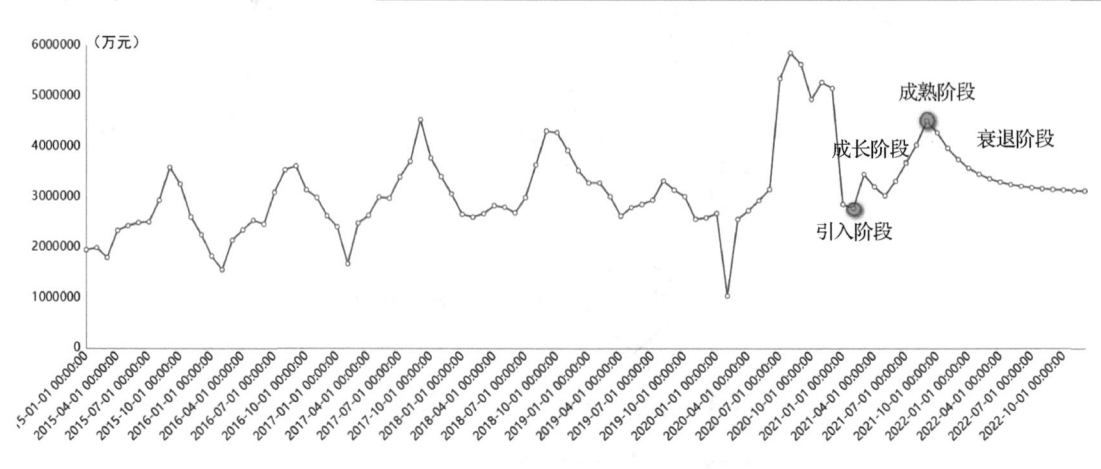

图 4-21　产品的生命周期阶段

观察获得的产品生命周期曲线，可知基本每年都有一个比较固定的生命周期。以 2021 年为例，2 月左右处于引入阶段，然后进入成长阶段，到 9 月处于成熟阶段，之后进入衰退阶段。企业可以在成熟阶段开始时将部分利润用于投资新产品的研发；当产品成熟时，必须采用营销组合方式满足不同层次的市场需求，提高产品品质和性能，降低成本，采用低成本渗透策略，鼓励客户购买，加强广告等促销活动，改善售后服务，延长产品成熟阶段。同时需要控制产品的生产以避免积压，从而避免货物积压导致的损耗。

因此，企业需要把握产品生命周期，正确使用产品生命周期模型，通过对市场信息的深入研究，对产品的各个发展阶段进行科学预测，并将定性和定量分析合理结合，以做出正确的决策，从而提高产品的销售增长率、市场占有率等，使企业在市场竞争中赢得更大的市场份额，获得更强的竞争优势。

实训目的

巩固回归算法和聚类算法的原理和流程；通过教师讲解与实践，实际操作市场需求预测和市场细分的案例，帮助企业进行管理。

思考与练习

1. 通过相关模块，掌握生产线生命周期预测模型的应用。
2. 思考时间序列法在大数据时代更广泛的应用。

参考资料

[1] 范波，宋文彬. 基于 ARIMA 模型的产品销售量预测研究[J]. 工业控制计算机，2021, 34(5): 128-129, 125.

[2] 葛娜，孙连英，赵平，万莹. 基于 ARIMA 时间序列模型的销售量预测分析[J]. 北京联合大学学报，2018, 32(4): 27-33.

[3] 杨斌清，张希琳. 基于 ARIMA 时间序列模型的稀土氧化物价格预测研究[J]. 中国稀土学报，2017, 35(5): 680-686.

[4] 汤兆平，孙剑萍，杜相，汤丽. 基于 ARIMA 模型的 N 铁路局管内物流需求预测研究[J]. 经济问题探索，2014(7): 76-81.

第5章
基于关联规则的购物篮分析

学习目标
- 了解购物篮分析;
- 理解关联规则;
- 掌握关联分析的核心算法。

学习重点
- 基于关联规则的购物篮分析。

学习难点
- 关联分析模型的构建;
- 关联分析结果与零售策略建议。

本章思维导图

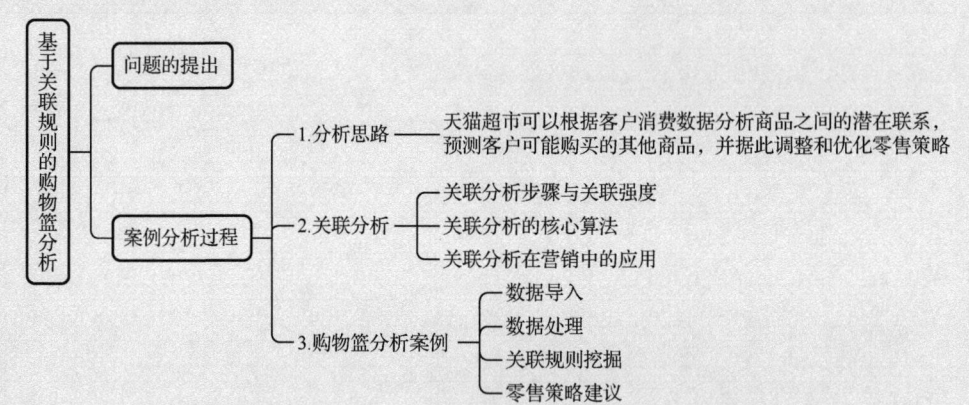

```
                        ┌─ 问题的提出
                        │
                        │                ┌─ 天猫超市可以根据客户消费数据分析商品之间的潜在联系,
基于关联规则的购物篮分析 ─┤    1.分析思路 ─┤   预测客户可能购买的其他商品,并据此调整和优化零售策略
                        │                │
                        │                ┌─ 关联分析步骤与关联强度
                        ├─ 案例分析过程 ─┤ 2.关联分析 ─┼─ 关联分析的核心算法
                        │                │            └─ 关联分析在营销中的应用
                        │                │
                        │                │              ┌─ 数据导入
                        │                │              ├─ 数据处理
                        │                └─ 3.购物篮分析案例 ─┤
                        │                               ├─ 关联规则挖掘
                        │                               └─ 零售策略建议
```

第5章 基于关联规则的购物篮分析

5.1 问题的提出

5.1.1 购物篮分析

随着互联网和云计算等技术的快速发展和普及,零售企业的经营日益数字化。在此背景下,零售企业在经营中产生了远超以往规模的海量数据。如何分析这些数据,发现数据背后的市场规律,为零售企业提供营销决策依据,是当前零售企业面临的重要课题。

实践中,零售企业为了增加销售额,常常面对很多问题,如商品应该如何陈列?应该将哪些商品捆绑在一起进行销售?应该向客户推荐何种关联商品?所有这些问题都需要零售企业深刻洞察客户需求,把握客户购买规律。购物篮分析是零售企业或商家对客户个人数据、交易数据和客户购物篮中的商品数据进行综合分析,从而发现客户购买规律的活动。购物篮分析已经被零售企业广泛应用于商品陈列、交叉销售、捆绑销售、个性化商品推荐优化等常态化的日常经营决策中。它的应用大大增强了客户的购买体验,提高了客户的客单价,降低了客户的购物成本,降低了零售企业的经营风险,提高了零售企业的营销决策效率和经营绩效。沃尔玛、亚马逊、天猫、京东等国内外线上线下大型零售商,都成功借助购物篮分析完成了对客户需求的深入挖掘和洞察,制定了能增加客户消费的营销策略,取得了很好的效果。

5.1.2 问题设计

作为阿里巴巴自营的线上超市,天猫超市主要经营广大消费者日常生活所需的商品品类。随着中国网络零售渗透率高速增长时代的结束,网络零售企业利用高流量提高经营绩效的时代也宣告结束。在这一背景下,天猫超市的核心战略从交易营销转向关系营销成为必然。尤其在外部环境复杂多变的现在,盘活天猫超市的"留量"客户成为保证其在新形势下高效、稳定增长的重要途径。

如何充分挖掘天猫超市"留量"客户的价值呢?根据零售理论,企业的销售额=流量×转化率×客单价。其中,流量指光顾线上或线下零售平台或商店的人数;转化率指所有光顾零售平台或商店的客户中发生实际购买行为的人数占所有光顾人数的百分比;客单价指零售商的每个客户的平均交易额。由此可知,在客户流量已饱和的情况下,天猫超市可以通过提高转化率和客单价来提升销售业绩。但需要注意的是,影响网络零售企业转化率的因素众多,涉及商品价格、网店零售环境、网络零售商的实力与声誉、所售商品的声誉、客户的购买情境、网络零售商的客户群特征、售后服务政策、竞争环境等多个方面。若要通过改善上述各影响因素提高天猫超市的转化率,不仅耗费的时间久,花费也相对较高。因此,要在短时间内提高天猫超市的销售额,充分挖掘天猫超市现有客户的价值,提高客单价是相对省时且有效的方法。那么,该如何提高天猫超市客户的客

单价呢？

5.1.3 问题解决思路

一般来说，在特定时间段内，零售企业的品牌美誉度、商品陈列、商品推荐、商品的品牌声誉和价格、促销政策及交叉销售等因素都会影响客单价。为了获得更稳定的销售增长，运营部主管根据市场经理提交的客户购买数据分析报告，认为可以通过优化关联商品购买推荐，改进商品捆绑销售和交叉销售建议来提高客单价。因此，天猫超市可以根据客户购买数据分析商品之间的潜在联系，预测客户可能购买的其他商品，并据此调整和优化零售策略。

5.2 关联分析

从购物篮分析的目的看，发现商品之间的联系是其核心任务。从已有数据分析技术来看，关联分析主要是从大数据中寻找不同事物间的密切度或关联度。可见，关联分析的特点与购物篮分析的核心任务非常契合。因此，关联分析被零售企业广泛应用于购物篮分析。

5.2.1 关联分析步骤与关联强度

1993年，阿格拉瓦尔（Agrawal）等最先提出关联规则的概念，认为这种分析的主要目的和用途是从客户购买数据中发现客户购买商品的相关性，并从中发现规律。目前，随着应用场景的不断拓展，关联分析已经成为数据挖掘技术领域最成熟和重要的方法之一。

关联规则是关联分析在大数据中发现事物之间相关性的结果。数据分析人员需要先根据最小支持度找出数据库中所有的频繁项集，然后根据最小置信度和频繁项集挖掘出事物之间隐藏的关联规则。其中，频繁项集是经常一起出现的产品、物品、服务或属性的集合，呈现了某些事物之间的共现关系。与普通共现关系不同的是，关联规则更凸显事物或属性之间的相互依赖关系和条件先验关系，即它除了展现组内某些事物或属性之间的共现，还提示了事物或属性之间明显的相关关系和因果关系的存在。换句话说，关联关系的共现关系更强，且大部分可以依据日常经验和已有理论的逻辑进行阐释。比如，超市通过分析客户购买数据，发现在所有发生购买行为的客户中，有30%的客户会同时购买啤酒与尿布，进一步统计后，又发现有80%的客户在购买了尿布的同时也购买了啤酒，这说明二者之间存在一定隐含关系：尿布→啤酒。换言之，购买了尿布的消费者购买啤酒的概率较大。因此，零售商可以把啤酒和尿布摆放在超市相邻的货架上，或在客户把尿布放在购物车里后向客户推送啤酒产品信息，吸引和方便客户购买，增加客户单次购买的交易额，并以此提高超市的营业额。此例中，{啤酒，尿布}的商品组合频繁出现，这就是一种频繁项集关系；而｛尿布｝→｛啤酒｝则是一种关联规则，即客户在购买了尿布的同时也会购买啤酒。关联规则就是形如 $X→Y$ 的表达式，其中 X 和 Y 是不相交的项集。

事实上，关联规则的强度不是数据分析人员或管理人员主观认定的，而是可以由客观量化的指标衡量的。具体来说，主要包括三个指标：一是支持度，即项集的频繁程度，含有特定项集的项目占所有项目的百分比；二是置信度，即项集 Y 在包含项集 X 的事物中出现的频繁程度；三是提升度，即在含有项集 X 的条件下同时含有项集 Y 的概率与仅含有项集 Y 的概率比。频繁项集指的是满足最小支持度阈值（Minsup, Minimum Support）的所有项集。比如，在表 5-1 中，项集指的是包含 0 个或多个项的集合，如｛面包，牛奶｝。支持度计数指的是包含特定项集的事物个数，如表 5-1 中的 σ（｛牛奶，面包，尿布｝）=2。按上述支持度的定义，则该项集的支持度是包含项集的事物数量与总事物数量的比值，即 s（｛牛奶，面包，尿布｝）=2/5；置信度是 0.67；提升度为 1.11。

表 5-1 项集示例

TID	项　　集
1	｛面包，牛奶｝
2	｛面包，尿布，啤酒，鸡蛋｝
3	｛牛奶，尿布，啤酒，可乐｝
4	｛面包，牛奶，尿布，啤酒｝
5	｛面包，牛奶，尿布，可乐｝

具体来说，｛牛奶，尿布｝→｛啤酒｝关联规则强度的各项指标计算过程如下。

$$支持度(s) = \frac{\sigma(牛奶，尿布，啤酒)}{|T|} = \frac{2}{5} = 0.4$$

$$置信度 = \frac{\sigma(牛奶，尿布，啤酒)}{\sigma(牛奶，尿布)} = \frac{2}{3} = 0.67$$

$$提升度 = \frac{c}{P(Y)} = \frac{2}{3} \div \frac{\sigma(啤酒)}{|T|} = \frac{2}{3} \div \frac{3}{5} = \frac{10}{9} = 1.11$$

5.2.2 关联分析的核心算法

发现频繁项集是关联分析中挖掘关联规则的关键步骤。在众多发现频繁项集的算法中，Apriori 算法和 FP-Growth 算法是较为经典的算法。

1. Apriori 算法

由阿格拉瓦尔等提出的 Apriori 算法是利用频繁项集性质的先验知识，通过逐层搜索、不断迭代，将 K-项集（包含 K 项的项集）用于找到数据集中的所有频繁项集。换言之，Apriori 算法的目的就是要找到最大的 K-频繁项集。Apriori 算法有这样一个性质，即如果一个项集是频繁的，那么它的所有子集一定也是频繁的；相反，如果一个项集是非频繁的，那么它的所有子集一定也是非频繁的。为了提高频繁项集生成的效率，减少项集的组合和扫描数据库的次数，该算法利用了上述性质。如果发现某项集是非频繁的，即可将整个包含该超集的子图剪除。如图5-1所示，{A，B}组合如果是一个非频繁项集，那么所有包含它的超集也一定是非频繁的，因此可将它们都剪除。图5-1中灰圈内的组合就是被剪除的超集（也称非频繁项集）。

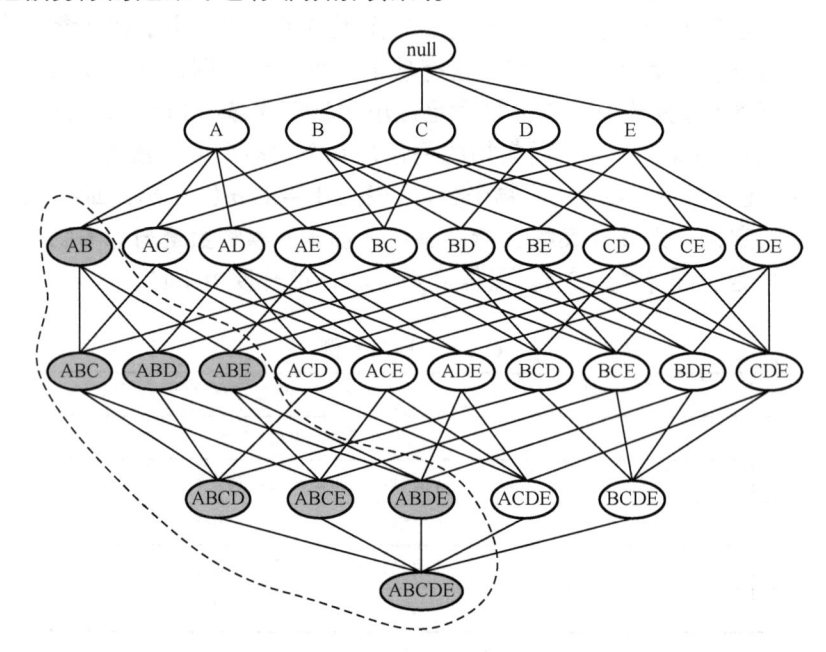

图5-1 Apriori算法原理

Apriori算法的具体步骤如下：①扫描数据库，生成候选1-项集和频繁1-项集；从2-项集开始循环，由频繁（K-1）-项集生成频繁K-项集。②频繁（K-1）-项集两两组合，判定是否可以连接，若能，则连接生成K-项集。③检测K-项集中的每个项集子集是否频繁，舍掉不是频繁项集的子集。④再次扫描数据库，计算前一步中过滤后的K-项集支持度，舍弃支持度小于阈值的项集，生成频繁K-项集。当当前K-项集中只有一个项集时，循环结束。

2. FP-Growth算法

虽然Apriori算法利用频繁项集的两个特性可以过滤很多无关的集合，但是这种算法的局限性也非常突出：一方面，Apriori算法可能产生很多候选项集；另一方面，Apriori算法是一个候选消除算法，在每次消除时都需要扫描所有数据记录，因此对I/O负载有较高的要求。从其操作过程来看，Apriori算法的数据挖掘效率是低下的。这意味着Apriori算法无法应用于有海量数据记录的大数据分析。基于此，韩（Han）等人在2000年提出了频繁模式增长（Frequent-Pattern Growth，FP-Growth）算法。近年来，FP-Growth算法已经被广泛应用于挖掘频繁项集，其原理是：先把扫描数据库找出频繁项集后的数据集存储压缩在一个叫FP-tree（频繁模式树）的数据结构里，再将上述数据库分割成一些条件数据库，并找出频繁项集。与Apriori算法相比，FP-Growth算法在使用过程中只需要

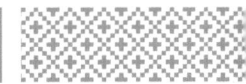

扫描两次数据库，因此它在处理大数据集上的效率要明显高于 Apriori 算法。

5.2.3 关联分析在营销中的应用

在实践中，由于关联分析的特性，它被广泛应用于不同的行业和场景。

1. 零售行业

该促销哪些商品？对哪些商品进行捆绑销售？如何进行交叉销售？为消费者推荐何种商品？在零售行业，无论是网络零售商还是实体零售商，为了增加销售量和获取更多利润，常常需要考虑上述一系列问题。实体零售商还要考虑商品该如何陈列的问题。关联分析可以帮助零售商对消费者的购物篮数据进行挖掘，发现消费者在购买一个商品的同时购买另一个商品的概率，明确消费者购买的商品之间的关联，从而为商家进行科学、合理的商品陈列规划、交叉销售、捆绑销售、商品推荐和促销活动优化提供有效的决策依据。

2. 金融行业

和零售行业一样，金融行业也是关联分析应用的一个重要场景。证券公司常用关联分析为投资活动决策提供依据；银行通过关联规则分析消费者的信用卡使用情况，以实时监控消费者信用卡的恶意透支行为；保险公司通过对投保人购买行为的关联分析，发现投保人购买的关联保险险种。

除了上述行业，电信、科研、教育和医疗领域也广泛应用关联分析。

5.3 购物篮分析案例

商家通过提高客单价实现稳定的利润增长，提高客单价已经是当前零售行业经营的重中之重。考虑到优化商品组合是提高消费者客单价的重要手段，因此，零售商需要基于现有消费者的消费数据，洞察消费者的需求偏好和购买规律，找出关联商品，优化关联商品推荐，制定捆绑销售和交叉销售策略。本案例以天猫超市为分析对象，对天猫超市的消费大数据利用关联规则进行分析，发掘消费者的购买组合，为天猫超市优化商品推荐和商品组合销售决策提供依据。

1. 数据导入

本案例数据包含的信息如表 5-2 所示，共有 7985 条数据，此处仅列示 10 条。

表 5-2 天猫超市客户购买数据

产 品 名 称	昵　　称
不锈钢剥橙器	木***9

续表

产品名称	昵称
不锈钢镊子	木***9
保温饭盒	i***7
油壶	老***7
蛋清分离器	手***6
压蒜器	y***7
叉勺筷三件套	若***年
餐垫	t***0
压蒜器	t***0
削皮刀	e***i

新建实验，保存之后从左边数据源中拖拽"关系数据源"节点到中间画布区，选择如图 5-2 所示的数据。

图 5-2　数据准备

执行之后，在"关系数据源"节点单击鼠标右键，选择查看输出，即可查看本数据源详细数据，如图 5-3 所示。

当前显示 100 条 / 总共有 7985 条数据　提示:点击单元格可查看超出的内容

产品名称	昵称
不锈钢剥橙器	木******9
不锈钢镊子	木******9
保温饭盒	i******7
油壶	老******1
蛋清分离器	手******6
压蒜器	y******7

图 5-3　查看本数据源详细数据（部分）

2. 数据处理

根据探索数据源时分析得出的结果，对数据源进行去除重复值的操作。拖拽"去除重复值"节点到画布区，建立关联，单击"选择列"，将"产品名称"与"昵称"字段选为"已选字段列表"，如图 5-4 所示。

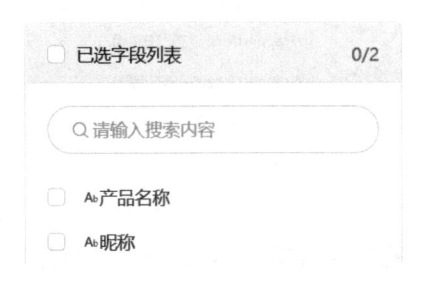

图 5-4　去除重复值

执行之后，用鼠标右键点击，选择查看输出，可查看本数据源去除重复值之后的详细数据，如图 5-5 所示。

图 5-5　查看详细数据（部分）

接下来做一个聚合处理，将每个订单的商品以一个数组的形式呈现。这里需要用到【数据预处理】下的"聚合"节点，拖拽"聚合"节点到画布区，建立关联，如图 5-6 所示。

进行条件配置，将"Buyer Name"字段作为分组依据，对同一个消费者购买的"Product Name"字段进行汇总与计数，如图 5-7 所示。注意，添加完条件一定要单击后面的"+"键，才算成功。

运行成功之后，右键单击"聚合"，查看输出即可查看聚合后的数据，如图 5-8 所示。

图 5-6　"聚合"节点

已选字段(别名)	结果列名	操作
昵称	Group_昵称	Group
产品名称	Collect_list_产品名称	Collect_list
产品名称	Count_产品名称	Count

图 5-7　条件配置

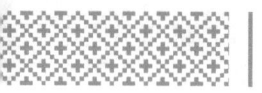

Group_昵称	Collect_list_产品名称	Count_产品名称
w******f	WrappedArray(油壶)	1
潇******2	WrappedArray(浴室角架/置物架, 挂钩/粘钩)	2
阿******馨	WrappedArray(红酒开瓶器)	1
欧******宸	WrappedArray(红酒开瓶器)	1
岭******0	WrappedArray(电动红酒开瓶器)	1
颜******武	WrappedArray(削皮刀, 磨刀器)	2
没******玩	WrappedArray(酒架)	1

图 5-8 查看聚合后的数据（部分）

3. 关联规则挖掘

选择特征列，拖拽【特征工程】下的"特征选择"节点到画布区，建立关联，如图 5-9 所示。

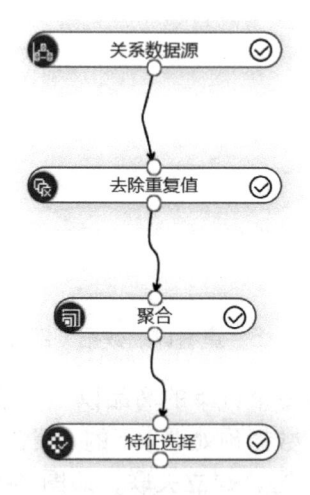

图 5-9 "特征选择"节点

选择物品列作为挖掘对象，将"Collect_list_Product Name"字段设置为特征列，该列用于挖掘频繁项集，如图 5-10 所示，确定之后执行。

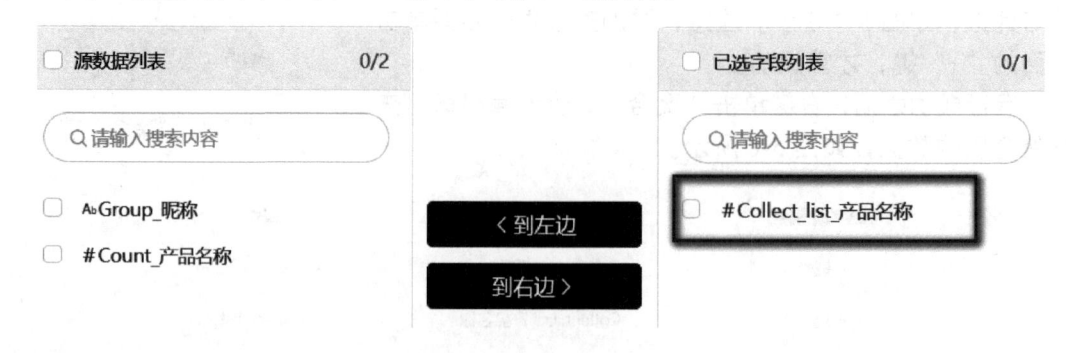

图 5-10 特征列选择

依据订单中所包含的商品种类数量是否大于 1 的原则，将数据源分成两部分，如

图 5-11 所示，两次拖拽"行选择"节点到画布区，并与上一节点建立关联。

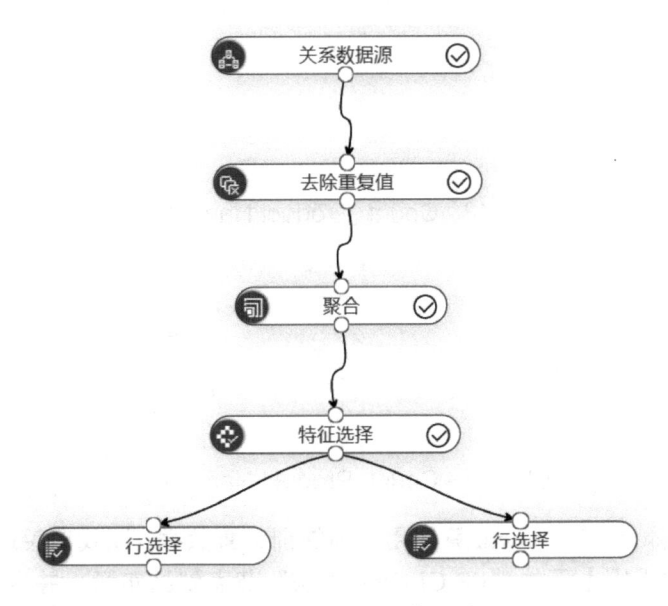

图 5-11 "行选择"节点

依次单击右侧参数区，修改行选择别名为 Count > 1，Count=1，如图 5-12 所示。

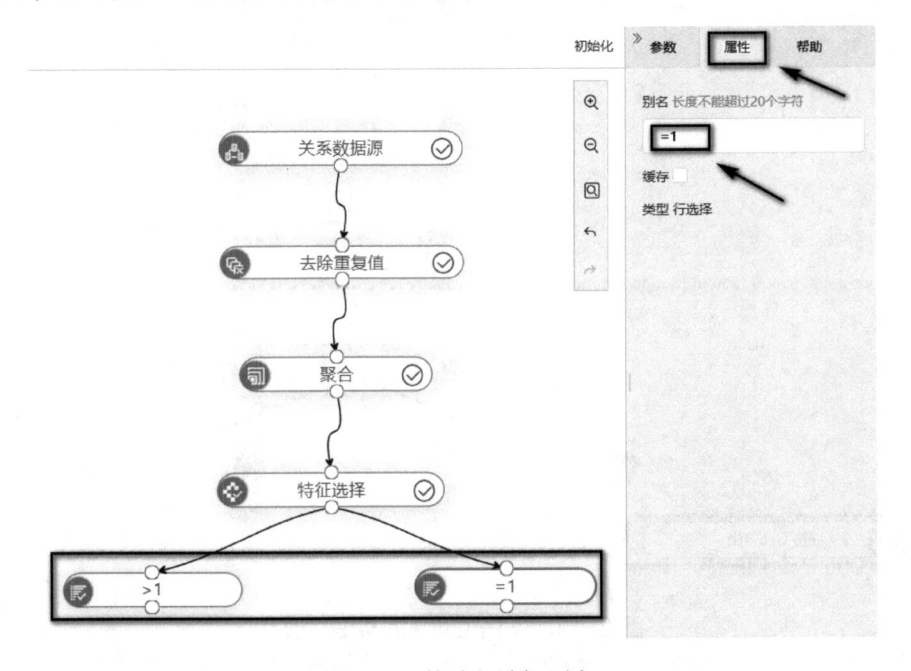

图 5-12 修改行选择别名

Count > 1 节点意味着订单中至少有两种商品，勾选根据条件筛选，行选择条件设置为 Count_Product Name > 1，单击"+"号，将其用于训练模型；Count=1 意味着订单中只有一种商品，勾选根据条件筛选，单击"+"号，行选择条件设置为 Count_Product Name = 1，将其用于预测数据，具体设置如图 5-13 和图 5-14 所示。

营销数据分析

☑ 根据条件筛选

| 筛选行 ∨ | and ∨ | 可选列 ∨ | 条件 ∨ | 值 ∨ | | + |

Count_产品名称 > 1

图 5-13　Count_Product Name > 1

☑ 根据条件筛选

| 筛选行 ∨ | and ∨ | 可选列 ∨ | 条件 ∨ | 值 ∨ | | + |

Count_产品名称 = 1

图 5-14　Count_Product Name = 1

运行完成后，添加 FP-Growth 算法用于训练训练集数据，以找出关联规则。拖拽【机器学习】—【关联规则】下的"FP-Growth 算法"节点到画布区，并且将最小支持度和最小置信度设置为 0.1，如图 5-15 所示。

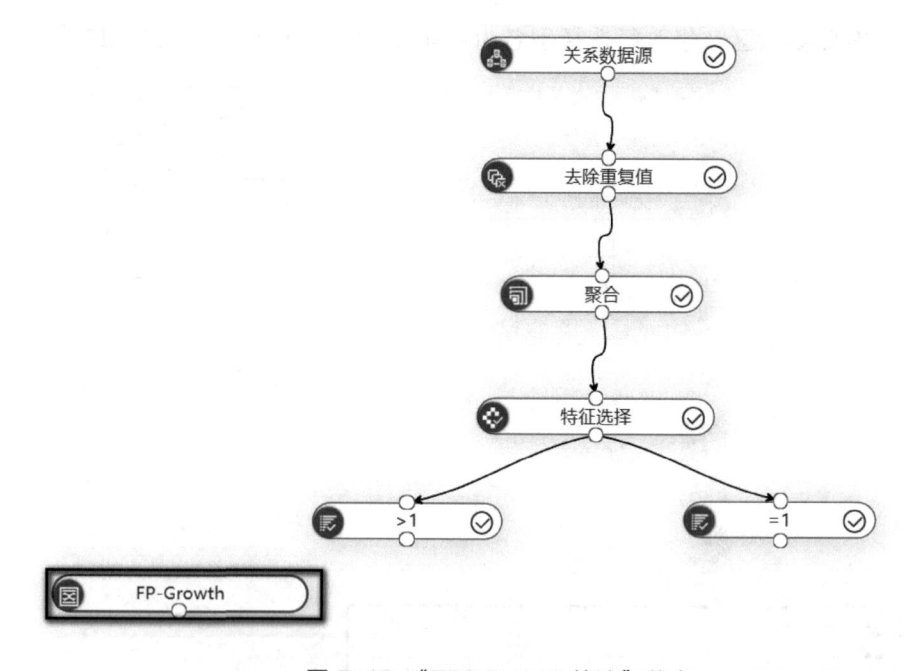

图 5-15　"FP-Growth 算法"节点

选择【机器学习】下的"训练"，训练方法是 FP-Growth 算法，拖拽【机器学习】下的"训练"节点到画布区，建立如图 5-16 所示的关联。

第5章
基于关联规则的购物篮分析

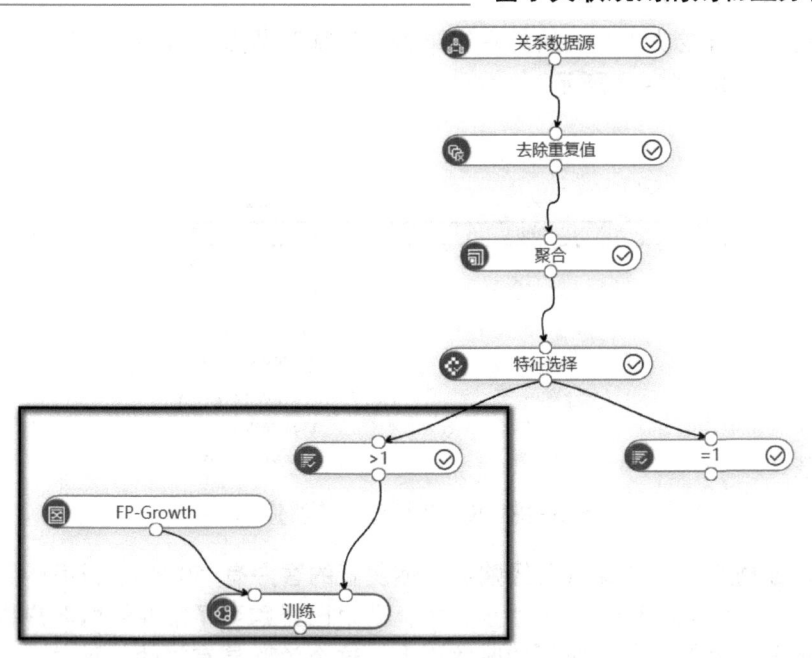

图 5-16 "训练"节点

对训练结果进行预测，拖拽【机器学习】下的"预测"节点到画布区，同时引入测试数据集进行预测，建立如图 5-17 所示的关联。

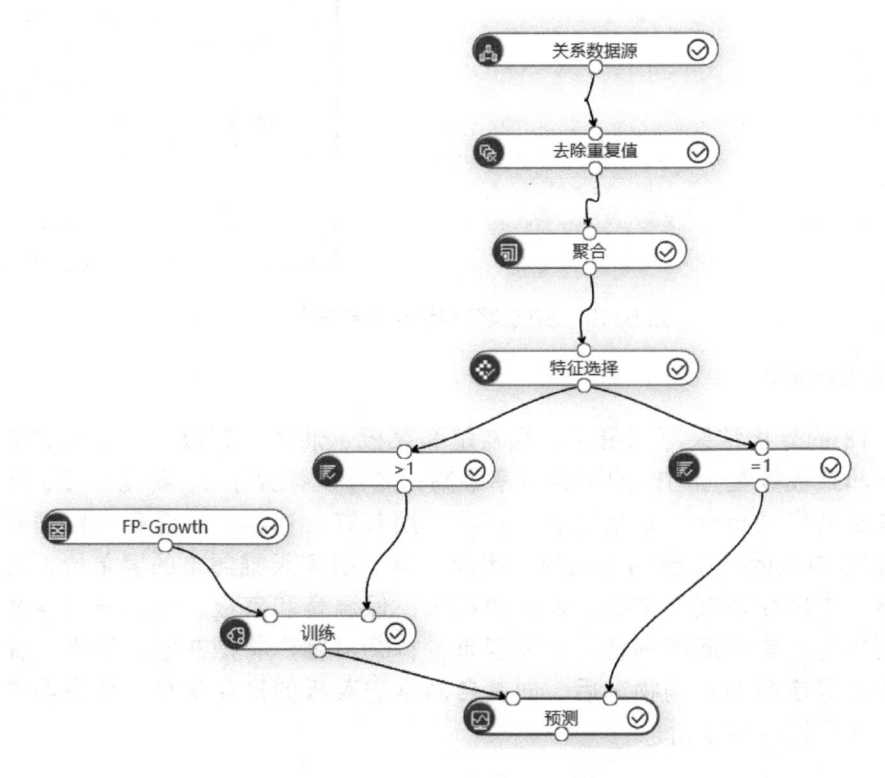

图 5-17 "预测"节点

营销数据分析

全部执行，执行成功之后，鼠标右键单击"训练"节点"查看分析结果"，即可查看模型训练结果，如图 5-18 所示。

前项	后项	置信度	提升度
(烟灰缸)	(菜板)	0.6090225563909775	1.5085020242914982
(油壶)	(菜板)	0.5291005291005291	1.3105413105413106
(保温壶)	(菜板)	0.5238095238095238	1.2974358974358975
(红酒开瓶器)	(菜板)	0.5222672064777328	1.293615696044846
(冰格/制冰袋（方形硅胶冰格）)	(菜板)	0.503030303030303	1.245967365967366
(菜板)	(红酒开瓶器)	0.396923076923077693	1.2936156960448457
(菜板)	(油壶)	0.3076923076923077	1.3105413105413106
(菜板)	(保温壶)	0.270769230769230776	1.2974358974358975

图 5-18　模型训练结果（部分）

以第一行数据为例，意味着已经购买了烟灰缸的客户有 60.9%的概率购买菜板。其提升度约为 1.5，提升度大于 1 说明正相关，即对已经购买了烟灰缸的客户推荐菜板，比对未购买烟灰缸的客户推荐菜板的收益更大，这个关联是有效的、正向的。

鼠标右键单击"预测"节点"查看输出"，即可查看测试集预测结果，如图 5-19 所示。

# Collect_list_产品名称	# Count_产品名称	# prediction
WrappedArray(油壶)	1	WrappedArray(菜板)
WrappedArray(红酒开瓶器)	1	WrappedArray(菜板)
WrappedArray(油壶)	1	WrappedArray(菜板)
WrappedArray(菜板)	1	WrappedArray(冰格/制冰袋（方形硅胶冰格），油壶，红酒开瓶
WrappedArray(菜板)	1	WrappedArray(冰格/制冰袋（方形硅胶冰格），油壶，红酒开瓶
WrappedArray(菜板)	1	WrappedArray(冰格/制冰袋（方形硅胶冰格），油壶，红酒开瓶
WrappedArray(保温壶)	1	WrappedArray(菜板)
WrappedArray(菜板)	1	WrappedArray(冰格/制冰袋（方形硅胶冰格），油壶，红酒开瓶

图 5-19　测试集预测结果（部分）

4. 零售策略建议

从图 5-18 的分析结果可以看出，烟灰缸和菜板、油壶和菜板、保温壶和菜板、红酒开瓶器和菜板等组合同时购买的概率最高，提升度都大于 1，都是正相关的，是能够提高购买概率的组合。也就是说，购买了烟灰缸、油壶、保温壶和红酒开瓶器的客户有超过 50%的概率会购买菜板。因此，为了提高天猫超市的客单价，可以制定以下策略：①将烟灰缸和菜板、油壶和菜板、保温壶和菜板、红酒开瓶器和菜板等商品分别组合，实行捆绑销售，提高客单价；②当客户将烟灰缸、油壶、保温壶和红酒开瓶器等商品加入购物车后，向其自动推送菜板的产品信息，提高客户的连带购买率，从而提高客单价。

本章小结

营销领域中的购物篮分析是本章的核心问题,其主要目的和用途是从客户交易数据中发现客户购买商品的规律。关联规则的建立需要经历两个步骤:首先,根据最小支持度找出数据中所有的频繁项集;其次,根据最小置信度和频繁项集挖掘关联规则。关联规则可以根据支持度、置信度及提升度三个指标衡量和判断其强度。在实践中,由于关联分析的特性,它被广泛应用于不同行业和场景,如零售行业的商品捆绑促销和金融行业的信用卡消费监测等。

为了发现客户购买商品的关联性,本章案例具体操作流程如下。

1)将天猫超市的 7985 条消费记录数据导入"关系数据源"。

2)在对数据进行探索之后,发现数据存在重复值,因此需要对其进行去除重复值的操作。

3)由于原始数据是一个商品一条记录,在做购物篮分析时,需要对一个客户购买的所有商品进行关联规则挖掘,因此需要进行聚合处理。将"Buyer Name"字段作为分组依据,对同一个客户购买的"Product Name"字段进行汇总与计数。

4)进行关联规则挖掘训练。将"Collect_list_Product Name"字段设置为特征列,用于挖掘频繁项集,然后依据订单中包含的商品种类数量是否大于 1 的原则,将数据源分成两部分,分两次拖拽"行选择"节点到画布区。商品种类数量大于 1 意味着该订单购买的商品数量在两种或以上,可以从这些数据中挖掘频繁项集;等于 1 意味着该订单只购买了一种商品,可将其用于后续的预测数据。

5)添加 FP-Growth 算法用于训练训练集数据,并且将最小支持度和最小置信度设置为 0.1,同时引入测试数据集进行预测。

6)模型全部运行成功后,查看模型的训练结果,得出天猫超市客户购买商品的关联性,并得到预测结果。图 5-20 为本案例的操作流程。

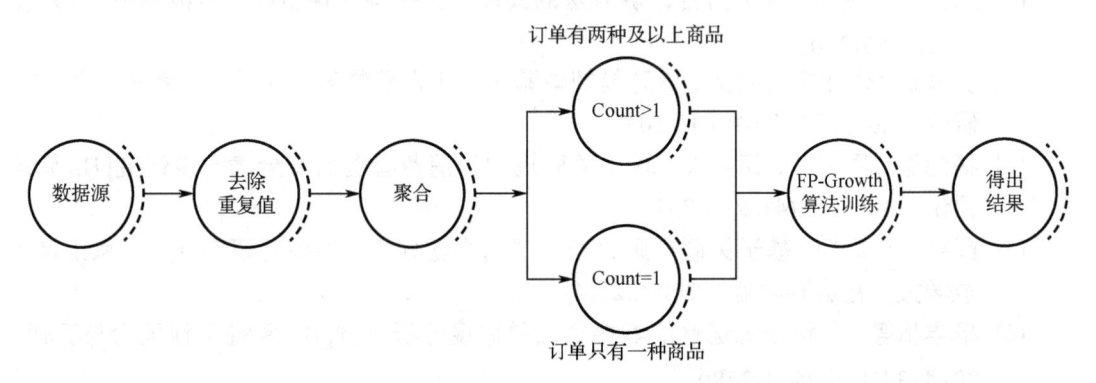

图 5-20 关联规则算法操作流程

从获得的关联分析结果可以看出,烟灰缸和菜板、油壶和菜板、保温壶和菜板、红

酒开瓶器和菜板等组合同时购买的概率最高，提升度都大于 1，都是正相关的，是能够提高购买概率的组合。因此，天猫超市可以将烟灰缸和菜板、油壶和菜板、保温壶和菜板、红酒开瓶器和菜板等产品分别组合后，进行捆绑销售；同时，在客户将烟灰缸、油壶、保温壶和红酒开瓶器加入购物车后，向其推送菜板的商品信息，以提高连带购买率。需要提醒的是，虽然本案例针对的是线上超市，但是对实体零售店来说，基于关联规则的购物篮分析同样是有用的。

实训目的

巩固关联分析的算法原理；通过教师讲解与实践，熟悉数据挖掘模块中的关联规则，能利用其进行关联分析，并在此基础上提出相应的营销策略，增强营销效果。

思考与练习

1. 了解关联分析的理论知识、适用场景及相关参数说明。
2. 掌握关联分析的操作步骤，理解模型含义。

参考资料

[1] Russell, G J, Petersen, A. Analysis of cross category dependence in market basket selection[J]. Journal of Retailing, 2000, 76(3): 367-392.
[2] 郭崇慧, 张震. 基于组合评价方法的关联规则兴趣度评价[J]. 情报学报，2011, 30(4): 353-360.
[3] 沈秀琼. 优化服务对策，提升借阅体验——来自购物篮的灵感[J]. 图书馆工作与研究，2013, 212(10): 100-103.
[4] 杨鸿雁, 周芬芬, 田英杰. 基于关联规则的消费者食品安全满意度研究[J]. 管理评论，2020, 32(4): 286-297.
[5] 薛红, 聂规划. 基于关联规则分析的"购物篮分析"模型的研究[J]. 北京工商大学学报：社会科学版，2008, 23(4): 1-5.
[6] 杨丰梅等. 一种带记忆性的零售商品关联度分析方法[J]. 系统工程理论与实践，2014, 34(11): 2872-2880.
[7] 王崇, 李一军, 叶强. 基于关联规则的网络消费者行为变化的挖掘[J]. 中国管理科学，2006, 14(10): 459-464.

第6章 基于文本挖掘的消费者情感分析

学习目标
- 了解文本分析法；
- 了解三种文本情感分析方法的优势和劣势；
- 掌握文本分析法在商品评价情感分析中的应用。

学习重点
- 文本分析法在商品评价情感分析中的应用；
- 利用文本分析法进行精准营销。

学习难点
- 文本分析法在相关领域中的应用；
- 文本分析与消费者需求数据的匹配度。

本章思维导图

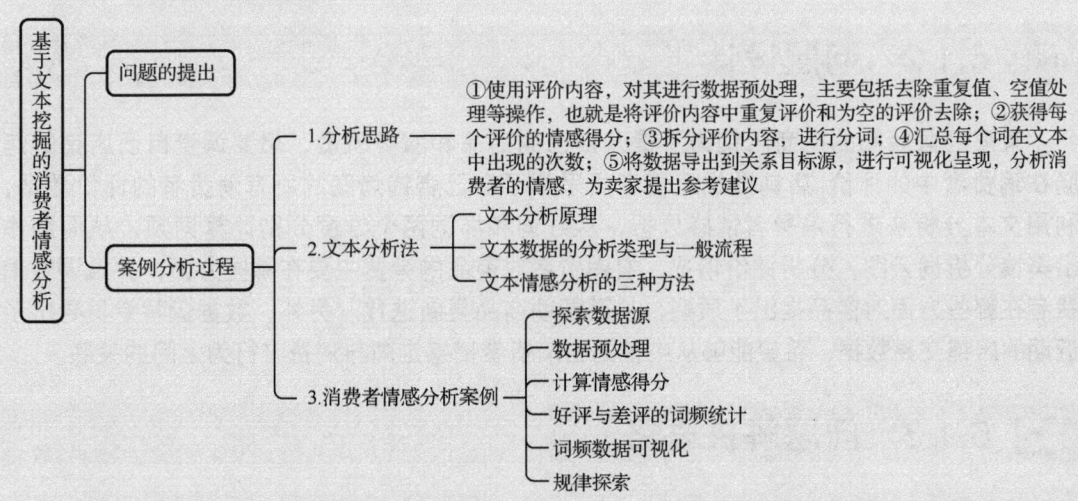

```
                            ┌─ 问题的提出
                            │
基于文本挖掘的              │           ┌─ 1.分析思路 ── ①使用评价内容，对其进行数据预处理，主要包括去除重复值、空值处
消费者情感分析 ─────────────┤           │                 理等操作，也就是将评价内容中重复评价和为空的评价去除；②获得每
                            │           │                 个评价的情感得分；③拆分评价内容，进行分词；④汇总每个词在文本
                            │           │                 中出现的次数；⑤将数据导出到关系目标源，进行可视化呈现，分析消
                            │           │                 费者的情感，为卖家提出参考建议
                            │           │
                            └─ 案例分析过程 ─┤           ┌─ 文本分析原理
                                        │── 2.文本分析法 ─┼─ 文本数据的分析类型与一般流程
                                        │              └─ 文本情感分析的三种方法
                                        │
                                        │              ┌─ 探索数据源
                                        │              ├─ 数据预处理
                                        │              ├─ 计算情感得分
                                        └── 3.消费者情感分析案例 ─┤─ 好评与差评的词频统计
                                                       ├─ 词频数据可视化
                                                       └─ 规律探索
```

6.1 问题的提出

6.1.1 商品评价中的情感

随着营销观念的转变，越来越多的企业发现，与单纯地增加消费者数量相比，如何长期维系消费者与企业或品牌之间的良好关系日益成为企业可持续发展的重要影响因素之一。因此，为了提高消费者的品牌忠诚度，企业越来越关注消费者的情感走向，也更倾向于跟随消费者的情感走向制定相关的营销战略。随着互联网技术的飞速发展，网上购物的方式在突破时间和空间的局限性，给消费者带来极大便利的同时，也让消费者在购物中感受到的"愉快""不愉快""满意""不满意"等情绪有了宣泄的出口。因此，借助消费者在社交媒体、在线社区等领域中发布的文本评价，分析出消费者的内在情感倾向，是当代企业不断获取市场份额、赢得消费者偏爱的至关重要的环节。

计算机技术的不断升级，以及文本分析法的出现，实现了借助计算机独立地对文本中的信息进行分类、排序和提取，并输出相关的模式、关系和观点。文本分析法迅速在政治、营销、传播等相关社会科学和心理学等领域引起了广大研究者的关注。分析评价文本的情感倾向也成为研究在线购物网站和社交媒体用户行为的一个重要研究方向。

从评价文本的角度，我们可以对感兴趣的话题进行情感分析，也可以对感兴趣的文章进行情感分析，如商品分析帖子或微博。将高质量评价与混合评价分离，对情感分析具有指导意义。特别是在竞争日趋白热化的电子商务领域中，除了提升商品质量、降低商品价格和采取适当的营销手段，电子商务平台越来越需要了解更多消费者的诉求，找出其痛点。因此，能否有效分析整理出消费者文本评价中的情感倾向，是企业能否实现可持续发展的关键性因素，这对电子商务平台和商品都具有重要意义。

6.1.2 问题设计

某家经营烤肠的电商店铺为了提升自己的商品和服务质量，想要调查自己店铺的烤肠在消费者中的评价。店铺数据运营专员采集了自己店铺烤肠的所有消费者的评价数据，利用文本分析法进行消费者情感分析，从好词和坏词两个维度分别计算词频，从而制作出舆情分析词云图，分析评价情况，看消费者对商品的夸赞主要在哪些方面，并且调查消费者在哪些方面对商品提出了质疑，从而帮助商品更新迭代。另外，数据运营专员导出了近期的店铺交易数据，希望能够从中挖掘出消费者情感走向与消费者行为之间的关联。

6.1.3 问题解决思路

本案例是利用店铺商品评价数据，借助文本挖掘技术，快速、高效地识别消费者的需求，从而为卖家提供建议。从数据分析的角度而言，其实问题并不复杂，关键在于所有分析都需要紧密围绕评价信息展开。针对以上需求，案例实现思路如下：①使用评价内容，对其进行数据预处理，主要包括去除重复值、空值处理等操作，也就是将评价内容中重复的和为空的评价去除；②获得每个评价的情感得分；③拆分评价内容，进行分词；④汇总每个词在文本中出现的次数；⑤将数据导出到关系目标源，进行可视化呈现，分析消费者的情感，为卖家提出参考建议。

6.2 文本分析法

6.2.1 文本分析原理

文本主要指由一些符号或代码组成的信息结构体，可通过语言、文字、图像等不同的形式进行表达。文本是由特定的人制定的，其含义必然反映了人们特定的观点、价值和利益等意识形态的内容。一般来说，文本分析法是一种针对文本类型数据的处理方法，即从海量的文本数据中提取出有价值的数据，并通过分析利用这些数据来重组信息。文本分析法作为探讨信息内容本质的有力研究方法被广泛应用于包括商业管理的各个领域。

1. 分词

分词是根据一定的规范对连续的单词序列进行重组的过程。它将句子准确地划分为单词，在词典中进行搜索和匹配，并根据匹配结果将句子划分为常用短语或单词。它通常用于文本挖掘和分析。分词既简单又复杂。简单的是，分词算法的研究已经非常成熟，大多数单词（如 HMM 分词[1]和 CRF 分词[2]）的准确率可以达到 95%以上，因此相对简单。复杂的是，剩下的 5%很难取得突破，原因可以概括为以下几点：①不同的应用程序对粒度有不同的要求。其中，粒度是指分割的最小单位。比如，"保证金交易"可以是一个词（"保证金交易"），也可以是两个词（"保证金"和"交易"）。②歧义，如"恒生"一词。它可以指恒生公司或恒生指数。③未登录词，即未出现在算法使用词典中的单词，如不常见的专业金融术语和各种上市公司的名称。

2. 词袋

词袋是指将句子按分隔符分成独立的单词。简单地说，每个文档都被视为一个包（因为它包含单词，所以称为单词包），通过查看包中的单词，可对它们进行分类。

---

[1] HMM（Hidden Markov Model）：隐马尔可夫模型，是一种用于描述参数未知的马尔可夫过程的统计模型，该模型结合字标注的思想，能够在不依赖词典的情况下自主识别未登录词。

[2] CRF（Conditional Random Field）：条件随机场，是一种基于遵循马尔可夫性的概率图模型的数学算法，该算法结合了最大熵模型和隐马尔可夫模型的特点，是一种无向图模型。

3. 词频统计

词频统计是词汇分析的一种研究方法。这是一种通过计算出一定长度的语言材料中每个单词的出现次数来分析统计结果,从而描述词汇规则的方法。这种方法有助于评估作品,确定一种语言或学科的基本词汇。简单来说,词频统计用于计算单词在文本中出现的次数。词频统计通常用于显示单词云。词频统计的原理是,在给定的文档中,词频通常是标准化的,以防止它偏向长文档。同时,词频统计是自然语言处理的重要基础。信息熵[①]、词概率等参数只是词频的映射变换,但分析的实质基础没有改变。

6.2.2 文本数据的分析类型与一般流程

文本数据的分析包括以下三种基本类型。①文本统计分析,即对文本中出现的词语进行统计分析,运用场景主要有词云、舆情分析、简易版的智能客服。②文本建模分析,即将文本进行数据化之后,再和机器学习等算法相结合,包括情感分析和词语网络分析。③文本语义分析,即通过采取深度学习等复制算法进行训练,可以从文本中挖掘出具有语法信息的文本信息,包括 LDA 主题模型[②]、RNN[③](递归神经网络)等。

完整的文本数据分析的一般流程包括数据收集、除去数据中非文本部分、处理中文编码问题、中文分词、引入停用词、特征处理、建立分析模型七个步骤。

6.2.3 文本情感分析的三种方法

情感分析是自然语言处理的一种常见应用。情感分析又称意见挖掘,因为其可以对带有情感色彩的主观性文本信息进行分析,挖掘出文本信息中隐藏的情感倾向,所以其既可帮助政府根据舆情了解民意,也可帮助企业根据网络留言预测消费者的态度和未来行为倾向。文本情感分析的方法主要有三种:基于情感词典的分析方法、基于传统机器学习的分析方法和基于深度学习的分析方法。这三种方法的具体介绍如表 6-1 所示。

表 6-1 文本情感分析的三种方法

方 法	定 义	优 势	劣 势
基于情感词典的分析方法	根据不同词典提供的情感词的情感极限进行学习的方法	可有效反映文本的结构特征,易于理解,在情感词多时效果更佳	受制于情感词典的限制,情感词典需要及时更新扩充

---

① 信息熵:信息论的基本概念,用于描述信息源各可能事件发生的不确定性。
② LDA(Latent Dirichlet Allocations)主题模型:主要用于推测文档的主题分布,可以将文档集中每篇文档的主题以概率分布的形式给出,根据主题进行主题聚类或文本分类。
③ RNN(Recurrent Neural Network):通过网络内部的结构设计可以有效捕捉序列之间的关系特征,对于自然界的序列信息都可以很好地处理,也广泛应用于 NLP(Natural Language Processing)领域的各项任务,如文本分类、情感分析等。

续表

方法	定义	优势	劣势
基于传统机器学习的分析方法	通过给定的模型预测结果的学习方法	可根据情感特征的选取和情感分类器的组合对文本进行情感分析	无法考虑上下文的整体语境信息；数据量大时效率低
基于深度学习的分析方法	借助神经网络的学习能力进行情感分析的方法，可细分为单一神经网络的情感分析、混合（组合、融合）神经网络的情感分析、引入注意力机制的情感分析和使用预训练模型的情感分析	可充分利用上下文语境，主动学习文本特征，能根据词的顺序提取较为精确的语义信息，从而实现情感分析	要求大量数据，比较耗时，对操作人员的技术要求较高

6.3　消费者情感分析案例

某家经营烤肠的电商店铺想要提升店铺的产品和服务质量，该店铺数据运营部基于数据情感分析，通过具体的烤肠销售评价数据来确定消费者对产品的需求。由于消费者的个性化属性，消费者对产品的评价会因为个人的口味、习惯及对质量的要求不同而有所不同，因此制定出一份较为客观的产品评价是店铺改进产品，从而获得产品营销成功的重要环节。尤其对于一种新的产品，通过对大数据的最大挖掘和模型策略的分析，店铺能够更好地了解消费者的需求弹性，从而有效增加产品销量。本案例选取该店铺消费者对烤肠的评价数据，采用基于情感词典的分析方法对消费者的网络评价进行情感分析。

1. 探索数据源

本案例主要采用了淘宝网某店铺烤肠评价数据（统计时间：2020年8月1日至2020年9月6日），共1599条，将其作为初始数据，其内容如图6-1所示。初步观察初始数据，发现存在重复值，因此后续需要进行去重复值处理。另外，采用了后期店铺部分销售数据（统计时间：2020年9月14日至2020年9月21日），共720条数据，其内容如图6-2所示。

买家会员名	订单付款时间	评价
我说我喜你	2020-08-01 00:22:36.0	很好吃，已经第三次购买了。黑椒味十足，烤肠也吃得出…
波波斯基2011	2020-08-01 07:15:46.0	产品真的超级棒，下次会再买的，愿越做越好，非常好的…
dm15655117849	2020-08-01 10:46:10.0	好吃好吃，儿子超级喜欢吃
学生小书店	2020-08-01 11:59:43.0	真材实料，风味独特，值得信赖，下次继续回购
铃儿志	2020-08-01 12:44:24.0	第三次买了。很好吃，嘿嘿，吃完了还会回购嘻嘻
zhongwei19880	2020-08-01 14:09:01.0	第三次购买了，非常好吃，还会回购
黎旭刚74995615	2020-08-01 14:25:56.0	这是第二次购买了，质量一如既往。
铃儿志	2020-08-01 12:44:24.0	第三次买了。很好吃，嘿嘿，吃完了还会回购嘻嘻
最爱的超越	2020-08-01 15:02:47.0	味道不错，肉感十足，感觉黑胡椒的好吃些！

图6-1　初始数据（部分）

营销数据分析

买家会员名	消费金额	消费时间
erjsi	49.6	2020-09-14 21:13:49.0
爱爱爱不停丶	51.6	2020-09-14 21:22:35.0
t_1485587054022_034	51.6	2020-09-14 21:28:15.0
weidonghui6	49.6	2020-09-14 21:33:48.0
妈妈咪呀wgh	49.6	2020-09-14 21:35:36.0
深情不及久伴997355846	49.6	2020-09-14 21:36:26.0

图6-2 后期店铺销售数据（部分）

2. 数据预处理

进行消费者情感分析，需要对评价数据进行文本分析处理，观察初始数据，发现其中存在重复评价及"此用户没有填写评论！"这种无效评价。因为这种情况对文本挖掘的结果会产生不利影响，所以需要进行数据预处理。

1）过滤。针对无效评价，可以使用平台节点"过滤"，设置筛选条件，以此筛除无效数据，如图6-3所示。图6-4是过滤后的数据，剩余1555条数据，共删除了44条无效数据。

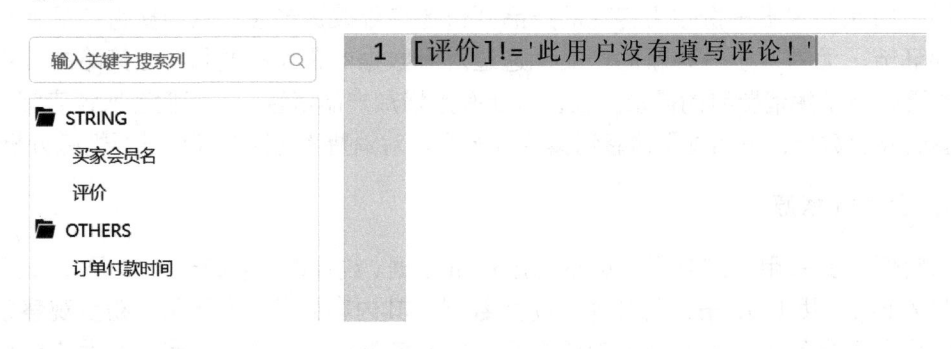

图6-3 过滤条件设置

买家会员名	订单付款时间	评价
我说我喜你	2020-08-01 00:22:36.0	很好吃，已经第三次购买了。黑椒味十足，烤肠也吃得出肉感
波波斯基2011	2020-08-01 07:15:46.0	产品真的超级棒，下次还会买的，愿越做越好，非常好的购
dm15655117849	2020-08-01 10:46:10.0	好吃好吃，儿子超级喜欢吃
学生小书店	2020-08-01 11:59:43.0	真材实料，风味独特，值得信赖，下次继续回购
铃儿志	2020-08-01 12:44:24.0	第三次买了。很好吃，嘿嘿，吃完了还会回购嘻嘻
zhongwei19880	2020-08-01 14:09:01.0	第三次购买了，非常好吃，还会回购
黎旭刚74995615	2020-08-01 14:25:56.0	这是第二次购买了，质量一如既往。
最爱的超越	2020-08-01 15:02:47.0	味道不错，肉感十足，感觉黑胡椒的好吃些！
zhongwei19880	2020-08-01 15:26:24.0	好吃才会回购，包装完好发货也快，关键好吃●

图6-4 过滤后的数据（部分）

2）去除重复值。由于初始数据中存在每个字段都一模一样的重复值（见图 6-1），在数据建模过程中，重复值会影响最终输出的结果，造成结果出现偏差，因此需要用"去除重复值"节点进行去除重复值操作。如图 6-5 所示，选择"评论"字段，进行去除重复值操作。处理前共 1555 条数据，进行数据预处理后，数据剩余 1540 条，如图 6-6 所示。

图 6-5　去除重复值设置

图 6-6　去除重复值操作后的数据（部分）

3. 计算情感得分

评价有好评与差评之分，可以依据文本的情感得分进行区分。情感得分越趋近于 0，消费者情感越负面；越趋近于 1，消费者情感越正面。为了能够快速了解消费者的关注点，后续需要进行好评与差评的词频可视化分析。提前使用 Python 节点"计算情感得分"来计算每个评价的情感得分，拖拽【自定义模块】中的"计算情感得分"节点至画布区并建立关联，如图 6-7 所示。

图 6-8 为节点代码，该节点主要使用了 SnowNLP 库中的 SnowNLP(job).sentiments。SnowNLP 是一个中文的自然语言处理的 Python 库，可以进行中文分词、情感分析、文本分类等操作。SnowNLP 的优势在于安装简便，

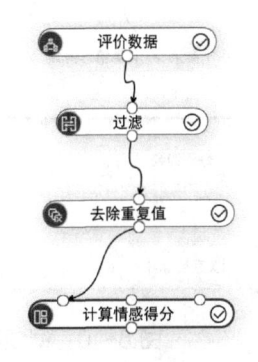

图 6-7　"计算情感得分"节点

仅使用 pip 安装即可，基本没有前置条件，适合新手使用。本案例使用 SnowNLP 针对评价数据进行了情感得分计算，输出结果如图 6-9 所示。

```python
import pandas as pd
from snownlp import SnowNLP

def execute(dataframe1=None, dataframe2=None, dataframe3=None):
    dataframe1.columns = ['买家会员名','订单付款时间','评价']
    dataframe1['情感得分'] = dataframe1['评价'].apply(lambda x: SnowNLP(str(x)).sentiments)
    return dataframe1
```

图 6-8 "计算情感得分"节点代码

买家会员名	订单付款时间	评价	情感得分
圆顶雪屋tt	2020-08-04 18:21:11.0	一打开有一股很浓的化学香料味道,不会…	0.04958382042552334
宋温暖19980219	2020-08-11 09:16:53.0	好吃好吃好吃的不得了呢,特别喜欢他家…	0.9956843165630593
t_1514140235152_0229	2020-08-25 21:10:51.0	很不错,用空气炸锅炸的,味道不错	0.9816437971247381
tb63955217	2020-08-10 17:22:51.0	火山石烤肠味道不错,买的黑胡椒口味的…	0.992362918865732
t_1498311370235_0886	2020-08-26 03:00:16.0	烤肠很新鲜,味道也不错,日期很新鲜,…	0.9569504223061517
ylykank	2020-08-07 20:04:11.0	特别好吃,微微辣,物美价廉,日期都是…	0.9644209441854573
秦时明月荷花香	2020-09-03 22:34:19.0	肉质鲜嫩,味道纯正,熟食店里的味道,…	0.9383429361841867
wangchangchang908	2020-08-13 20:11:43.0	还不错,肉质嫩	0.8595122051028389
tb390372627	2020-08-09 12:36:40.0	非常好吃,回来了先吃了两根,以后还…	0.27339955063164345

图 6-9 "计算情感得分"输出结果（部分）

4. 好评与差评的词频统计

运用平台【自定义模块】中的 Python 节点"好词词频"和"坏词词频"，分别得到情感得分≥0.5 的词频统计数据和情感得分<0.5 的词频统计数据，并作为"关系目标源"进行数据储存，为后续可视化做准备，如图 6-10 所示。

图 6-11 为 Python "好词词频"节点代码内容，主要流程是首先判断出情感得分≥0.5 的评价数据，并将这些评价数据整合成一个长的字符串 "good"，其次运用 jieba 分词库对 "good" 进行分词操作，最后使用 Counter() 函数进行数据统计，并针对统计后的数据格式对"分词"和对应的"词频"进行数据提取，获得最终的好词词频统计数据。

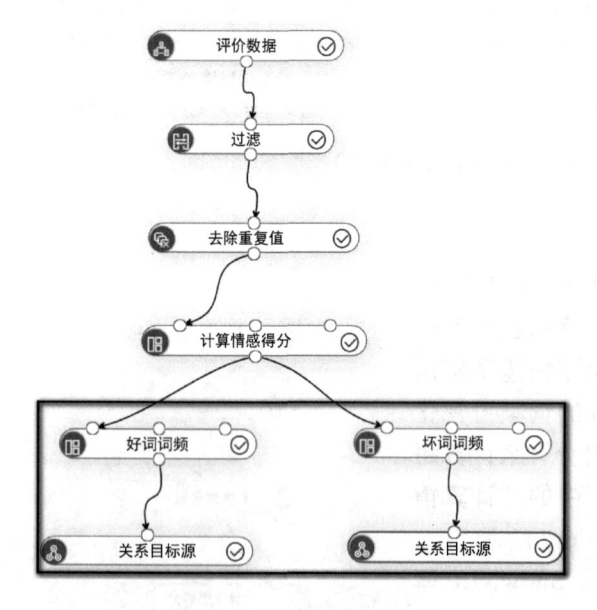

图 6-10 词频数据输出

```python
import pandas as pd
from jieba import posseg
from collections import Counter

def execute(dataframe1=None, dataframe2=None, dataframe3=None):
    dataframe1.columns = ['买家会员名','订单付款时间','评价','情感得分']
    good = ''
    for i in range(len(dataframe1)):
        if dataframe1['情感得分'][i] >=0.5:
            good += str(dataframe1['评价'][i])
    goodwords = [w for w,f in posseg.cut(good) if f[0]!='r' and len(w)>1 and f[0]!='a' and f[0]!='d']
    c = Counter(goodwords)
    dic = sorted(c.items(), key=lambda x: x[1], reverse=True)
    # 数据提取
    list_Words = []
    list_frequency = []
    for i in range(len(dic)):
        list_Words.append(dic[i][0])
        list_frequency.append(dic[i][1])
    data = pd.DataFrame({'分词': list_Words, '词频': list_frequency})
    return data
```

图 6-11 "好词词频"节点代码内容

图 6-12 为 Python "坏词词频"节点代码内容。与好词词频不同的是，代码中设定了不能被拆分的词和停用词，原因有以下三点。①依据 jieba 库的拆词规则，它会将"不好吃"拆分成"不"和"好吃"。所以指定不能拆分的词，能够提升情感分析的精准度。②本案例调用的是 Python 中用于中文情感分析的库，对于购物评价数据的情感判断不够精准。况且每个行业的好词词库有所不同，如"很硬"一词，它如果是消费者购买轮胎后的评论内容，那么可能是好词，而在零食行业，"很硬"更偏向于坏词。这样大概率会出现两种情况，即人为判断的好评被机器判断为差评、人为判断的差评被机器判断为好评，所以需要设置一系列停用词，或者找到一个准确度较高的用于处理自然语言的词库。③有些评价的前半段可能是好评，后半段可能是差评，但整体情感得分低于 0.5，趋于负面，因此无法避免正面词出现。比如，"烤肠很好吃，味道比别家好，先来一个五星好评，客服服务周到，但是快递真的太慢了，联系好几次都联系不到快递员，没有人管"这种评价拆分后，依旧会出现"好吃""好评"这些正面词。所以在拆分得分较低的评价时，需要设置停用词，避免出现好词频率过高的现象。

```python
import pandas as pd
from jieba import posseg
from collections import Counter

def execute(dataframe1=None, dataframe2=None, dataframe3=None):
    dataframe1.columns = ['买家会员名','订单付款时间','评价','情感得分']
    good = ''
    for i in range(len(dataframe1)):
        if dataframe1['情感得分'][i] >=0.5:
            good += str(dataframe1['评价'][i])
    goodwords = [w for w,f in posseg.cut(good) if f[0]!='r' and len(w)>1 and f[0]!='a' and f[0]!='d']
    c = Counter(goodwords)
    dic = sorted(c.items(), key=lambda x: x[1], reverse=True)
    # 数据提取
    list_Words = []
    list_frequency = []
    for i in range(len(dic)):
        list_Words.append(dic[i][0])
        list_frequency.append(dic[i][1])
    data = pd.DataFrame({'分词': list_Words, '词频': list_frequency})
    return data
```

图 6-12 "坏词词频"节点代码内容

营销数据分析

好词、坏词词频的输出结果如图 6-13、图 6-14 所示。

分词	词频
好吃	621
味道	446
喜欢	243
口感	232
烤肠	184
包装	143

图 6-13　好词词频输出结果（部分）

分词	词频
化了	11
分钟	11
继续	10
物流	10
冰箱	10
一口	10
淀粉	10

图 6-14　坏词词频输出结果（部分）

词频数据输出后需要运用"关系目标源"节点，将新数据源存储至平台。这里以好词词频统计数据为例，图 6-15 是对应的"关系目标源"节点设置内容。坏词词频统计数据的操作步骤相同，如图 6-16 所示。

图 6-15　好词词频统计数据的"关系目标源"节点设置内容

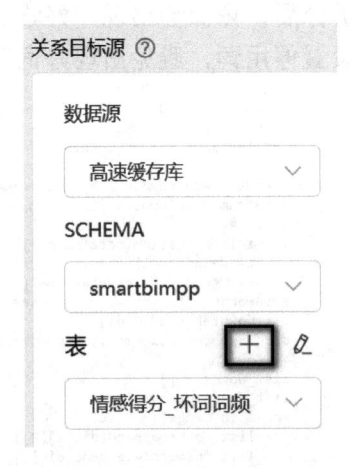

图 6-16　坏词词频统计数据的"关系目标源"节点设置内容

第6章 基于文本挖掘的消费者情感分析

5. 词频数据可视化

两种词频统计数据存至平台后，需要分别将其转为平台数据集（数据集→新建自助数据集），再利用【自助仪表盘】绘制评价的词云图，这样能够更加直观地了解消费者对商品的情感。在"智能配图"中选择"词云图"（见图6-17），将"分词"拖入"标签"区，"词频"拖入"大小"区，如图6-18所示。形成的好词词云图如图6-19所示，词云图中词汇字体越大，词频越高，消费者关注度越高。

图6-17 选择"词云图"　　　　图6-18 选择指标数据

图6-19 好词词云图

好词词云图的词频分析如下："好吃""口感""回购"词频较高，说明消费者对口感方面的满意度较高，且有较多消费者愿意推荐此款商品。

坏词词云图的可视化制作步骤与好词词云图的可视化制作步骤相同，最后得出坏词词云图，如图6-20所示。

营销数据分析

图 6-20 坏词词云图

坏词词云图中存在"变质""坏了""漏气""化了"等分词，说明部分消费者的关注点在商品的质量、口味及包装是否完好等方面，可以此作为突破点不断改良，满足消费者需求，提升消费者忠诚度。

在了解消费者情感走向后，需要结合后期店铺销售数据挖掘数据背后消费者可能存在的行为，如针对好评中词频较高的"回购"一词，我们可以推测部分消费者在后期可能有复购行为。

根据文本分析结果，我们提出建议：由于该电商店铺物流的特殊性，在物流运输环节，要注意商品的完整性，也需加固商品包装。可以积极进行售后沟通，因为客服的服务态度和商品售后服务保障是影响消费者评价的重要因素。

6. 规律探索

对后期店铺销售数据进行"聚合"节点设置（见图 6-21），汇总每个买家的消费总金额及消费频次，聚合结果如图 6-22 所示。

已选字段(别名)	结果列名	操作
买家会员名	买家会员名	Group
消费金额	消费总金额	Sum
消费时间	消费频次	Count

图 6-21 后期店铺消费数据"聚合"节点设置

当前显示 100 条 / 总共有 700 条数据   提示:点击单元格可查看超出的内容

买家会员名	消费总金额	消费频次
tb5629207_2011	49.6	1
wulilispf1984	51.6	1
深海的鱼心的	51.6	1
王润熙91757011	49.6	1
cj42878609	49.6	1
zhyc	73.2	1

图 6-22 店铺消费数据聚合结果（部分）

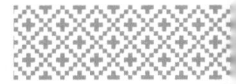

再添加平台中的 Python 节点"情感分析与用户行为的联系挖掘",该节点主要从复购人数及复购金额两个方面观察不同类别情感得分的消费者复购情况。

图 6-23 为该节点的主要代码,首先统计评论情感得分≥0.5 的买家会员名,再统计后期店铺消费数据中的买家会员名,两者对比取交集,即可获得有复购行为的买家人数,以及人数占比;在复购金额方面,主要汇总有复购行为的买家消费总金额,计算得出复购用户消费金额的占比。并以相同操作得出评论情感得分<0.5 的复购人数占比和复购金额占比。

```
import pandas as pd
def execute(dataframe1=None, dataframe2=None, dataframe3=None):
    dataframe1.columns = ['买家会员名','订单付款时间','评价','情感得分']
    dataframe2.columns = ['买家会员名','金额','消费频次']
    # 好评的买家是否会有复购行为?
    data_good = dataframe1[dataframe1['情感得分'] >= 0.5]# 筛选出情感得分较为正面的数据内容(统计时间: 2020/8/1 -2020/9/6)
    good_customerlist = [i for i in data_good['买家会员名']] # 提取所有好评的买家会员名
    good_customerlist = [i for i in set(good_customerlist)]# 运用set函数进行去重
    new_customerlist = [i for i in dataframe2['买家会员名']] # 提取2020/9/14 -2020/9/21消费记录中的买家会员名
    crosslist = set(good_customerlist) & set(new_customerlist)# 取交集,找到有复购行为的买家
    #相关指数占比计算
    Repurchase_proportion = len(crosslist)/len(dataframe2) # 有复购行为的买家人数占比
    Repurchase_data = dataframe2[dataframe2['买家会员名'].isin(crosslist)] # 筛选出有复购行为用户的消费汇总数据
    amount_proportion = sum(Repurchase_data['消费总金额'])/sum(dataframe2['消费总金额'])# 计算复购用户消费金额的占比
    enddata = pd.DataFrame({'复购人数占比':Repurchase_proportion,'复购金额占比':amount_proportion},index=[0])
    return enddata
```

图 6-23 "情感分析与用户行为的联系挖掘"节点代码内容

相关数据输出结果如图 6-24 所示,情感得分高的复购人数占比高达 32.28%,对应的复购金额占比约为 33.23%;情感得分低的复购人数占比约为 1%,对应的复购金额占比约为 0.87%。通过对比,能够明显看出消费者情感影响着消费者行为,说明商家后续可以根据分析得到的情感走向合理推测消费者行为。

Ab 分类	# 复购人数占比	# 复购金额占比
情感得分高	0.32281205164992827	0.33226629656161005
情感得分低	0.010043041606886656	0.008707915472779479

图 6-24 相关数据输出结果

店铺复购率越高,说明消费者对这个店铺的商品越满意,因此定期进行店铺复购率分析可以了解当前消费者对店铺的整体满意度。当统计出本周期的综合复购率后,就可以通过对比来找出问题。比如,假设本周期内店铺的复购率相比上期有了明显下降,这就说明店铺的商品是有问题的,需要把好商品质量关。一是要判断商品质量是否存在问题,如口味等;二是要判断商品的信息是否存在需要优化的地方,如商品详情页、客服回复时间、物流时效等一系列因素。这就需要后续运营人员详细分析,以找出店铺存在的问题,进一步提升复购率。

最后添加平台中的 Python 节点"情感得分较低但存在复购",该节点筛选出了情感得分整体较低但存在复购行为的消费者评价数据,其节点代码内容如图 6-25 所示。

```python
import pandas as pd
def execute(dataframe1=None, dataframe2=None, dataframe3=None):
    print(dataframe1)
    dataframe1.columns = ['买家会员名','订单付款时间','评价','情感得分']
    dataframe2.columns = ['买家会员名','消费总金额','消费频次']
    # 存在复购行为且情感得分较低买家的评论查看
    data_bad = dataframe1[dataframe1['情感得分'] < 0.5]# 筛选出情感得分较为负面的数据内容（统计时间：2020/8/1 -2020/9/6）
    bad_customerlist = [i for i in data_bad['买家会员名']]# 提取所有评分较低的买家会员名
    bad_customerlist = [i for i in set(bad_customerlist)]# 运用set函数创建不重复的新字典
    new1_customerlist = [i for i in dataframe2['买家会员名']]# 提取2020/9/14 -2020/9/21消费记录中的买家会员名
    crosslist1 = set(bad_customerlist) & set(new1_customerlist)# 取交集，找到有复购行为的买家
    dataframe1 = dataframe1[dataframe1['买家会员名'].isin(crosslist1)]
    return dataframe1
```

图 6-25　"情感得分较低但存在复购"节点代码内容

节点输出结果如图 6-26 所示。观察这些评价数据可以了解到，大部分消费者对该商品较为满意，但不可否认商品在运输、品质、味道等方面有待优化。对于包装问题，只要没有影响到商品本身，消费者基本能够接受。再结合图 6-20 的坏词词云图，可以合理猜测情感得分较低且没有复购的消费者大多因为商品味道出现了问题，而这个问题有可能是消费者个人口味不同导致的；此外，由于该商品是冷鲜产品，需要冷链运输，所以也有可能是运输不当导致商品变质、有酸味，引起消费者反感。

买家会员名	订单付款时间	评价
tangwingxin	2020-09-04 19:17:40.0	虽然粉的比例很大，但只要干净卫生符合标准就可以了，
t_1495955508126_0964	2020-09-05 10:56:11.0	挺好吃的，就是有点短，还有股黑胡椒
5tgjm	2020-08-01 18:58:02.0	由于是夏天天气较热，里面让有三袋冰，虽然溶化了但没有坏不
ww920617	2020-08-13 13:57:22.0	韵达快递真的佩服了，送了很多很多天不派送，拿到手泡沫箱也是坏的，烤肠的袋
ww920617	2020-08-13 13:56:56.0	客服彩云很
颓废猪一头	2020-08-09 11:07:52.0	份量十足，味道不知道怎么样，
静静静静520520520520	2020-09-04 18:02:48.0	一直没吃，不知道味道怎么样
吴fj521	2020-08-12 00:18:33.0	煎肉肠的时候，感觉有点那种猪骚

图 6-26　节点输出结果

对于前者，商家可以做一个消费者口味偏好调查，丰富商品 sku 层次；对于后者，商家可以在消费者聚集的地区建立冷仓，完善冷链运输，提高运输质量。

本章小结

基于文本分析法对商品评价进行情感分析是本章的核心内容，目的在于了解消费者诉求，同时要求企业提升商品质量，提高市场竞争能力。为实现该目的，本案例以某家

经营烤肠的电商店铺为例,采集了店铺烤肠的所有消费者评价数据,利用文本分析法进行消费者情感分析,从好词和坏词两个维度分别计算词频,从而制作出舆情分析词云图,根据该图分析消费者对烤肠的评价情况。进一步分析近期店铺的交易数据,挖掘消费者情感走向与消费者行为之间的关联,分析消费者情感走向对消费者行为产生的影响,在此基础上对商家提出有效建议。

为得到消费者情感走向与消费者行为之间的关联关系,本案例的具体实现过程如下。

1)获取 2020 年 8 月 1 日—2020 年 9 月 6 日共 1599 条店铺烤肠评价数据,以及 2020 年 9 月 14 日—2020 年 9 月 21 日共 720 条店铺销售数据。

2)在对数据进行基础探索之后,发现数据中存在无效评价和重复值,因此需要对其进行过滤和去除重复值操作。在平台节点"过滤"中,将"此用户没有填写评论!"作为筛选条件,以此筛除无效数据。再用"去除重复值"节点,选择"评论"字段,进行去除重复值操作,处理后数据为 1540 条。

3)使用处理后的数据,计算情感得分。在"计算情感得分"节点中,调用 SnowNLP 库中的 SnowNLP(job). sentiments 代码,输入相关代码,计算出消费者的情感得分。

4)将得到的情感得分进行划分,得分≥0.5 为好词,得分<0.5 为坏词。在此基础上统计各词词频,以好词为例,先将属于好词的评价数据整合成一个长的字符串"good",再运用 jieba 分词库对"good"进行分词操作,最后使用 Counter()函数进行数据统计,并针对统计后的数据格式对"分词"和对应的"词频"进行数据提取,获得最终的好词词频统计数据。

5)将所得结果分别导入"关系目标源",以新数据源存储至平台。

6)两种词频统计数据存至平台后,先将数据转为平台数据集,再利用自助仪表盘绘制词云图,在"智能配图"中选择词云图,将"分词"拖入"标签"区,"词频"拖入"大小"区,即可获得两张词云图。

7)在了解消费者情感走向后,需要结合后期店铺销售数据挖掘数据背后消费者可能存在的行为。首先,对店铺销售数据进行"聚合"节点设置,汇总每个买家的消费总金额及消费频次;其次,在"情感分析与用户行为的联系挖掘"节点中,从复购人数及复购金额两个方面观察消费者复购情况。在复购人数方面,统计评价归为好词的买家会员名,再统计后期店铺消费数据中的买家会员名,两者对比取交集即可获得有复购行为的买家人数,以及人数占比;在复购金额方面,主要汇总有复购行为的买家消费总金额,计算得出复购用户消费金额的占比。并以相同操作得出评论情感得分<0.5 的复购人数占比和复购金额占比。

通过对消费者进行商品评价情感分析,可知消费者对口感方面的满意度较高且有较多消费者愿意推荐此款商品,但也有部分消费者认为商品的质量、口味及包装存在问题。在分析消费者情感走向与消费者行为之间的关系时,发现消费者情感影响着消费者行为,商家后续可以根据分析得到的情感走向合理推测消费者行为。因此,对于部分消费者对商品给出差评的情况,商家可以做一个消费者口味偏好调查,丰富商品 sku 层次,解决消费者个人口味不同的问题;在消费者聚集的地区建立冷仓,完善冷链运输,提高运输质量,解决运输不当导致商品变质、有酸味,引起消费者反感的问题。

实训目的

巩固文本分析法原理；通过教师讲解与实践，了解文本分析法的深层意义，借助文本分析与数据处理实现多个数据库间的连接，帮助企业进行产品策略的优化与动态管理。

思考与练习

1. 通过相关模块，掌握情感分析在商品评价中的应用；
2. 了解并思考文本分析法在其他领域的应用价值。

参考资料

[1] Tumasjan A, Sprenger T O, Sandner P G, et al. Election Forecasts With Twitter: How 140 Characters Reflect the Political Landscape[J]. Social Science Computer Review, 2011, 29(4): 402-418.

[2] 王婷, 杨文忠. 文本情感分析方法研究综述[J]. 计算机工程与应用, 2021, 57(12): 11-24.

[3] Cai Y, Yang K, Huang D, et al. A Hybrid Model for Opinion Mining Based on Domain Sentiment Dictionary[J]. International Journal of Machine Learning and Cybernetics, 2019(10): 2131-2142.

[4] 杨爽, 陈芬. 基于SVM多特征融合的微博情感多级分类研究[J]. 数据分析与知识发现, 2017, 1(2): 73-79.

[5] 韩建胜, 陈杰, 陈鹏等. 基于双向时间深度卷积网络的中文文本情感分类[J]. 计算机应用与软件, 2019, 36(12): 225-231.

[6] Jelodar H, Wang Y, Orji R, et al. Deep Sentiment Classification and Topic Discovery on Novel Coronavirus or COVID-19 Online Discussions: NLP Using LSTM Recurrent Neural Network Approach[J]. IEEE Journal of Biomedical and Health Informatics, 2020, 24(10): 2733-2742.

第 7 章
基于 PSM 的定价策略

学习目标
- 了解 PSM 的原理和优缺点；
- 掌握 PSM 的流程；
- 掌握 PSM 在定价决策中的应用。

学习重点
- PSM 的流程；
- 利用 PSM 做出定价决策。

学习难点
- PSM 的原理；
- 绘制 PSM 价格敏感度折线图。

本章思维导图

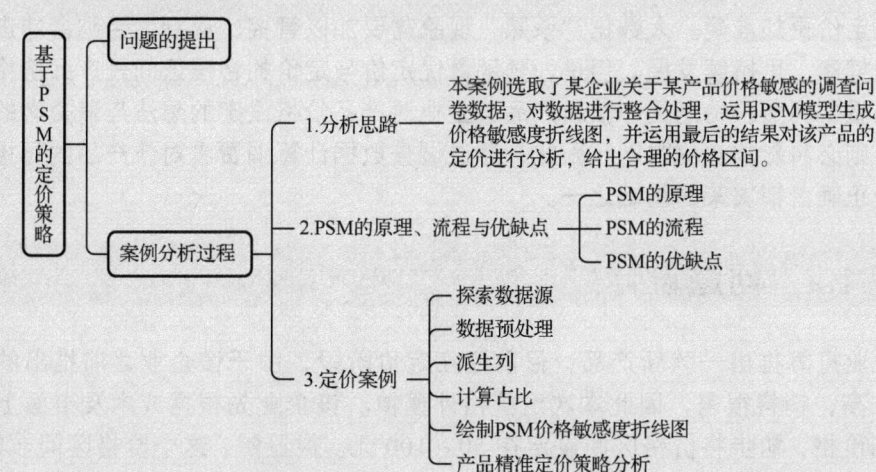

```
                    ┌─ 问题的提出
                    │
                    │                   ┌─ 1.分析思路 ── 本案例选取了某企业关于某产品价格敏感的调查问
基于                │                   │               卷数据，对数据进行整合处理，运用PSM模型生成
P                   │                   │               价格敏感度折线图，并运用最后的结果对该产品的
S                   │                   │               定价进行分析，给出合理的价格区间。
M                   │                   │
的                  │                   │                              ┌─ PSM的原理
定                  ├─ 案例分析过程 ────┼─ 2.PSM的原理、流程与优缺点 ──┼─ PSM的流程
价                  │                   │                              └─ PSM的优缺点
策                  │                   │
略                  │                   │              ┌─ 探索数据源
                    │                   │              ├─ 数据预处理
                    │                   └─ 3.定价案例 ─┼─ 派生列
                    │                                  ├─ 计算占比
                    │                                  ├─ 绘制PSM价格敏感度折线图
                    │                                  └─ 产品精准定价策略分析
```

7.1　问题的提出

价格竞争是市场竞争的一个主要手段。一种产品的价格制定适当与否，往往决定了该产品是否能被市场接受，并直接影响该产品的市场竞争力。因此，产品的价格不应由企业单方面决定，而应更多地考虑在市场经济中发挥主体作用的消费者是否能接受。为消费者量身制定一个能够使企业收益最大化且匹配消费者偏好与购买力的价格，几乎是每个企业都想做的事情。一些企业不合规地获取、滥用消费者个人信息，基于大数据"杀熟"，就是一个证据。

7.1.1　定价

在传统销售模式下，制造商很难知道每个消费者对产品的需求价格，因此制造商几乎不可能对产品实施一级的价格歧视（企业将产品价格设定为消费者愿意并能够支付的最高价格）。当今，一方面，随着网络用户的快速增加，互联网记录了大量用户的个人信息，用户的一举一动都被准确记录。另一方面，随着智能终端设备的广泛使用，各种图片和文字信息被导入网络世界，形成大量数据信息。许多大型企业充分利用其平台优势，挖掘消费者信息，记录消费者购买历史，并通过这些信息建立自己的大数据库；此外，大型企业之间加强合作，进一步提升收集消费者数据的能力。一旦掌握海量的个人数据，一家企业就可以轻松地模拟出每个消费者的需求曲线。在大数据背景下，产品定价模型与传统定价模型相同，同时借助大数据技术，企业能够更好地理解消费者的需求弹性，使歧视性定价更加准确。大数据"杀熟"现象需要加以管控、遏制，否则会冲击整个线上商业的健康、可持续发展。但是，预测最优定价与定价的合理区间是产品价格策略必不可少的重要环节。特别是一款新产品，企业对产品价格设定的想法与消费者的感知若不匹配，则必将影响企业收入。因此，通过调查数据计算消费者对新产品的可接受价格的范围是正确营销决策的基础之一。

7.1.2　问题设计

某企业打算推出一款新产品，目前还在定价阶段，由于该企业之前推出的一款产品定价过高，销售很差，因此本次定价格外谨慎。该企业先根据成本及市面上该类产品的竞品价格，初步将价格区间设定在 50～100 元。很显然，这个价格区间非常宽泛。为了科学合理地确定最终价格，该企业决定让运营部基于数据分析给出一个相对精准的价格设定，即通过一定的技术手段确定这款新产品的最优价格设定和较为合理的价格区间。

7.1.3 问题解决思路

产品价格的制定既不能违背经济发展的客观规律，也不能完全坚持固有的理论模型。我们需要找到一种方法，根据具体的产品市场和竞争情况来确定价格的一致性，从而得到最优的销售价格。企业经营具有多样性，不同企业对市场的理解和态度不同，因此企业制定产品价格的目标和策略也不同。该企业数据分析员在查阅相关资料后决定通过问卷调查的方式对获取的数据进行价格敏感度测试，最终得到一个合理的理论价格。

7.2 PSM 的原理、流程与优缺点

弹性在一个经济函数中被定义为因变量对 1%的自变量变化的反应程度。价格弹性等于销量变化量与价格变化量的比值。PSM（Price Sensitivity Measurement）描述了一种简单适用的价格敏感度测试方法。

7.2.1 PSM 的原理

PSM 通常依次询问受访者四种价格：太便宜以至于不愿意购买的价格（太低的价格）、乐意购买、物超所值的价格（较低的价格）、贵但仍能接受的价格（较高的价格）、太贵以至于不愿意购买的价格（太高的价格）。基于受访者数据，统计出四种价格在具体价格点上的频数比例与累计频数比例（见表 7-1），画出具体的价格点与累计频数比例的四条曲线，最终通过不同曲线的交点，识别出最优价格设定与合理的价格区间。表 7-1 中，价格点 N1、N2、N3 等是有梯度地依次排列；L1 表示对应价格点上太便宜以至于不愿意购买的价格的累计频数比例；L2 表示对应价格点上乐意购买、物超所值的价格的累计频数比例；H1 表示对应价格点上贵但仍能接受的价格的累计频数比例；H2 表示对应价格点上太贵以至于不愿意购买的价格的累计频数比例。

表 7-1 PSM 数据录入表

价格点	太低 频数比例	太低 累计频数比例（L1）	较低 频数比例	较低 累计频数比例（L2）	较高 频数比例	较高 累计频数比例（H1）	太高 频数比例	太高 累计频数比例（H2）
N1								
N2								
N3								
……								

PSM 完全基于受访者的自然反应，充分考虑消费者购买的主观意愿，又兼顾企业经济利益最大化的追求，但没有与任何竞品做比较，只做单一品牌产品价格测试，旨在测

试产品在不同价格下对消费者的价值,以此预测最优价格设定及合理的价格区间。PSM能够有效界定价格区间,可通过价格趋势图、气泡图、正态分布图等展示合适的产品定价策略。特别是在新产品上市前,PSM适用于对目标消费者群体中产品的可接受价格水平进行深入研究,从消费者那里获得产品价格的可接受范围。

7.2.2 PSM 的流程

PSM 的流程主要包括以下四个阶段。

1)问卷与价格梯度表设计。基于成本导向、竞争导向的定价方法等,设计出能够覆盖产品可能价格范围的价格梯度表。基于产品,设计询问受访者的四类价格问题:问题1(Q1),你感觉什么样的价格较低且愿意购买?问题 2(Q2),你感觉什么样的价格较高但还愿意购买?问题 3(Q3),你感觉什么样的价格太高而不会购买?问题 4(Q4),你感觉什么样的价格太低,让人怀疑产品质量差而不敢购买?PSM 问卷中也可以包括其他问题,如从消费者视角考虑受访者的其他信息。

2)问卷调查。受访者要在第一阶段获得的价格梯度表上做出四项选择:不可接受的太低价格、可接受的较低价格,可接受的较高价格、不可接受的太高价格。

3)数据处理。问卷中的四个问题需要遵循严格的数量次序,即同一个受访者描述 Q3、Q2、Q1、Q4 四个问题的价格在数量上是严格递减关系,否则该样本会被剔除。根据获得的样本数据绘制累计百分比曲线图。

4)结论描述。根据太低、较低、较高、太高四条曲线的交点来判断受访者可接受的产品价格区间和最优价格设定。

7.2.3 PSM 的优缺点

1. PSM 的优点

PSM 既考虑了消费者的意愿,又兼顾了企业经济利益最大化的追求,被广泛应用于市场研究的价格测试中。PSM 特别适用于新产品的价格研究。一般来说,新产品可以分为两类:一类是相对于整个市场的新产品,即市场上从未出现过的产品;另一类是相对于企业的新产品,即市场上已经出现过的产品。第一类新产品尚未在市场中出现,消费者只有对新产品有了概念后,才能给出心理价位,因此在使用 PSM 对第一类新产品进行价格测试之前,我们必须将产品概念呈现给消费者;第二类新产品的同类产品已经存在于市场中,消费者有了产品概念,其愿意支付的价格与品牌定位有关,因此在使用 PSM 对第二类新产品进行价格测试之前,一定要让消费者更准确地理解产品的定位。

2. PSM 的缺点

PSM 虽然考虑到了消费者的意愿,却忽视了消费者的实际购买能力。事实上,即使消费者认为价格合理,也会因购买力受限而导致购买失败。一般来说,消费者的购买能力主要受到价格说谎和系统缺陷两个因素的影响。价格说谎,即消费者可能出于各种原因有意或无意地抬高或压低其接受的价格，如为了谋取自身利益压低价格或出于面子抬高价格。系统缺陷，即没有考虑价格变化对购买意愿的影响。我们可以通过强调实际购买力、增加样本量、进行分组调查等策略来克服 PSM 存在的缺点。

7.3 定价案例

某企业计划推出一款新产品，为科学设定该产品的市场价格，该企业运营部基于数据分析，在尊重经济发展的客观规律的前提下，通过具体的产品市场和竞争情况设定产品价格的合理范围。由于企业经营的多样性，企业经营者对市场价格的理解和态度各有不同，因此制定出一个较为准确的产品市场价格是产品营销成功的重要一环。尤其对于一种新产品，通过对大数据的最大挖掘和模型策略的分析，企业能够更好地了解消费者的需求弹性，从而使歧视性定价更准确。在本案例中，我们选取的是某企业关于产品价格敏感的调查问卷数据，省去发放问卷的步骤，利用问卷数据进行相关数据分析，生成一份价格敏感度折线图，基于数据做出定价决策。

1. 探索数据源

本案例收集到的问卷数据如表 7-2 所示。第 1 列表示价格，从 50 元到 100 元，后面 4 列分别代表"很划算"（太低）、"便宜"（较低）、"有点贵"（较高）、"太贵"（太高），下面的数值代表选择此选项的人数，一共 30 人。

表 7-2 探索数据源

价格（元）	很 划 算	便 宜	有 点 贵	太 贵
50	20	8	2	0
60	0	28	0	2
70	0	20	8	2
80	0	0	19	11
90	0	0	0	30
100	0	0	0	30

新建实验，保存之后从左边数据源中拖拽"关系数据源"节点到画布区，并在右边参数数据源中选择对应的数据。执行之后，在"关系数据源"节点鼠标右键单击，选择查看输出，即可查看数据源详细数据，如图 7-1 所示。

观察数据源，我们可以发现，要建立 PSM 模型还缺少各价格段的累计占比，因此我们首先要对数据进行处理，然后导入至关系目标源中，最后进行图表分析。

2. 数据预处理

观察数据源，我们可以发现"很划算"至"太贵"4 列的数据类型为文本型，需要将其改为数值型。此步骤可以通过平台的"元数据编辑"节点实现,拖拽"元数据编辑"节点至画布区,并与"关系数据源"节点相关联,如图 7-2 所示。

Aa 价格	# 很划算	# 便宜	# 有点贵	# 太贵
50	20	8	2	0
60	0	28	0	2
70	0	20	8	2
80	0	0	19	11
90	0	0	0	30
100	0	0	0	30

图 7-1 查看数据源详细数据

"元数据编辑"节点具体配置如图 7-3 所示。

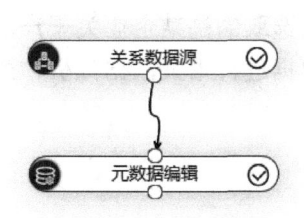

名称	别名	数据类型
column1	价格	integer
column2	很划算	integer
column3	便宜	integer
column4	有点贵	integer
column5	太贵	integer

图 7-2 "元数据编辑"节点　　　图 7-3 "元数据编辑"节点配置

由于问卷中提出的 4 个问题遵循严格的次序,所以在进行数据处理时,还需要剔除不满足逻辑关系的样本点。但并非 4 个回答都是不合理的,直接剔除会影响信息的有效性,为此可以进行降低剔除率的处理。具体步骤如下。

1)对每个价格点,检验除其自身外另外 3 个价格点是否满足逻辑,如果满足,则在该价格点上计数为 1,否则计数为 0。

2)4 个价格点都计数为 1 的样本,4 个价格点全部保留;4 个价格点其中 2 个计数为 1,2 个计数为 0 的样本,保留计数为 1 的 2 个价格点;4 个价格点其中 1 个计数为 1,其余 3 个计数为 0 的样本,保留计数为 0 的 3 个价格点;4 个价格点都计数为 0 的样本,4 个价格点全部舍弃。

3. 派生列

新增 4 列数据,内容分别为很划算、便宜、有点贵及太贵的累计求和。首先在左侧找到"派生列"节点,将其拖拽到画布区,并与"元数据编辑"节点相关联,如图 7-4 所示。然后对其进行配置,先在编辑表达式中输入"sum([需要求和的列名] over (order by [排序参照的列名] '如需反向排序则在括号内输入 desc')",其具体操作步骤如图 7-5

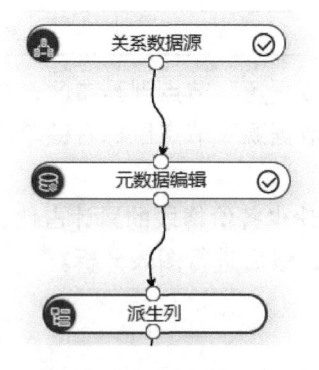

图 7-4 "派生列"节点

所示，处理后的结果如图 7-6 所示。

第一列表达式：sum([很划算]) over(order by [价格] desc)
第二列表达式：sum([便宜]) over(order by [价格] desc)
第三列表达式：sum([有点贵]) over(order by [价格])
第四列表达式：sum([太贵]) over(order by [价格])

图 7-5 "派生列"节点配置

观察派生列的数据发现，"价格"列现在是降序状态，需要修改成升序。使用"排序"节点可完成该操作，拖拽"排序"节点到画布区，并与"派生列"节点相关联，如图 7-7 所示。

# 很划算累计	# 便宜累计	# 有点贵累计	# 太贵累计
0	0	29	75
0	0	29	45
0	0	29	15
0	20	10	4
0	48	2	2
20	56	2	0

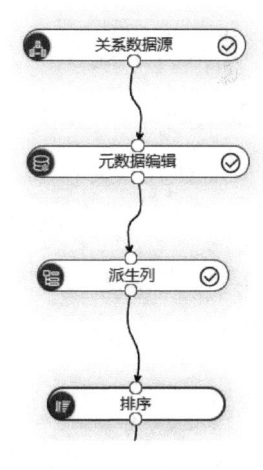

图 7-6 输出结果

图 7-7 "排序"节点

在排序选项卡中选择"价格"列，并将其排序方式修改为"asc（升序）"，其具体操作如图 7-8 所示。

已选字段	排序方式
# 价格	asc

图 7-8　修改排序方式

排序后的结果如图 7-9 所示。

# 价格	# 很划算	# 便宜	# 有点贵	# 太贵	# 很划算累计
50	20	8	2	0	20
60	0	28	0	2	0
70	0	20	8	2	0
80	0	0	19	11	0
90	0	0	0	30	0
100	0	0	0	30	0

图 7-9　排序后的结果

4．计算占比

计算很划算、便宜、有点贵、太贵的占比可通过 Python 节点进行编写。拖拽"自定义模块"中的"PYTHON 脚本"节点，并与"排序"节点相关联，如图 7-10 所示。

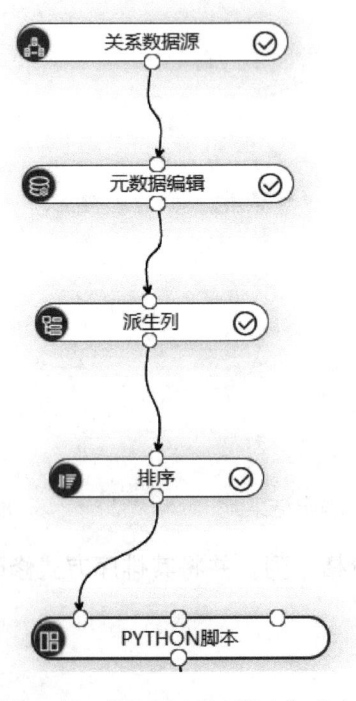

图 7-10　"PYTHON 脚本"节点

第7章 基于PSM的定价策略

代码详细内容如图 7-11 所示。计算占比后的结果如图 7-12 所示。

```
#   import 是导入库的过程
import numpy as np
import pandas as pd

def execute(dataframe1=None, dataframe2=None, dataframe3=None):
    dataframe1.columns=['价格','很划算','便宜','有点贵','太贵','很划算累计','便宜累计','有点贵累计','太贵累计']   #  第一行是连接表格的代码,第二行是表格列名的设置。
    #  新建占比列
    dataframe1['很划算占比'] = round((dataframe1['很划算累计']/20),2).astype(float)
    dataframe1['便宜占比'] = round((dataframe1['便宜累计']/56),2).astype(float)
    dataframe1['有点贵占比'] = round((dataframe1['有点贵累计']/29),2).astype(float)
    dataframe1['太贵占比'] = round((dataframe1['太贵累计']/75),2).astype(float)
    return dataframe1
```

①PYTHON 脚本

```
1   # -*- coding: UTF-8 -*-
2   import numpy as np
3   import pandas as pd
4
5   #   Param<dataframe1>: a pandas.DataFrame
6   #   Param<dataframe2>: a pandas.DataFrame
7   #   Param<dataframe3>: a pandas.DataFrame
8   def execute(dataframe1=None, dataframe2=None, dataframe3=None):
9       # Return value must be a pandas.DataFrame
10      dataframe1.columns=['价格','很划算','便宜','有点贵','太贵','很划算累计','便宜累计','有点贵累计','太贵累计']
11      dataframe1['很划算占比'] = round((dataframe1['很划算累计']/20),2).astype(float)
12      dataframe1['便宜占比'] = round((dataframe1['便宜累计']/56),2).astype(float)
13      dataframe1['有点贵占比'] = round((dataframe1['有点贵累计']/29),2).astype(float)
14      dataframe1['太贵占比'] = round((dataframe1['太贵累计']/75),2).astype(float)
15      return dataframe1
```

图 7-11 Python 代码编写

# 很划算占比	# 便宜占比	# 有点贵占比	# 太贵占比
1.0	1.0	0.07	0.0
0.0	0.86	0.07	0.03
0.0	0.36	0.34	0.05
0.0	0.0	1.0	0.2
0.0	0.0	1.0	0.6
0.0	0.0	1.0	1.0

图 7-12 占比结果

注意:"PYTHON 脚本"节点上方有 3 个接入口,代表最多可以对 3 个数据源同时进行操作,分别对应着 dataframe1、dataframe2、dataframe3。

将"关系目标源"节点拖拽到画布区,并与前序节点相关联,如图 7-13 所示。

选择对应的数据源和 SCHEMA,最后对数据表命名,具体操作如图 7-14 所示。

营销数据分析

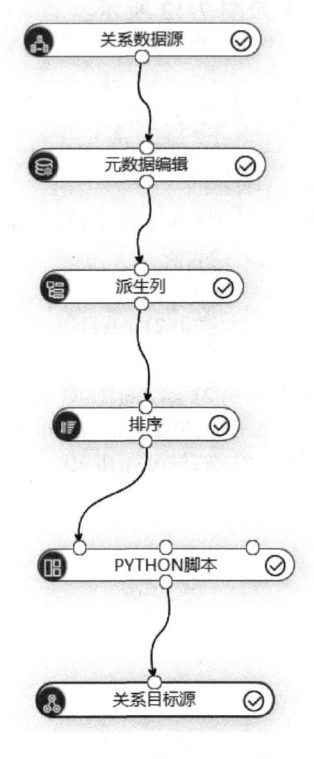

图 7-13 "关系目标源"节点

图 7-14 "关系目标源"节点参数配置

5. 绘制 PSM 价格敏感度折线图

为了绘制 PSM 价格敏感度折线图，可选用可视化看板整体呈现。在后台"分析展现"模块创建自助仪表盘，由于自助仪表盘只接受"数据集"和"业务主题"数据源，因此首先需要将导出的表制作成数据集。

1）自助数据集。在数据集界面搜索栏单击"自助数据集"，如图 7-15 所示。

图 7-15 进入自助数据集

找到目标数据表,将其另存为数据集,其设置如图 7-16 所示。

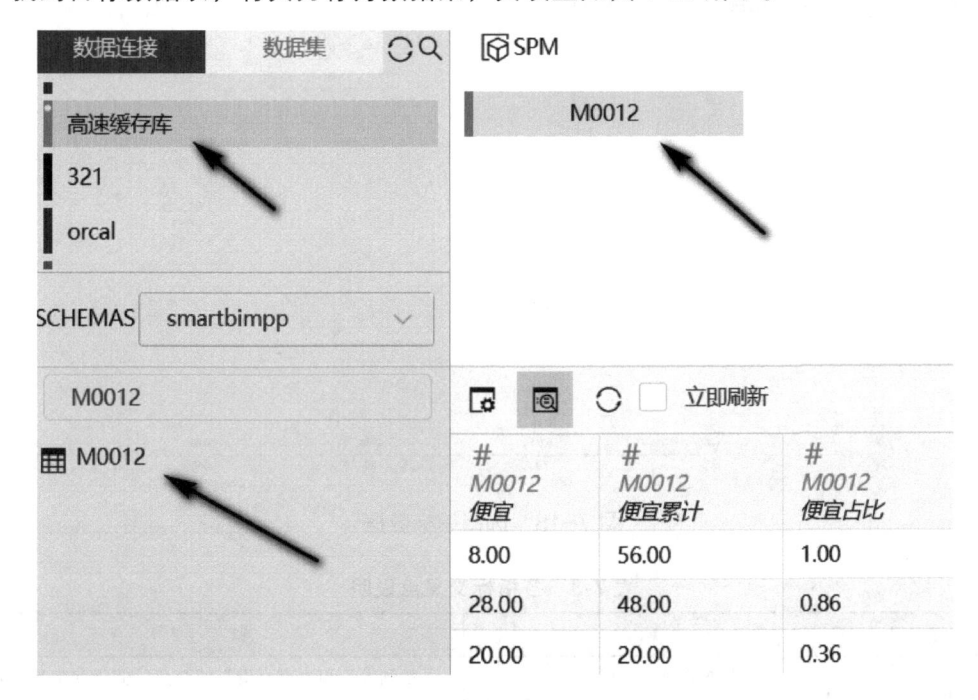

图 7-16 数据集设置

2)在自助仪表盘中绘制 PSM 价格敏感度折线图。PSM 价格敏感度折线图的绘制需要在"自助仪表盘"模块进行,因此首先需要新建一个自助仪表盘,如图 7-17 所示。

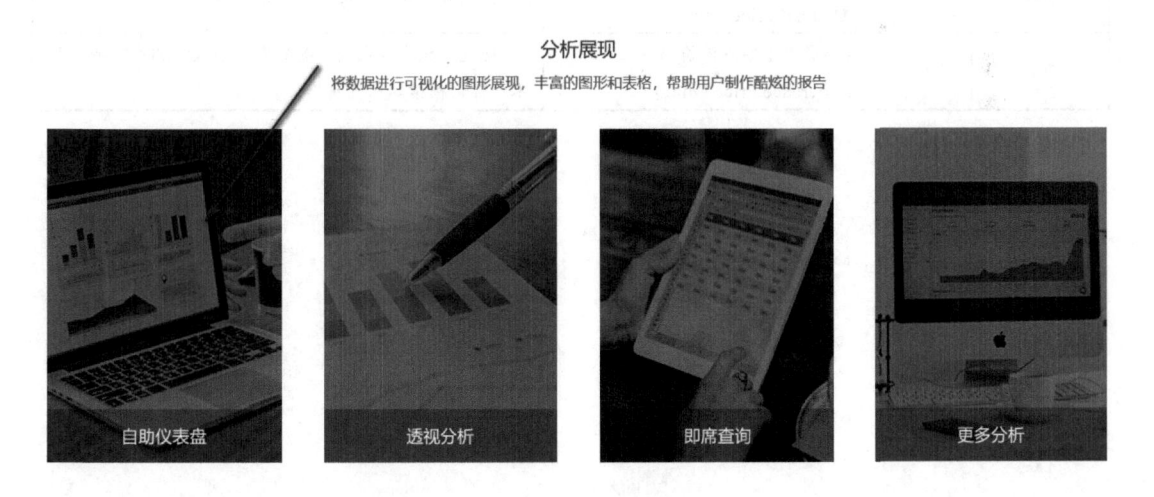

图 7-17 新建自助仪表盘

绘制 PSM 价格敏感度折线图,创建清单表组件,拖入所有列,如图 7-18 所示。具体各指标的交叉点说明如表 7-3 所示。

营销数据分析

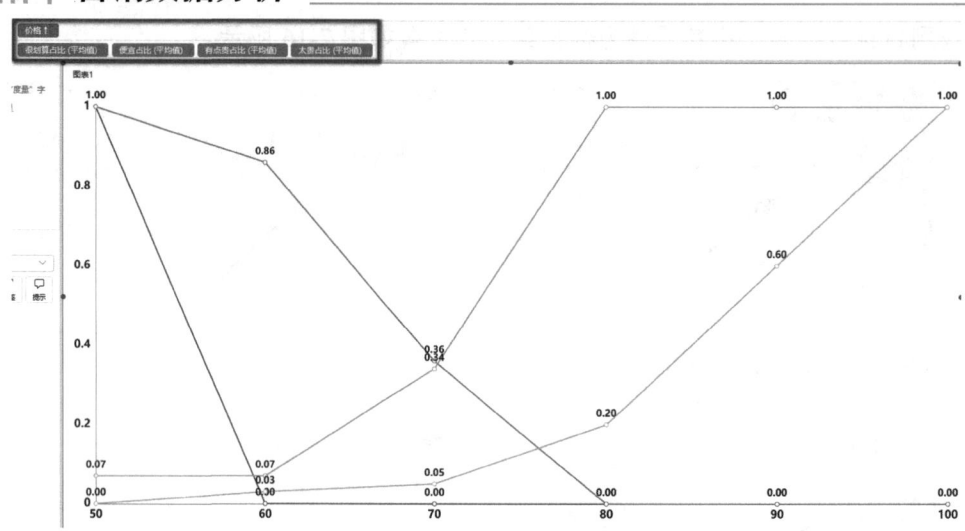

图 7-18 选择指标数据

表 7-3 各指标交叉点说明

简 称	名 称	意 义
PMC	可采纳的最低价格 （Point of Marginal Cheapness）	"很划算"和"有点贵"的交点，低于此临界点就是很划算的价格
PME	可采纳的最高价格 （Point of Marginal Expensiveness）	"便宜"和"太贵"的交点，高于此临界点就是太贵的价格
OPP	最优价格 （Optimal Price Point）	"很划算"和"太贵"的交点，即最优价格
IPP	既不贵也不便宜的价格 （Indifference Price Point）	"便宜"和"有点贵"的交点，不太贵和不太便宜基本一样，模棱两可的价格

最终图形如图 7-19 所示。

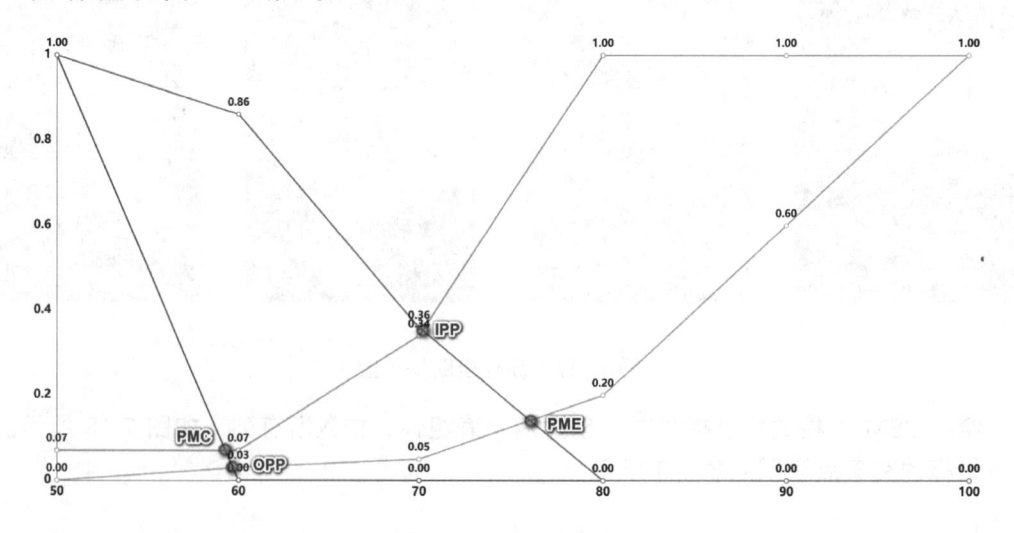

图 7-19 最终图形

6. 产品精准定价策略分析

图 7-19 中共有 4 条态度线，它们共有 4 种交叉点价格。从图中可以看到，PMC 约为 59 元，PME 约为 78 元，OPP 约为 60 元，IPP 约为 71 元。

这说明，定价时不能低于 59 元，否则消费者会觉得产品价格太低；同时不能高于 78 元，否则消费者会觉得价格太高。价格区间应该是 59~78 元。同时，价格最好不能为 IPP，即 71 元，因为这个价格让消费者觉得好像有点便宜又好像有点贵，有点模糊。最好的价格是 OPP，即 60 元。

当然，OPP 只是从图中来看的，实际研究中通常会将价格区间作为一个参考，也可以制定价格为 65 元等，最终还需要根据实际情况确定。

本章小结

定价决定着企业经营的收入和利润，也影响着企业的资源配置与价值链。PSM 是一种进行价格敏感度测试的简单、实用的方法，其一般分析流程包括设计一个覆盖产品价格范围的价格梯度表、设计 4 类价格问题、发放问卷收集数据、处理数据、计算累计频数占比、绘制 PSM 价格敏感度折线图与结果解读等环节。

为进行合理定价，本案例利用 PSM 设计出涵盖产品价格区间的价格梯度表，从 50~100 元的价格区间中设计 4 个问题，即"很划算""便宜""有点贵""太贵"。向 30 位消费者发放问卷，并将收集到的问卷数据进行整理分析，绘制 PSM 价格敏感度折线图，根据折线图对该产品的定价进行分析，给出合理的价格区间。通过该定价方法衡量消费者对不同价格的满意及接受程度，既充分考虑了消费者的主观意愿，又兼顾了企业对经济利益最大化的追求。

本案例利用 PSM 进行产品定价的过程具体如下。

1）将收集到的问卷数据导入平台，并拖拽"关系数据源"节点到画布区，设置数据参数。

2）对数据进行探索，发现个别字段是文本型字段，因此首先需要进行字段类型的修改，在"元数据编辑"节点中，将"很划算"至"太贵"4 列的数据类型改为数值型。

3）在"派生列"节点选项中新增"很划算"至"太贵"4 列数据的累计求和，然后对其进行配置。

4）使用"排序"节点将所得的"价格"列数据改为"升序"。

5）通过 Python 节点编写"很划算"至"太贵"的占比，拖拽"自定义模块"中的"PYTHON 脚本"节点，输入代码，得出占比结果。

6）将最终数据以表的形式存入平台数据库，即设置"关系目标源"节点。

7）在数据集界面搜索栏单击"自助数据集"，找到目标数据表，将其另存为数据集。

8）新建可视化仪表盘，绘制 PSM 价格敏感度折线图。在"自助仪表盘"模块中，创建清单表组件，拖入所有列，设置图表类型为折线图，即可获得 PSM 价格敏感度折线图。

观察 PSM 价格敏感度折线图（见图 7-20），可知合理的价格区间应该是 59～78 元，但是价格最好不为 71 元，因为这个价格让消费者觉得好像有点便宜又好像有点贵，有点模糊。最优的价格是 60 元。实际研究中通常会将价格区间作为一个参考，也可以制定价格为 65 元等，最终还需要根据实际情况确定。通过对本案例的研究，我们可以看出，在大数据时代，企业如何充分利用有关消费者信息的海量数据，得到消费者对产品定价的反馈，综合考量成本、客户和竞争对手等因素，以及它们之间的财务影响，制定合适的价格，并获得相应的回报，是大数据营销的一个重要研究方向。

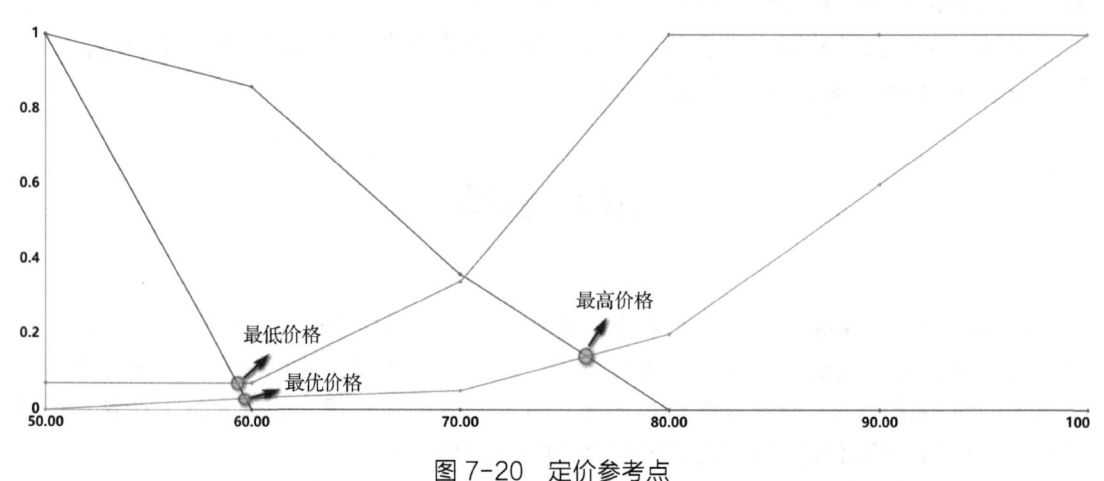

图 7-20　定价参考点

实训目的

巩固 PSM 的原理和流程；通过教师讲解与实践，实际应用 PSM 分析产品定价案例，帮助企业进行产品定价管理。

思考与练习

1. 通过相关模块，掌握 PSM 的应用。
2. 列举一些 PSM 在其他领域的应用。

参考资料

[1] 尹启华，邓然，朱春晖，贺唯. 基于客户经济价值的 PSM 模型分析——兼论新产品定价[J]. 上海管理科学，2010, 32(3): 99-102.

[2] 陶安, 刘雁妮. 基于PSM模型的网络团购定价方法研究[J]. 价格月刊, 2013(12): 15-18.

[3] Lewis R C, Shoemaker S. Price-sensitivity Measurement: A Tool for the Hospitality Industry[J]. Cornell Hotel and Restaurant Administration Quarterly, 1997, 38(2): 44-54.

[4] Kim J H, Hwang B S, Yoo S H. Estimating the Demand Function for Residential City Gas in South Korea: Findings from a Price Sensitivity Measurement Experiment[J]. Sustainability, 2022, 14(12): 1-13.

[5] 杨忠振, 王璐, 蒋永雷. 中国航空运输市场中航线票价的优化研究[J]. 武汉理工大学学报：交通科学与工程版, 2009, 33(3): 462-465.

[6] 陈陌. 价格敏感测试中降低数据剔除率的处理方法[J]. 现代商业, 2021(26): 21-23.

第 8 章
基于决策树的消费者响应预测

学习目标
- 了解大数据在营销活动中的应用；
- 了解决策树的基本概念和应用；
- 掌握应用决策树算法预测消费者对营销活动的响应；
- 掌握分析广告投放效果并优化广告投放的可视化方法。

学习重点
- 大数据背景下的营销策略；
- 决策树的应用；
- 可视化分析。

学习难点
- 决策树模型的构建；
- 消费者响应预测；
- 广告投放效果的可视化分析方法。

本章思维导图

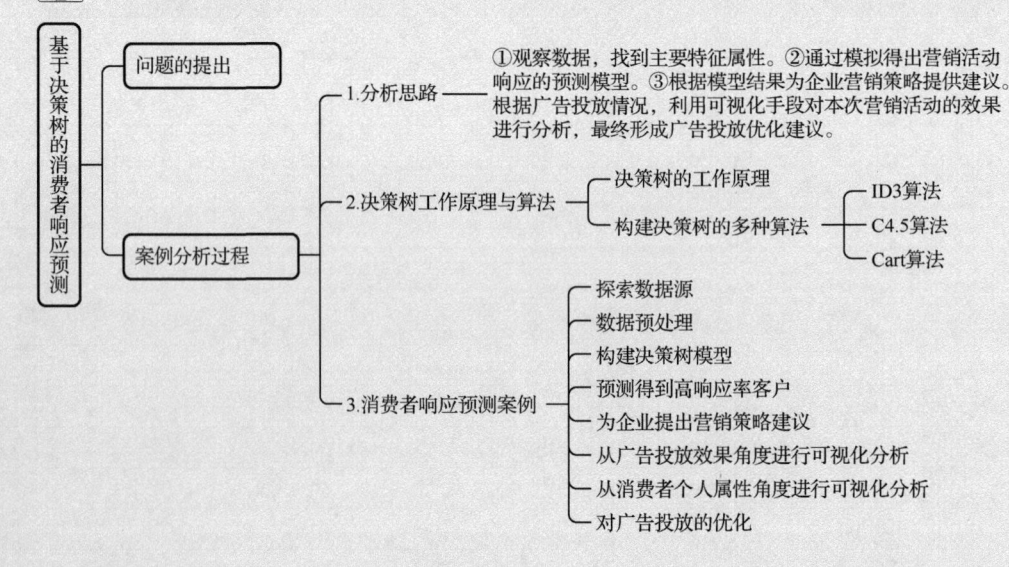

基于决策树的消费者响应预测
- 问题的提出
- 案例分析过程
  - 1. 分析思路：①观察数据，找到主要特征属性。②通过模拟得出营销活动响应的预测模型。③根据模型结果为企业营销策略提供建议。根据广告投放情况，利用可视化手段对本次营销活动的效果进行分析，最终形成广告投放优化建议。
  - 2. 决策树工作原理与算法
    - 决策树的工作原理
    - 构建决策树的多种算法
      - ID3算法
      - C4.5算法
      - Cart算法
  - 3. 消费者响应预测案例
    - 探索数据源
    - 数据预处理
    - 构建决策树模型
    - 预测得到高响应率客户
    - 为企业提出营销策略建议
    - 从广告投放效果角度进行可视化分析
    - 从消费者个人属性角度进行可视化分析
    - 对广告投放的优化

8.1 问题的提出

8.1.1 营销与消费者响应

营销活动是营销者主动与消费者沟通，将各种刺激产品消费的信息传递给消费者，吸引消费者购买的一种活动。常见的营销策略包括广告、人员推销、营业推广、公共关系和网络营销等。消费者响应是指消费者对企业行为的态度及形成的消费意愿。日常生活中，消费者感知到的营销手段有很多种，如样品、折价券、现金返还、买赠、满减、抽奖等。这些手段往往能给消费者带来附加价值，从而激励消费者购买。然而，附加价值对消费者的激励作用存在边际递减效应。当附加价值达到某一水平后，为消费者增加一个单位的附加价值所产生的销售利润转为负数。因此，企业需要确定附加价值的大小，如分发样品的数量、折价券的具体折扣、满减时的标准设定等。

传统营销中的营销工具选择往往是根据企业以往经验及竞争对手水平来确定的，即使有些企业会调研消费者对不同营销手段的反应，但也只是事后才能知道营销的效果，仅能为以后的营销活动提供参考。在大数据背景下，企业可以通过对比消费者以往的购买行为数据和企业相应的优惠措施及优惠程度，预先测试出消费者对不同优惠程度的反应，通过建模判断出企业提供的附加价值的边际临界值，以最小成本获得最优消费激励效果。

8.1.2 问题设计

数字时代，新商业模式与营销方式不断涌现，以满足不断升级的消费者需求。如何采取有效的广告策略，引发消费者的积极响应，一直是消费者行为学的一个热点议题。自 20 世纪 70 年代开始，消费者越来越关注企业社会责任，企业越来越多地开展善因营销，即通过慈善捐赠促进产品销售。但善因营销需要无惧消费者对企业动机的怀疑，预判消费者响应，如果运用不当，善因营销就可能适得其反。现实中，大量企业经常给消费者发送促销短信，特别是一些重要的节日，期望产生更多的购买行为。但有些消费者对信息视而不见，有些消费者仅仅查看，有些消费者对信息做退订设置或拉黑企业，通常只有部分消费者做出积极响应。因此，知晓哪些消费者更有可能对企业促销信息做出积极响应，对于优化精准营销策略、提升营销效果具有重要意义。精准营销就是找准时机，利用正确的通道向消费者传达合适的信息，从而促使消费者做出企业期待的响应。

决策树算法基于一系列归纳算法的规则进行数据分类，是一种典型的用于预测的算法。某企业数据分析运营专员准备运用决策树算法分析市场部收集到的消费者人群特征数据，挖掘出消费者对营销活动的反应，从而专门推送广告给会响应营销活动的消费者，以帮助企业降低成本。

8.1.3 问题解决思路

以往企业在分析营销效果时存在明显的滞后性,并且一些营销效果难以用量化数据统计分析。在当前大数据背景下,企业可以持续跟踪营销信息投放及目标消费者响应的实时反馈,能够实时监测营销信息的投放效果,进而调整与优化营销策略。比如,企业向目标消费者的手机 App 投放营销信息,可以观察这些消费者对信息反应的数据,包括是否点击信息、在该信息页面的停留时间、是否转化为购买行为、是否转发信息等。企业后续投放营销信息时,可以剔除那些从不点击信息、页面停留时间过短的人群,而对转化为实际购买行为、将信息转发他人的目标消费者进行多次投放。

消费者响应预测基于以往数据,包括产品总体销量情况、消费者消费情况、流量情况及竞争情况等。比如,企业会员管理部门预测消费者对下一次营销活动的响应,通过数据计算得出响应活动的会员具体名单和响应概率,把握消费者未来的消费可能性,以此针对性地制定营销策略。本案例的基本思路是建立消费者人群特征数据的决策树模型,具体如下:①观察数据,找到主要特征属性。②通过模拟得出营销活动响应的预测模型。③根据模型结果为企业营销策略提供建议。根据广告投放情况,利用可视化手段对本次营销活动的效果进行分析,最终形成广告投放优化建议。

8.2 决策树工作原理与算法

8.2.1 决策树的工作原理

决策树是一种常用的以树形结构表达的分类算法,其中每个内部节点都表示一个属性上的测试,每个分支都代表一个测试输出,每个叶节点都代表一种类别。从根节点到每个叶节点均形成一条分类的路径规则,如图 8-1 所示。而对新的样本进行测试时,只需要从根节点开始,在每个分支节点进行测试,沿着相应的分支递归地进入子树再测试,一直到达叶节点,该叶节点所代表的类别即当前测试样本的预测类别。决策树内部节点用椭圆形表示,叶节点用矩形表示。在决策树中,每个叶节点都被赋予一个类标签。每个非终结点(包括根节点及内部节点)都对应一个属性测试条件。从根节点到叶节点的每条路径都是决策树的一条完整规则。

决策树已被广泛应用于企业决策之中,它是随机决策模型中最常见、最普及的一种决策模式和方法。决策树属于风险型决策方法,可有效控制决策带来的风险。不同于确定型决策方法,应用决策树必须具备以下条件:①具有决策者期望达到的明确目标;②存在决策者可以选择的两个以上可行的备选方案;③存在决策者无法控制的两个以上不确定因素(如气候变化、市场行情、经济发展动向等);④不同方案在不同因素下的收益或损失(简称损益值)可以计算出来;⑤决策者可以估计不确定因素发生的概率。

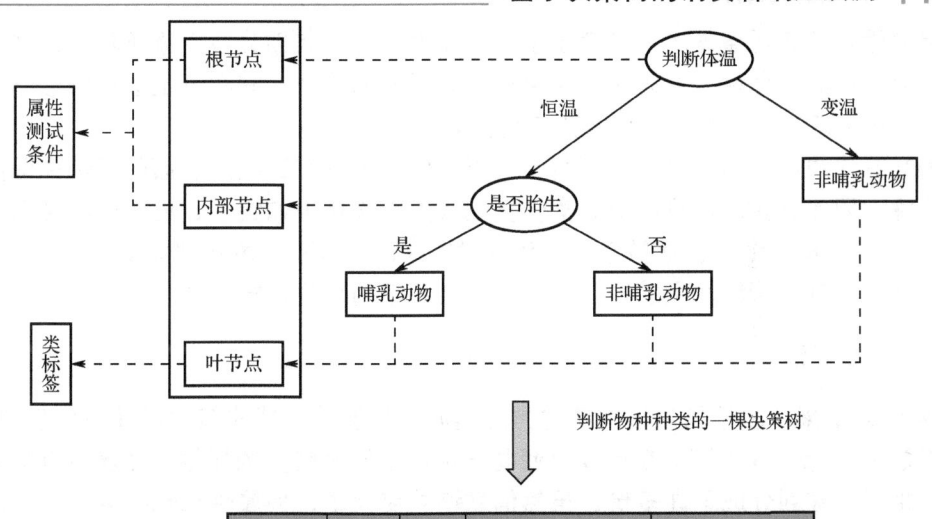

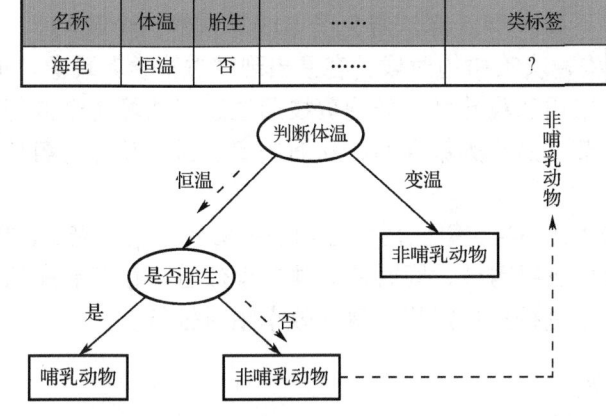

图 8-1 决策树路径规则

在当今的社会经济活动中，竞争日趋激烈，现代企业的经营方向有许多可供选择的方案。如何用最少的资源获得最多的利润，以及最大限度地降低企业的经营风险，是企业决策者经常面对的决策问题。决策树能简单明了地帮助企业决策者分析企业的经营风险和经营方向。随着经济的不断发展，企业需要做出的决策会不断增加，而决策质量的提高取决于决策方法的科学化。决策水平提高了，企业的管理水平就一定会提高。

8.2.2　构建决策树的多种算法

在数字经济时代，作为一种战略性生产要素，数据参与价值主张、价值创造、价值交付、价值捕获的全过程，而算法则是收集、处理数据，从而获取营销洞察的战略性工具。决策树算法是运用树状图表示各决策的期望值，通过计算，最终优选出效益最大、成本最小的决策方法。

1. ID3 算法

1979 年，昆兰（Quinlan）提出了 ID3 算法。ID3 算法通过计算节点的信息增益来选择节点属性。信息增益越大，则表示使用该属性作为节点划分数据集所获得的"纯度提升"越大。因此信息增益可以用于决策树划分属性的选择，其实就是选择信息增益最大的属性，ID3算法就是采用信息增益来划分属性。

ID3算法的规则相对简单，可解释性强，但它也存在缺陷。它倾向于选择取值比较多的属性，因此有些属性可能对分类任务没有太大作用（如编号，但一般不会选择编号字段作为一个属性），但仍然被选为最优属性。这种缺陷不是每次都会发生，只是存在一定发生概率。针对可能发生的缺陷，后人提出了新的算法进行改进。

2. C4.5算法

C4.5算法采用基于信息增益率的方法递归选择属性形成决策树，其中信息增益率=信息增益/属性熵。ID3算法在计算时倾向于选择取值比较多的属性，当属性有很多值的时候，相当于被划分成了许多份，虽然信息增益变大了，但属性熵也会变大，因此整体的信息增益率并不高。C4.5算法避免了ID3算法的这个缺陷。

ID3算法在构建决策树的时候，容易出现"过拟合"现象。而在C4.5算法中，会在决策树构建之后采用悲观剪枝。悲观剪枝通过递归估算每个内部节点的分类错误率，比较剪枝前后这个节点的分类错误率，从而决定是否对其进行剪枝，以提升决策树的泛化能力。

与ID3算法相比，C4.5算法用信息增益率替代了信息增益，解决了噪声敏感的问题，并且可以对决策树进行剪枝，同时能处理连续数值与数值缺失的情况。不过，由于C4.5算法需要对数据集进行多次扫描，算法效率相对较低。

3. Cart算法

Cart算法是一种应用广泛的决策树学习方法。Cart被称为分类回归树，既能是分类树，也能是回归树。Cart算法与ID3、C4.5算法的不同之处在于，Cart算法生成的必须是二叉树。也就是说，无论是回归还是分类问题，无论是离散型还是连续型特征变量，无论是有多个还是只有两个属性取值，内部节点都只能二分每个属性值。

在用于分类问题时，Cart算法使用基尼（Gini）指数最小化准则来选择特征划分类型。基尼指数（Gini不纯度）表示在样本集合中一个随机选中的样本被分错的概率。基尼指数越小，表示集合中被选中的样本被分错的概率越小，也就是说集合纯度越高，反之，集合纯度越低。当集合中所有样本为一个类时，基尼指数为0。因此Cart算法选择基尼指数小的属性作为决策树节点。

8.3 消费者响应预测案例

某电商企业打算利用决策树算法预测消费者对营销活动的响应。指定该企业品牌中的某种商品，通过样品、折价券、现金返还、买赠、满减及抽奖等各种活动形式收集消费者对商品的购买回馈。从企业营销信息的发布到售卖过程，安排相关人员进行不同阶段购买情况的数据记录和整理。记录时间安排为四个阶段，分别为一年四个季度的首月，并且分时间段通过不同的营销形式进行测度，记录该阶段消费者对该商品的购买量。同时安排相关人员对不同的营销活动下消费者购买商品数量的差异进行汇总和对比分析，再根据营销活动的销售情况形成广告投放的优化建议。

1. 探索数据源

本案例使用的数据包括两部分：一是训练集数据，二是测试集数据。收集到的历史消费者特征数据包含以下字段：客户昵称、用户等级、用户价值度、用户活跃度、年龄、性别、收货地址、宝贝种类、宝贝数量、支付金额、总浏览量、是否响应。

训练集共 200 条数据，测试集共 100 条数据。注意：特征变量数为 10，"是否响应"字段为目标变量，仅存在于训练集中，不存在于测试集中。

表 8-1 为消费者特征数据（共 100 条数据，此处只显示前 10 条数据），表中包含统计日期内的用户等级、用户活跃度、用户价值度及支付金额等。表 8-2 为重要指标详解。

表 8-1 消费者特征数据

客户昵称	用户等级	用户价值度	用户活跃度	年龄	性别	收货地址	宝贝种类	宝贝数量	支付金额（元）	总浏览量
走走道疯*	2	2	1	26	男	广西壮族自治区	1	1	159	376700
眲睚xz*	2	2	5	35	女	上海市	1	1	159	200997
紫悦嘉人*	1	1	1	22	女	北京市	1	1	159	183575
紫妍风流*	1	4	2	21	女	湖南省	1	1	159	10375
紫屋魔恋*	1	1	1	23	男	云南省	2	2	208	20819
紫薇花娇*	1	1	2	38	女	湖北省	1	1	108	182971
紫藤花7*	7	1	4	20	男	陕西省	2	3	557	344519
紫海紫*	2	2	1	24	女	北京市	4	4	572	175424
子怡驿力*	1	5	1	35	男	湖北省	1	1	44	551476
子虚21*	2	2	2	12	男	江苏省	1	3	477	242108

表 8-2 重要指标详解

字段名称	详情	字段类型
客户昵称	消费者在平台上注册的账号会员名	字符型
用户等级	分类型变量，值域[1，7]	数值型
用户价值度	分类型变量，值域[1，6]，数值越大，价值越高	数值型
用户活跃度	用户活跃度分类，分类型变量，值域[1，5]，数值越大，活跃度越高	数值型
年龄	0～100 岁	数值型
性别	男，女	字符型
收货地址	省、自治区、直辖市名称	字符型
宝贝种类	消费者购买过的商品种类合计	数值型
宝贝数量	消费者购买过的商品数量合计	数值型

续表

字 段 名 称	详　情	字 段 类 型
支付金额	消费者购买过的商品支付的金额合计	数值型
总浏览量	总页面浏览量，整数型	数值型
是否响应	1代表用户响应，0代表用户未响应	数值型

将本案例用到的数据导入【关系数据源】中，新建实验并保存实验后，从左边数据源模块拖拽"关系数据源"节点至画布区，并在右边参数区根据上传数据时保存的路径找到数据表。随后鼠标右键单击"关系数据源"节点，并单击"执行到此处"，执行成功后右键单击查看"关系数据源"节点的输出结果，部分输出数据如图8-2所示。

客户昵称	用户等级	用户价值度	用户活跃度	年龄	性别
秦731*	1	1	1	25	女
帝建公司*	2	2	1	31	女
123j*	3	2	1	24	女
yang*	2	1	2	25	男
解渴绿茶*	2	3	2	18	女
王佳颖_*	2	3	1	14	男

图 8-2　输出结果（部分）

2. 数据预处理

1）将字符型字段进行特征转换。因为算法模型的字段仅支持数值型格式，所以需要将字符型字段转换成数值型，这里需要用到"特征转换"节点来实现特征转换。选择【特征工程】中的"特征选择"节点，在选择特征列中将需要转换类型的字段"性别"和"收货地址"添加到"已选字段列表"中，进行特征转换，为后续模型的训练做准备，如图8-3所示。

图 8-3　选择需要进行转换的特征列

添加【特征工程】中的"特征转换"节点至画布区，该节点的作用是为转换特征列增添后缀名而形成新的一列字段。该新增后缀名如图8-4所示，为Index。

通过抽取、变换进行特征转换处理，流程如图 8-5 所示，变换后的新列列名及对应数值如表 8-3 所示。"性别"字段转换为"column6Index"，"收货地址"字段转换为"column7Index"，具体如图 8-6 所示。

图 8-4　新增后缀名

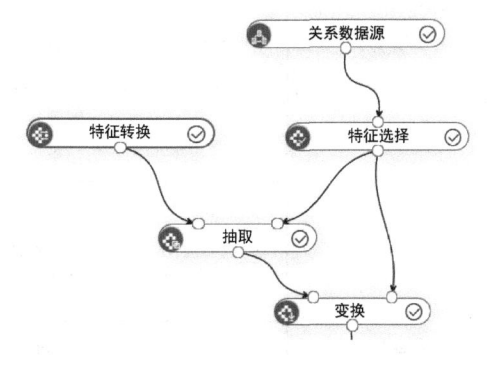

图 8-5　特征转换流程

性别	收货地址	column6Index	column7Index
女	广东省	1.0	1.0
女	湖南省	1.0	13.0
女	重庆	1.0	6.0
男	贵州省	0.0	9.0
女	北京	1.0	5.0
男	贵州省	0.0	9.0
女	浙江省	1.0	2.0
男	江西省	0.0	10.0
男	广西壮族自治区	0.0	16.0

图 8-6　训练集进行特征转换后的字段

表 8-3　转换内容对应表

原字段内容	转换后内容	
性别	女	0.0
	男	1.0
收货地址	上海市	0.0
	广东省	1.0
	浙江省	2.0
	江苏省	3.0
	四川省	4.0
	北京市	5.0
	重庆市	6.0
	湖北省	7.0
	河南省	8.0
	贵州省	9.0

续表

原字段内容	转换后内容	
收货地址	江西省	10.0
	天津市	11.0
	福建省	12.0
	湖南省	13.0
	辽宁省	14.0
	山东省	15.0
	广西壮族自治区	16.0
	云南省	17.0
	山西省	18.0
	内蒙古自治区	19.0
	安徽省	20.0
	陕西省	21.0
	新疆维吾尔自治区	22.0
	青海省	23.0
	吉林省	24.0
	黑龙江省	25.0
	河北省	26.0

2）特征选择。转换好的字段需进行特征选择操作，为后续模型训练做准备。它的具体作用是从数据集中选取有用特征，用于分类预测或回归预测算法的训练。其中标签列必选，具体的特征列和标签列配置如图8-7所示。

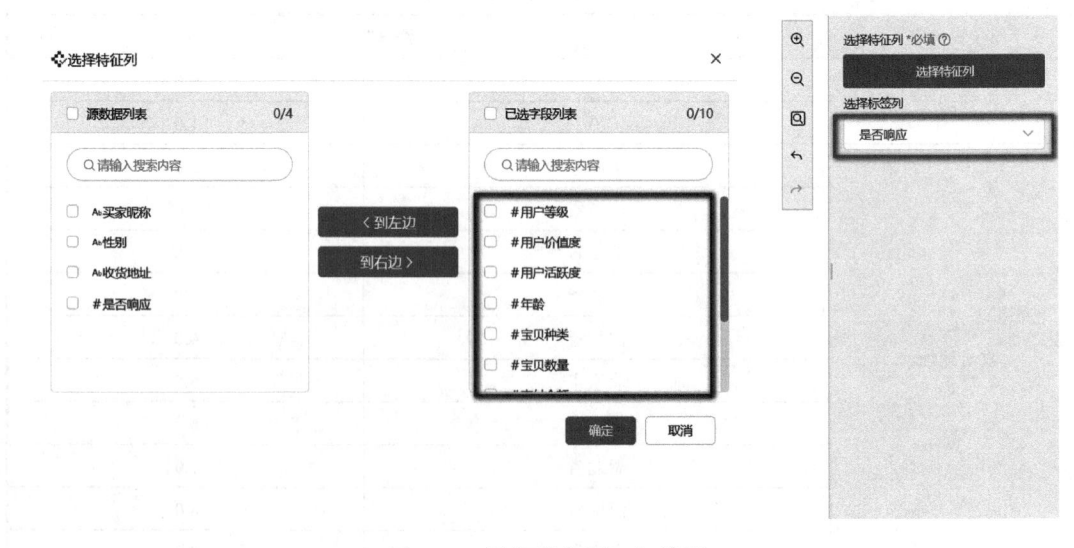

图8-7 选择特征列和标签列

所选特征列的字段为与需要预测的"是否响应"字段有较大相关性的特征字段。注意：特征列应选择数值型字段和已经进行了特征转换的字段，即以 Index 结尾的字段"column6Index"和"column7Index"。而标签列为后续需要预测的"是否响应"字段。

3. 构建决策树模型

1）算法选择与模型训练。本案例的目的是预测消费者对营销活动的响应，这属于分类问题，对应的算法为分类算法，此处选择决策树算法。该算法是多分类算法，是一种流行的机器学习分类算法，算法的核心是信息熵。它计算每个属性的信息增益，认为信息增益高的属性是好属性，每次划分都选择信息增益最高的属性作为划分标准，重复这个过程，直至生成一个好的分类训练样本的决策树。

拖拽【机器学习】—【分类算法】—【多分类算法】中的"决策树"节点和【数据预处理】中的"拆分"节点至画布区，"拆分"节点承接进行了"行选择1"操作后的训练集。数据拆分是将原始样本集按照训练集和测试集的方式拆分为两个子集。拆分后各子集的比例总和≤100%。数据拆分经常作为回归或分类算法节点的前置节点。具体的算法参数配置如图 8-8 所示，分裂特征的数量为 32，树的深度为 4。"拆分"节点参数配置如图 8-9 所示，数据集占比为 0.7，随机种子默认为 1。

图 8-8　决策树算法参数配置　　　　图 8-9　"拆分"节点参数配置

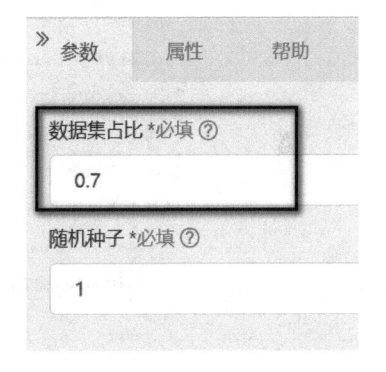

拖拽【机器学习】—【训练】中的"训练"节点和【机器学习】中的"预测"节点至画布区。"训练"节点是基于选择的特征对各种分类和回归算法进行训练，左边输入为待训练的算法，右边输入则为训练集。"预测"节点是根据训练集及各种分类或回归算法对测试集进行结果预测，左边输入为已训练的模型或已保存的模型，右边输入为测试集。最终将模型预测的结果承接给"评估"节点，对分类算法模型的预测效果进行评估，检验模型在分类任务中的表现或检验其在回归任务中的可靠性。运行并查看评估节点，具体评估结果如图 8-10 和图 8-11 所示。

指标	值		
confusion matrix（混淆矩阵）	真实\预测	0	1
	0	50	4
	1	2	2
accuracy（准确率）	0.896551724137931		
roc曲线	查看ROC曲线		
auc	0.7129629629629629		
ks	查看KS曲线		
weighted precision（加权精确率）	0.9182139699381079		

图 8-10　评估结果（1）

混淆矩阵也称误差矩阵，是表示精度评价的一种标准格式，用 n 行 n 列的矩阵形式来表示。在数据挖掘领域，混淆矩阵是可视化工具，特别用于监督学习。混淆矩阵的每一列代表了预测类别，每列的总数表示预测为该类别的数据的数目。每行代表了数据的真实归属类别，每行的总数表示该类别的数据实例的数目。每列中的数值表示真实数据被预测为该类的数目。如图 8-10 所示，第一行第一列中的 50 表示有 50 个实际归属为 0 的实例被预测为 0，同理，第一行第二列中的 4 表示有 4 个实际归属为 0 的实例被错误预测为 1。总体来说，预测正确的有 52 个，预测错误的有 6 个。

指标	值
weighted recall（加权召回率）	0.8965517241379309
weighted F1 score（加权F1分数）	0.9059206245933638
Class 0.0 precision（精确率）	0.9615384615384616
Class 0.0 recall（召回率）	0.9259259259259259
Class 0.0 F1 score（F1分数）	0.9433962264150944
Class 0.0 falsePositiveRate（假阳率）	0.5
Class 0.0 truePositiveRate（真阳率）	0.9259259259259259
Class 1.0 precision（精确率）	0.3333333333333333
Class 1.0 recall（召回率）	0.5

图 8-11　评估结果（2）

观察评估结果（1）和评估结果（2）可以看到，该模型的准确率（预测某类正确的样本比例）为 89.66%，召回率（真实为正的样本中预测为正的样本）为 92.59%，可知该模型预测效果较好。

2）对测试集进行相关操作。将第二个"关系数据源"节点拖入画布区，将"消费者特征数据—测试集"上传至该数据源，由于该数据集的详情数据已经展示过了，这里不过多陈述。

测试集也需要进行类似的操作。一是将字符型字段——"性别"和"收货地址"进行特征转换，转换为数值型字段，相关配置如图 8-12 所示，最终测试集的部分转换结果如图 8-13 所示；二是在进行了特征转换后，进行选择特征列的操作。选择的特征列字段如图 8-14 所示，注意选择的字段应为数值型字段。

第8章
基于决策树的消费者响应预测

◆ 选择特征列

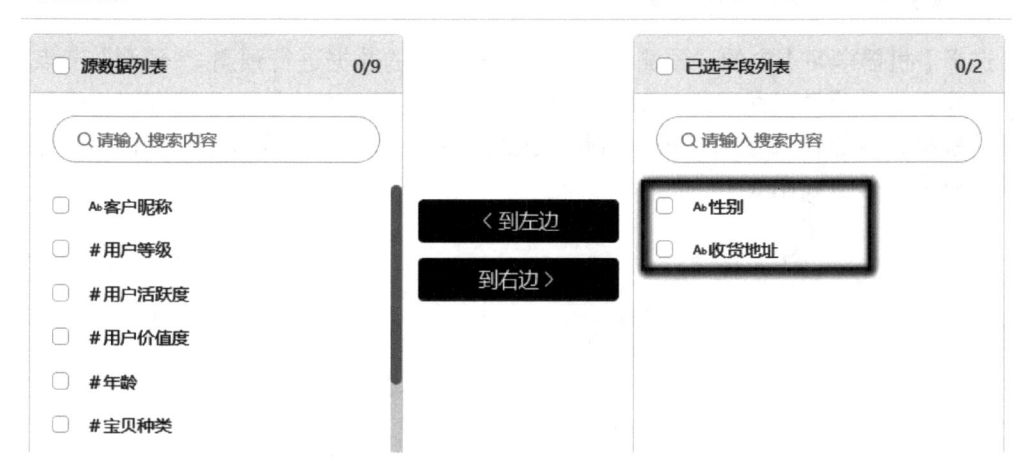

图 8-12 特征选择的相关配置

Ab 性别	Ab 收货地址	# column6Index	# column7Index
男	广西壮族自治区	0.0	16.0
女	上海	1.0	3.0
女	北京	1.0	9.0
女	湖南省	1.0	15.0
男	云南省	0.0	14.0
女	湖北省	1.0	8.0
男	陕西省	0.0	2.0
女	北京	1.0	9.0
男	湖北省	0.0	8.0

图 8-13 测试集进行特征转换的结果（部分）

◆ 选择特征列

图 8-14 选择特征列

123

4. 预测得到高响应率消费者

选择【机器学习】中的"预测"节点对测试集中的数据进行预测。"预测"节点是根据训练集及各种分类或回归算法对测试集进行结果预测，左边输入为已训练的模型或已保存的模型，右边输入为测试集。因此"预测"节点的左边应放入已经进行了训练的数据集。整体工作流如图 8-15 所示。

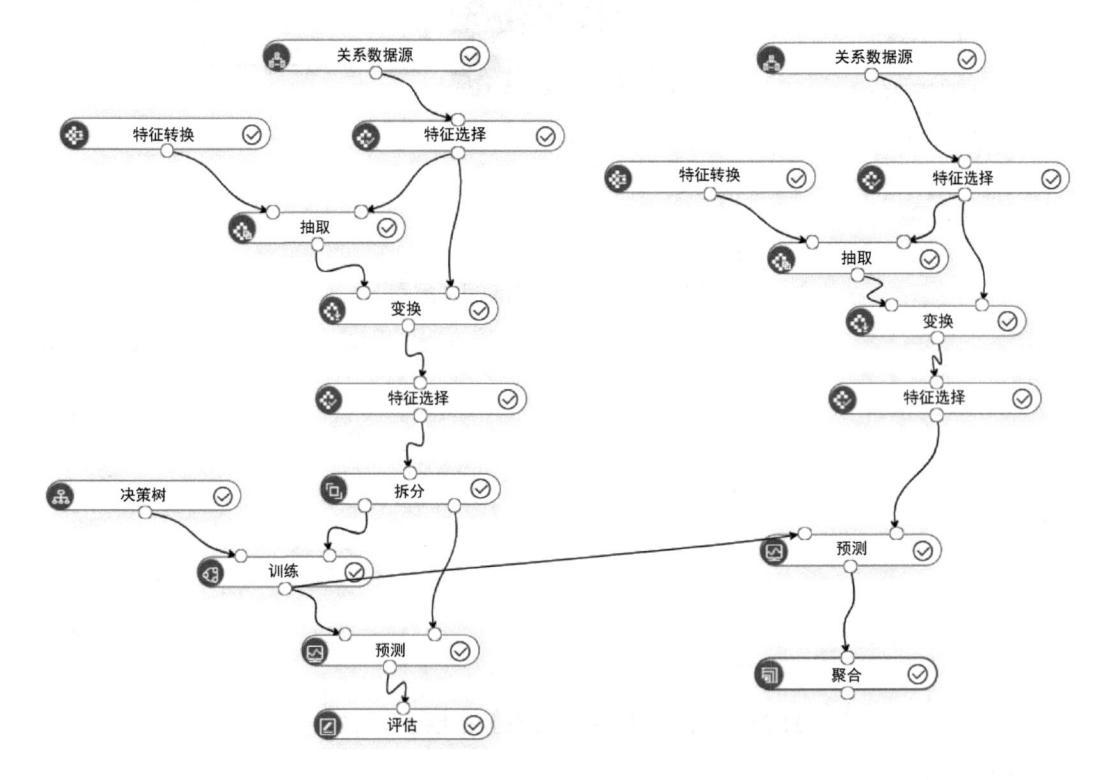

图 8-15　整体工作流

运行第二个"预测"节点查看预测结果，列最后出现的新字段"prediction"即为预测结果，如图 8-16 所示。

# 支付金额	# 总浏览量	# column6Index	# column7Index	# prediction
159	376700	0.0	16.0	0.0
159	200997	1.0	3.0	0.0
159	183575	1.0	9.0	0.0
159	10375	1.0	15.0	0.0
208	20819	0.0	14.0	0.0
108	182971	1.0	8.0	0.0
557	344519	0.0	2.0	0.0
572	175424	1.0	9.0	1.0
44	551476	0.0	8.0	0.0

图 8-16　预测结果

第8章 基于决策树的消费者响应预测

5. 为企业提出营销策略建议

为了方便观察预测结果，可以选择"聚合"节点，对"prediction"中的结果进行统计（见图 8-17）。根据该聚合结果，100 名消费者中只有 5 名会响应营销活动，可以得出消费者对于该企业的营销活动响应率是比较低的。

# Group_prediction	# Count_prediction
0.0	95
1.0	5

图 8-17 对预测结果进行聚合统计

观察整体模型的训练和预测结果，可以为企业提出的营销策略建议如下。

1）邮件营销。邮件营销是与电商消费者保持联系的一种非常好的方式，可以与了解业务并对电商产品感兴趣的消费者直接沟通。

2）营销自动化。营销自动化可以降低成本、提高转换率、增加平均订单价值，甚至在某些情况下提升购物体验。作为一项技能，营销自动化就是在自动化平台管理营销过程和工作流程。可以找到适合自己电商业务的自动化营销工具，并学会如何利用它。

3）图表和页面设计。图表和页面设计是网络营销的基本要素。做广告的方式、文章内容，甚至产品细节、页面外观都影响着营销信息或产品如何被大众感知。

4）书写与内容营销。书写能力本质上就是能够在网上交流。电商产品描述、博客帖子、引流文章、产品微视频，都需要进行书写。如果写得好，就能帮助推广电商产品。好的内容营销是电商营销成功的一个关键点。

6. 从广告投放效果角度进行可视化分析

时代不停变化，从传统的报纸、电视，到现在的互联网，广告主真正擦亮了眼睛，不再盲目投放。广告投放最核心的目标就是占领消费者的心智。广告的作用就是告知、说服、提醒、强化。广告主的投放目的就是能够不时提醒消费者，提升转化率。如何持续优化广告投放策略成为众多广告主优先考虑的问题之一。本案例用到的第二个数据源——广告投放运营数据，可以帮助分析广告投放效果，提出可行的优化意见。

将数据上传至【数据集】中，以便后续对广告投放效果进行可视化分析。可视化将在【分析展现】中的【自助仪表盘】模块呈现。在数据搜索框中搜索已经上传至【数据集】的数据名，并点击选择。

1）各渠道点击量可视化。分析广告投放效果，首先要对各投放渠道的广告点击量进行可视化分析。数据源中的"广告投放渠道"字段包含三个广告渠道：社交广告、搜索广告和媒体广告。将包含三个广告渠道的"广告投放渠道"字段拖入列区域，将"消费者昵称"字段拖入行区域，如图 8-18 所示。图形选择为"柱形图"，如图 8-19 所示。

对于图形坐标轴及图形标题，可以在【组件设置】中进行相关设置。在组件部分可以看到相关标题设置的选项区域，输入标题名称"各渠道点击量对比"并设置合适的字体大小和标题位置，如图 8-20 所示。

营销数据分析

在【标记】选项卡中可以设置图形的颜色、标签等。这里显示标签,并让标签显示在外,相关设置如图8-21所示。

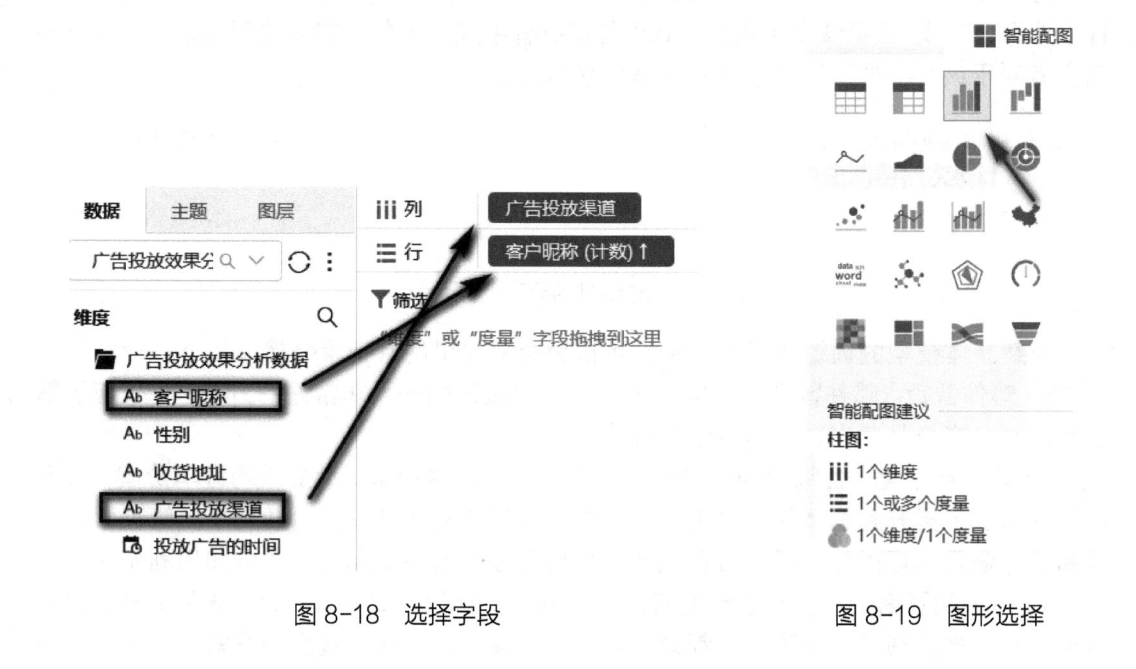

图8-18 选择字段

图8-19 图形选择

图8-20 组件设置

图8-21 标签设置

注意:想要达到对比的效果,需对各广告渠道的消费者点击量进行排序,如图8-18中"客户昵称"字段的排序方式设置为"升序排序"。最终各渠道点击量对比可视化如图8-22所示。

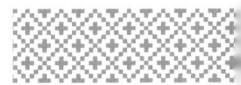

从图 8-22 中可以看出，在三个广告渠道中，媒体广告渠道的点击量最多，搜索广告渠道的点击量最低。这说明媒体广告渠道优于搜索广告和社交广告渠道。

2）各渠道不同时间段点击量可视化。对各渠道投放广告的时间段进行可视化分析，将"广告投放渠道"拖至行区域，"小时"拖至列区域。设置图形为"柱图"，并在【组件设置】中设置图形的标题为"各渠道不同时间段的点击情况对比"。在"标记"选项卡中可以设置图形标签等。这里显示标签，并让标签显示在外，相关设置如图 8-23 所示。

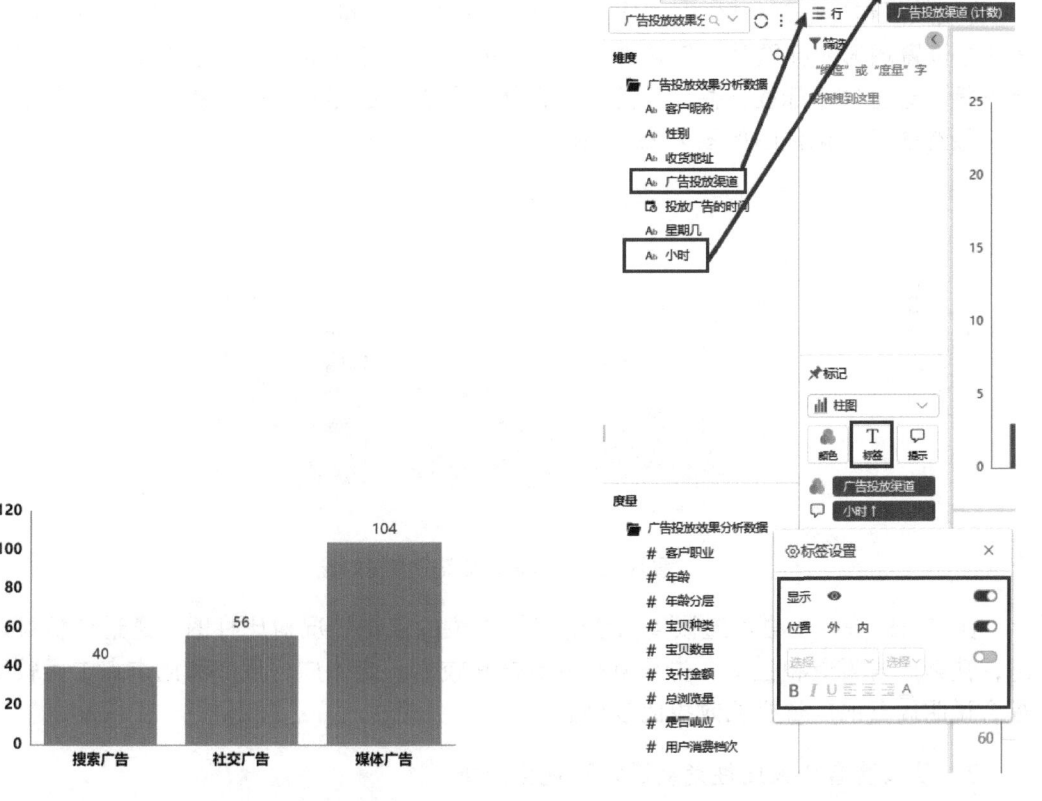

图 8-22　各渠道点击量对比

图 8-23　字段选择与标签设置

最终各渠道不同时间段的点击情况对比如图 8-24 所示。

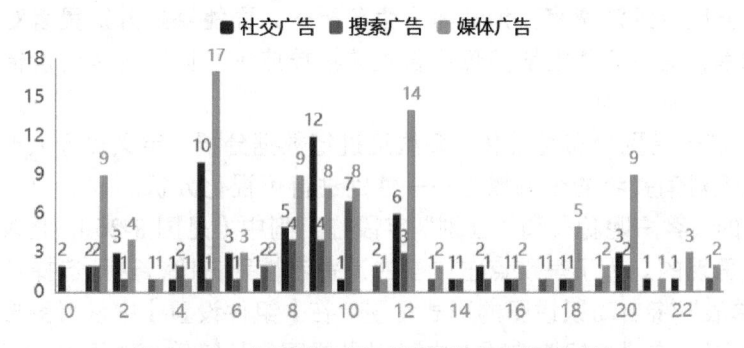

图 8-24　各渠道不同时间段的点击情况对比

营销数据分析

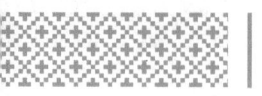

结合各渠道点击情况对比柱图，可知点击浏览媒体广告的消费者数量最多，主要时间段在早晨 5 时、上午 12 时和晚间 20 时。

结合三个广告渠道不同时间段的点击情况，早晨 3 时至 4 时及下午 1 时至 5 时的点击量都比较低，这几个时间段的广告投放效果很差。当然，点击率的高低也受各时间段的浏览量影响，点击率低有可能是由于当时的浏览量高，点击率高也有可能是由于当时的浏览量低。

3）各渠道周点击量可视化。对各渠道投放的广告以周为时间段进行可视化分析，将"广告投放渠道"拖至行区域，"周几"拖至列区域。设置图形为"柱图"，并在【组件设置】中设置图形的标题为"各渠道周点击情况对比"。在"标记"选项卡中可以设置图形标签等。这里显示标签，并让标签显示在外。可视化过程与上个步骤相似，这里不再赘述。最终的可视化柱图如图 8-25 所示。

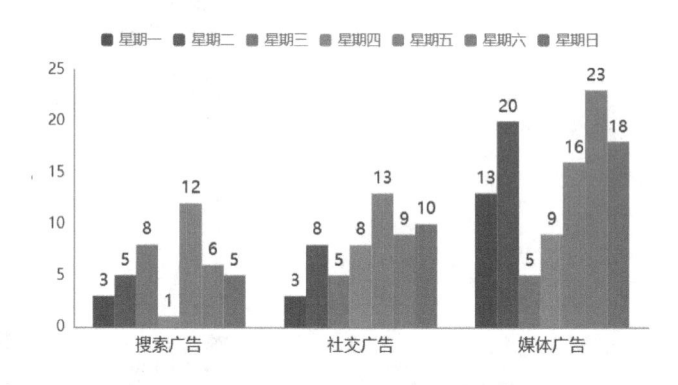

图 8-25　各渠道周点击情况对比

图 8-25 是各广告渠道以周为统计时间单位的点击情况对比柱图。通过分析可以看出，搜索广告渠道和社交广告渠道周五点击量较高，媒体广告周二和周末点击量较高，综合说明周五的广告投放效果比较好。

7. 从消费者个人属性角度进行可视化分析

大数据广告投放的精准性在很大程度上来源于对消费者的识别。依靠消费者行为分析，根据海量历史行为数据，推断其行为特征，并以此为依据，将最合适的、最有可能产生转化的广告展示给消费者。消费者行为分析一方面能够提升消费者对广告的反馈程度，提高转化率；另一方面能够降低广告主的投放成本，以更低廉的价格获得更佳的投放效果。

1）消费者点击性别分布可视化。多维度进行数据分析，定义目标人群，使广告投放更加精准。这里对消费者的个人属性——性别进行可视化分析。

将维度中的"客户昵称"和"性别"字段拖至列中（见图 8-26），此时组件是以"清单表"的形式呈现的。为了呈现点击广告的消费者性别占比，这里选择"智能配图"中的饼图，"清单表"将自动以饼图的形式呈现。在【组件设置】中设置图形的标题为"点击客户性别分布"。在"标记"选项卡中可以设置图形标签等。这里显示标签，并让标签显示在外，如图 8-27 所示。

第8章 基于决策树的消费者响应预测

图 8-26 选择字段

图 8-27 标签相关设置

最终的可视化饼图如图 8-28 所示。

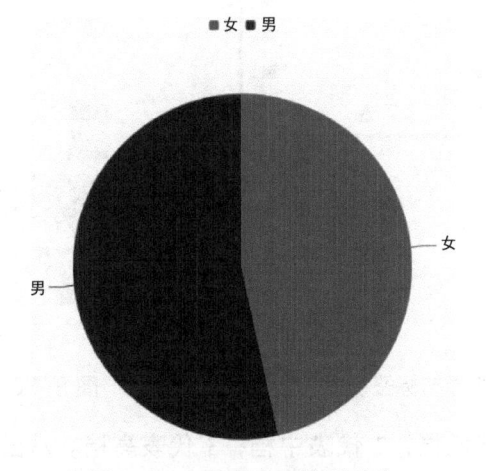

图 8-28 点击客户性别分布

通过观察可知，在点击广告的消费者中，男性消费者占比为 53.5%，女性消费者占比为 46.5%，男性的广告点击率高于女性。

营销数据分析

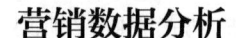

2）消费者消费档次可视化。多维度进行数据分析，定义目标人群，还能对消费者个人消费档次这一属性进行可视化分析。

对消费者消费档次进行可视化分析，将"客户消费档次"拖至行区域，"客户昵称"拖至列区域。设置图形为"柱图"，在标记处进一步选择柱图为"堆积横条图"，并在【组件设置】中设置图形的标题为"客户点击消费档次统计"。在"标记"选项卡中可以设置图形标签等。这里显示标签，并让标签显示在外。相关设置如图 8-29 所示。

最终的可视化横条图如图 8-30 所示。

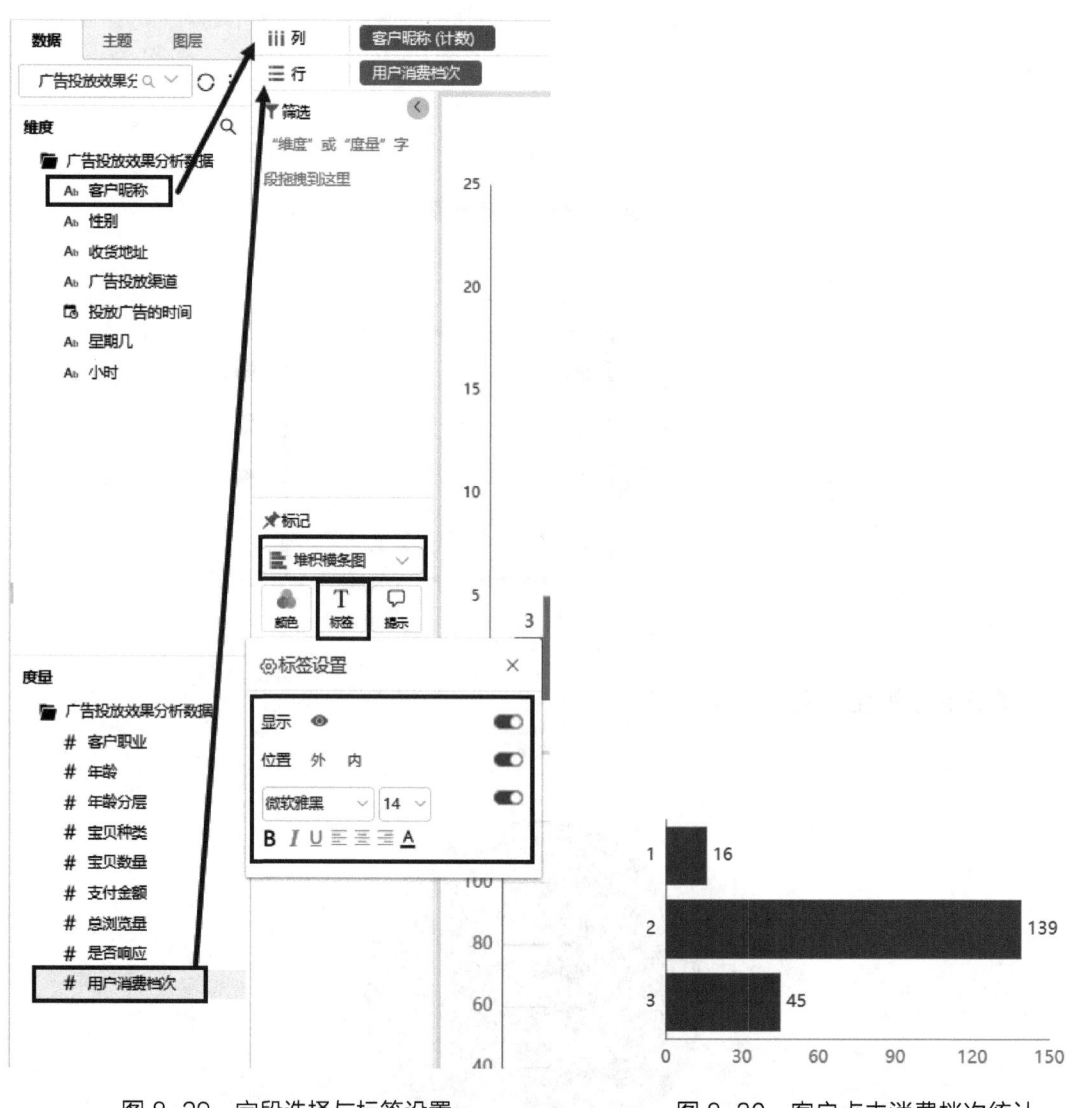

图 8-29　字段选择与标签设置　　　　图 8-30　客户点击消费档次统计

消费档次中，1 代表低档，2 代表中档，3 代表高档。从图 8-30 中可以看出，处于中档的消费者打开广告的欲望比较高。

3）消费者年龄段分布可视化。消费者个人属性还有年龄。将维度中的"年龄分层"拖至列区域，"广告投放渠道"拖至行区域。这里在"智能配图"中选择"柱图"。在【组件设置】中设置图形的标题为"客户年龄段分析"。在"标记"选项卡中可以设置图形标签等。这里显示标签,并让标签显示在外。相关设置如图 8-31 所示。

最终的可视化柱图如图 8-32 所示。

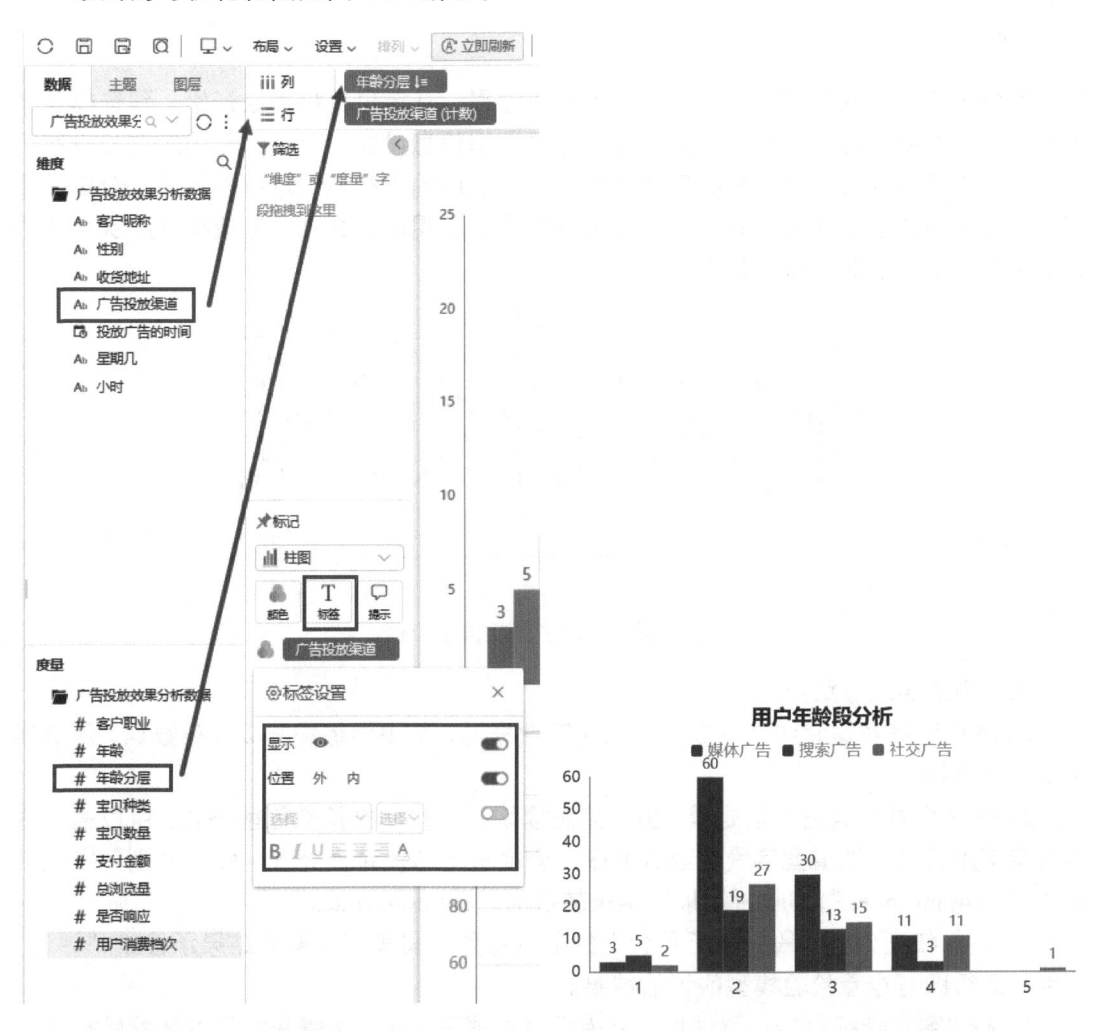

图 8-31　字段选择与标签设置　　　　图 8-32　客户年龄段分析

综合三个广告渠道,可知消费者年龄层级为 2 的消费者广告点击量最高,3、4 也比较高,最低的是 5。广告投放目标消费者年龄层级为 2、3、4 时效果较好,5 基本很难被广告吸引。

8. 对广告投放的优化

综上所述,得到以下优化结果:在渠道上,媒体广告的投放效果优于搜索广告和社交广告渠道。在投放时间上,12 时广告投放效果较好,周五至周日的广告投放效果较好。在目标消费者上,男性,消费档次为中档,年龄层级为 2、3、4 的消费者点击意愿更强。需要参考上述点击率较高的特征变量,以优化广告的投放。

本章小结

大数据背景下的营销组合设计是一个系统过程，从定位目标受众开始，到选择营销工具、设计营销内容，再到多时空、多渠道的营销信息投放，最后到营销效果分析和优化。营销组合设计是一个不断循环的过程，随着获取的消费者信息越来越多，企业需要不断重复上述步骤。决策树算法是一种预测算法，利用历史数据，生成树状层次结构的分类模型，其一般算法流程如图 8-33 所示。

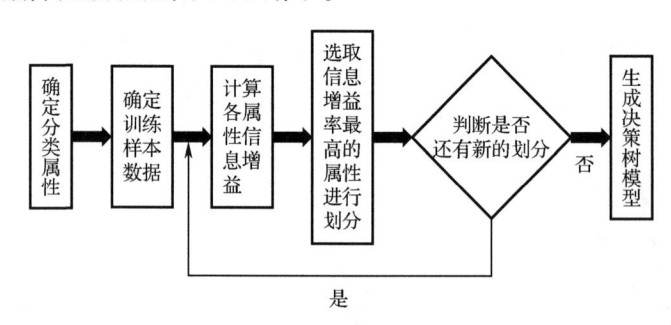

图 8-33 一般决策树算法流程

本案例的实现思路如下。

1）将训练集数据和测试集数据导入关系数据源，其中训练集共 200 条数据，测试集共 100 条数据。

2）进一步对数据进行预处理，由于算法模型的字段仅支持数值型格式，所以需要将字符型字段转换成数值型字段。通过抽取、变换进行特征转换处理，即"性别"字段转换为"column6Index"，"收货地址"字段转换为"column7Index"。

3）进入模型训练阶段，基于平台上的节点操作，将模型预测的结果承接给"评估"节点，运行即可查看检验模型的评估结果。

4）将"客户特征数据—测试集"上传至该数据源，并且仍需将字符型字段转换为数值型字段。

5）选择平台中的"预测"节点对测试集中的数据进行预测，注意左边输入为已训练的模型或已保存的模型，右边输入为测试集。列最后出现的新字段"prediction"即为预测结果。为了方便观察预测结果，也可选择"聚合"节点，对"prediction"中的结果进行统计。

图 8-34 为本案例的决策树算法流程。根据图 8-17 中的聚合统计结果可知，100 名消费者中只有 5 名消费者会对营销活动进行响应，因此消费者对该企业的营销活动响应率是比较低的。综合观察整体模型的训练和预测结果，可以为企业提出建议：邮件营销、营销自动化、图表和页面设计及书写与内容营销。结合广告投放可视化分析，还可给出以下建议：在渠道上，媒体渠道优先投放；在时间上，12 时投放效果最佳，周五至周日最佳；在目标消费者上，男性，消费档次为中档、年龄层级为 2、3、4 时效果更好。

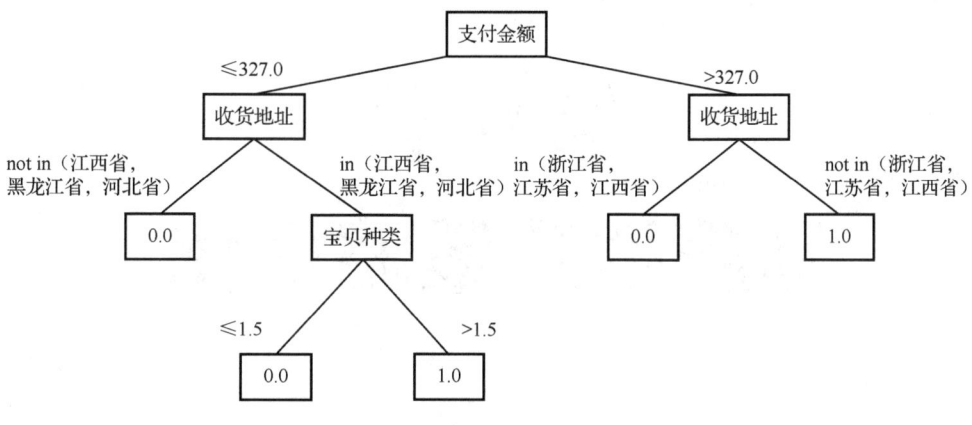

图 8-34 本案例的决策树算法流程

实训目的

巩固决策树算法的原理;通过教师讲解与实践,实际操作消费者对营销活动的响应预测案例,帮助企业进行营销策略的优化与动态管理。

思考与练习

1. 通过相关模块,掌握消费者响应预测模型的应用。
2. 思考决策树算法在大数据时代更广泛的应用。

参考资料

[1] 杨荣,赵娟娟,贾郭军. 基于决策树的存量客户流失预警模型[J]. 首都师范大学学报(自然科学版),2019, 40(5): 14-18, 34.
[2] 郝菀婷,孙鲁平,郑晓莹. 顾客关系持续时间对营销信息响应的影响——基于某大型团购网站的实证研究[J]. 中国流通经济,2021, 35(5): 74-84.
[3] 盛光华,岳蓓蓓,龚思羽. 绿色广告诉求与信息框架匹配效应对消费者响应的影响[J]. 管理学报,2019, 16(3): 439-446.
[4] 张静怡,胡俊英,李卫斌. 基于决策树的客户流失预测模型[J]. 纯粹数学与应用数学,2022, 38(2): 143-152.

第 9 章
品牌推广策略优化

学习目标
- 了解数据可视化的定义和步骤;
- 了解数据可视化在品牌营销效果分析中的应用;
- 掌握利用数据可视化进行品牌推广策略优化的方法。

学习重点
- 大数据背景下品牌营销效果分析;
- 数据可视化的应用。

学习难点
- 自助仪表盘的创建;
- 品牌推广策略优化。

本章思维导图

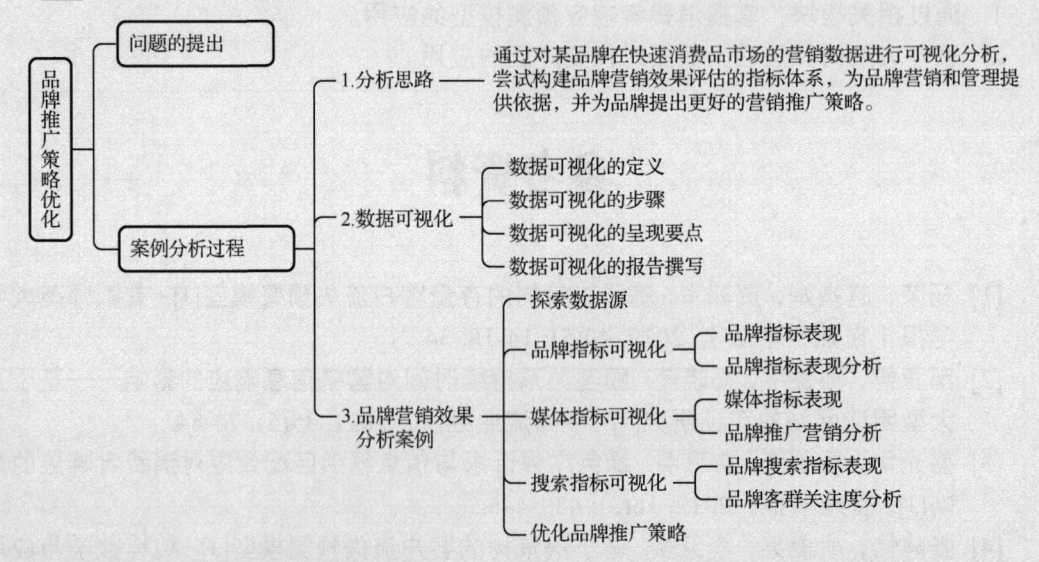

```
                    ┌─ 问题的提出
                    │
品牌推广策略优化 ─┤        ┌─ 1.分析思路 ── 通过对某品牌在快速消费品市场的营销数据进行可视化分析,
                    │        │                    尝试构建品牌营销效果评估的指标体系,为品牌营销和管理提
                    │        │                    供依据,并为品牌提出更好的营销推广策略。
                    │        │
                    │        │                    ┌─ 数据可视化的定义
                    │        │                    ├─ 数据可视化的步骤
                    └─ 案例分析过程 ─┼─ 2.数据可视化 ─┤
                              │                    ├─ 数据可视化的呈现要点
                              │                    └─ 数据可视化的报告撰写
                              │
                              │                    ┌─ 探索数据源
                              │                    │                      ┌─ 品牌指标表现
                              │                    ├─ 品牌指标可视化 ─┤
                              │                    │                      └─ 品牌指标表现分析
                              │                    │                      ┌─ 媒体指标表现
                              └─ 3.品牌营销效果 ─┼─ 媒体指标可视化 ─┤
                                   分析案例        │                      └─ 品牌推广营销分析
                                                  │                      ┌─ 品牌搜索指标表现
                                                  ├─ 搜索指标可视化 ─┤
                                                  │                      └─ 品牌客群关注度分析
                                                  └─ 优化品牌推广策略
```

第9章 品牌推广策略优化

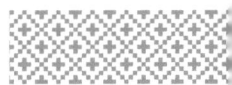

9.1 问题的提出

9.1.1 品牌营销

品牌营销（Brand Marketing）是指企业通过对特定企业形象和品牌形象的塑造来创造品牌价值、增强品牌竞争力，从而实现以影响、培养和满足特定的消费者需求为目的的市场营销活动。这种营销活动在重视产品销售的同时力求建设品牌和积累品牌资产，一方面利用品牌价值提高营销效益，另一方面在营销过程中注重积累品牌资产。因此，最高层次的品牌营销并不是要构建实际的营销网络，而是要通过品牌效应，在消费者心中建立起无形的营销网络，将产品植入消费者心中，让消费者在进行消费时认同该产品，同时让投资商在与企业合作时认可该企业。

随着社会经济的发展和消费者素质的提高，市场竞争愈演愈烈，消费者对产品品牌的关注也日益增加。把握消费者需求，迎合消费者，是企业未来生存发展的关键。

由于品牌营销效果是在消费者认知和态度的基础上产生的，因此消费者的认知方式和对品牌的态度会影响品牌营销效果，也可以说品牌营销效果能够在一定程度上反映消费者的消费需求。企业对品牌营销效果进行精准的定量评价，可以为以后的营销方案优化、营销费用分配等方面提供重要的参考依据，从而提高企业的运营效率。

9.1.2 问题设计

随着快速消费品（以下简称快消品）行业的不断发展，国内大部分相关企业都意识到了品牌营销的重要性，并将之付诸实践。在这一过程中，大多数品牌都逐渐重视自身品牌形象的树立和宣传，并在这方面投入了大量的人力、物力和财力。但是，企业对其品牌营销的具体效果的关注依旧较少，相关的定性、定量分析更是欠缺。在市场营销管理过程中，评价营销效果是快消品行业营销的一个关键环节，它有利于帮助企业有效地控制营销流程，并取得最佳的营销效果。

以快消品行业中较为突出的某品牌为例，其市场部正在做上一阶段的总结，并制订下一阶段的营销计划。市场部主管让数据分析员收集了品牌近三年的三项指标（品牌指标、媒体指标、搜索指标）数据，需要通过对各指标的研究来定性或定量地确定该品牌快消品营销的综合效果，进行营销效果评估，并进行可视化呈现。在品牌指标方面，其指标值越高，说明品牌影响力越大；在媒体指标方面，其指标值主要反映品牌媒体影响力，同时凸显品牌的关注焦点；在搜索指标方面，通过指标值可以得知品牌的知名度和潜在客户数量。因此，结合三项指标进行可视化分析可以为企业提供品牌营销方向。市场部主管也可以从中总结这一阶段的营销效果，同时分析存在的不足，为企业下一阶段的产品营销管理提供思路。

9.1.3 问题解决思路

由于快消品具有购买决策快、视觉化明显、品牌忠诚度较低等特点,因此快消品市场竞争是一场全面的品牌与营销的综合竞争。但从其他角度而言,如果某种产品能迅速凸显其独特的卖点,它就会获得更大的市场优势。这也是快消品市场上不断涌现新产品和新概念的一个重要原因。

随着消费者整体消费层次不断升级,消费者对快消品的关注不再局限于产品本身,而是更注重品牌与产品的双重体验。对于快消品企业,对产品及品牌的宣传力度是决定其市场地位的重要因素,但前提是要有正确的定位,这就需要对品牌营销效果有一定的掌握。本案例通过构建品牌营销效果评估的指标体系,对某品牌在快消品市场的营销数据进行可视化分析,为品牌营销和管理提供依据,并为品牌提出更好的营销推广策略。据此,结合数据源,本案例的基本思路如下:①探索数据源;②结合数据源情况,创建自助仪表盘,基于数据进行可视化展现;③根据分析结果提出营销建议。

9.2 数据可视化

9.2.1 数据可视化的定义

数据可视化是一个覆盖面很广的领域,不仅包括科学计算可视化,而且包括信息可视化和知识可视化的部分内容,其研究对象包括空间数据、非空间数据及部分人类知识,涉及多个学科。

数据可视化技术是利用人类大脑的视觉思维,对海量数据进行分析,并对其进行更深层次的研究,挖掘出隐藏在数据中的规则,即查找、分析、揭示数据隐含的信息,从而帮助人们更好地利用数据,提高决策的准确性。数据可视化技术把数据库中的每个数据项都看成单一的单元,将海量的数据集合组成数据的图像,并用多维数据的方式表达数据的各个属性,使人们能够从多维角度观测和分析数据。总之,数据可视化可以看成一种通过图形、图表等表现方式来展示或说明数据的方法。

在生活和工作中,一张图片传达的信息通常比大量的文字传达的信息更清楚、更直观。所谓"字不如表,表不如图",就说明了图表对于信息表达的重要性。目前常用的信息沟通表达方式,如"一图看懂××"等都以图片形式传达信息,属于典型的数据可视化产物。此外,统计分析产品、用户画像等也要求从业人员具有良好的数据可视化能力。数据可视化可以让使用者更直观地迅速掌握关键信息,并让大脑的视觉系统迅速开启识别、存储及记忆图形信息的功能,并凭借直觉将图形信息转换成长久记忆。数据可视化也会影响我们对这个世界的理解,同样的数据,不同的表达会带来不同的结果。因此,在展示数据的时候,一份清楚而又独一无二的数据图可以帮助他人更好地了解我们要传达的信息和意图，使我们的展示显得更有说服力，也使商业数据的价值实现最大化。

9.2.2 数据可视化的步骤

对数据进行可视化处理，可以按照下面四个步骤进行。

1. 明确数据可视化的需求，寻找数据背后的故事

当着手建立一张数据可视化的图表时，需要先确定数据可视化的需求是什么。设计者可以尝试回答这样的问题：这个可视化项目如何能够更好地帮助企业实现盈利目标？在思考这个问题的过程中，设计者可以规避在数据可视化设计中经常发生的一种情况，即常常将一些不相关的数据进行对比，从而降低了可视化图表的准确性。

在明确了数据可视化的需求后，要对信息进行整理、分组及理解，并寻求实现可视化的可能。在这个过程中也需要进行观察和对比，先归纳出数据的关联关系，构建出最基础的数据关系，再考虑如何使用明确的可视化元素，把它们变成一个更有趣味性的"故事"。

2. 为数据选择准确的可视化类型

在确定需求并对数据进行基本分析之后，就可以为数据选择一个准确的可视化类型。数据的可视化虽然高效，但是使用要精确，要能准确地传递信息。不同的数据类型对应的图表类型理应是不同的。如果设计者选择了错误的图表类型来展示数据，那么很可能引起使用者的误会。一些设计者可能选择用不同的图形来呈现同样的数据，而事实上，这样的做法也是没有参考价值的。

3. 确定最关键的信息指标并给予场景联系

有效的数据可视化，除了应重视其类型，还要注重其是否具有一种平衡：不仅要确保整体信息简单明了，而且要在一些关键的地方重点突出；不仅要能提供深刻的、独家的信息，还要能提供适当的情境与场景，使资料的呈现更为合理。在一定程度上，这意味着设计者不必讲述完整的"故事"，即介绍所有数据信息，而是要让这些数据尽可能地发挥其价值，并引导使用者做出正确的判断。

4. 为内容而设计，优化展现形式

如果没有良好的设计形式，那么无论"故事"多么动听，数据多么有吸引力，都无法吸引使用者。所以，优秀的展现形式也是非常重要的，可以让设计者有效地转换信息，并通过漂亮的外观吸引使用者。

9.2.3 数据可视化的呈现要点

对设计者而言，呈现完美的可视化效果是一个很大的挑战。要想取得较好的效果，简单的图文混排是远远不够的，还要有足够的数据视觉表现能力，这就要求设计者在进

行设计之前先对数据的内容框架有一个基本认识，并且掌握一定的技巧。

要想呈现良好的数据可视化效果，需要注意以下几个要点。

- 颜色。颜色不宜多于五种，颜色的运用要适当，以突出重点信息。
- 字体。所有文字必须字体清晰、大小合适，便于使用者迅速地选取信息。
- 版式。要具备逻辑性，引导使用者阅读信息，尽量使图表元素对齐，以确保视觉上的连贯性。
- 标注。谨慎使用标注，只用来标示重要信息。
- 留白。要有足够的留白（留白太少会显得较为杂乱）。
- 插图。插图必须符合主题基调，以增强传递信息的效果。
- 图标。图标应简洁、易懂且通用性强，便于使用者理解。
- 数据。一组数据与一份图表相匹配，不要画蛇添足。
- 比例。保证数据可视化设计中的构成要素比例合理，便于使用者快速阅读。
- 简约。避免不必要的设计，如文本的 3D 效果、装饰性的插画及无关的元素等。

9.2.4　数据可视化的报告撰写

数据可视化报告的撰写步骤如下。

1. 背景简介

背景简介是对一家企业或组织的概况进行简要介绍，在一份报告中通常起到引出话题的作用。一般情况下，背景简介可以围绕行业（企业）的发展历程、前景和这份报告的重要性等方面进行阐述。

2. 报告目的

在撰写报告时，往往要清楚地了解报告的目的。首先说明使用者对企业经营的困惑，然后针对其困惑给出相应的解决方案。

3. 制作流程

主要介绍报告的制作思路，总结报告的编写过程，并对各个环节的使用方法进行概括等。

4. 数据来源

告知使用者报告的数据源，并向其说明选取这些数据源的依据及收集数据的相关方法。企业可以利用数据统计工具获取有关资料，如分析会员数据的客户关系管理软件等。

5. 数据展示

以可视化的图表方式呈现制作报告时收集的数据。

6. 数据分析

数据分析主要是对数据显示的结果进行再加工的过程，即表述过程，往往分为主观与客观两种方式。客观表述以客观的数据为基础，不添加个人的主观因素，如"产品售价上涨至同期的 30%，销售额下滑至同期的 50%"；主观表述是报告制作者对数据进行提炼和分析的结果，如"预计至 2024 年，市场规模将减少至同期的 60%，这将导致市场竞争更加激烈，企业要根据市场的实时状况迅速调整相应的营销策略"。

7. 结论

撰写报告结论时，应从企业需求出发，为企业提出相应的意见。

9.3 品牌营销效果分析案例

营销效果是消费者对产品满意度的反馈。企业正确评估营销效果，并据此调整营销方案及费用分配，能有效提高运营效率。为定性、定量评估营销效果，本案例以快消品行业某品牌为例，尝试构建营销效果评估的指标体系。该体系包含三项指标，分别是品牌指标（MBI）、媒体指标（MI）、搜索指标（SI）。从构建的指标体系中可以获知品牌影响力、品牌媒体影响力及潜在客户关注度。通过对某品牌三年三项指标的可视化分析，评估该品牌的营销效果，并为该企业和整个快消品行业的品牌营销提供优化策略。

1. 探索数据源

现有某快消品品牌与快消品行业三年的三项指标（媒体指标、搜索指标、品牌指标）数据，如表 9-1 所示；媒体报道量近 90 日数据（2021 年 11 月 20 日至 2022 年 2 月 12 日），如表 9-2 所示；媒体渠道占比近 90 日数据，如表 9-3 所示。此处仅展示部分数据。

表 9-1　某品牌与快消品行业 3 项指标统计数据

Date	ClassName	MI	SI	MBI
2019 年	某品牌	10.49625731	19.15222222	29.64847953
2020 年	某品牌	13.19552632	6.030409357	19.22593567
2021 年	某品牌	11.98063768	57.33689855	69.31753623
2019 年	快消品行业	10.10844086	18.76545699	28.87389785
2020 年	快消品行业	12.80051075	5.670537634	18.47104839
2021 年	快消品行业	11.20623656	53.83825269	65.04448925

表 9-2　媒体报道量近 90 日数据

Date	media_volumn
2021-11-20 00:00:00	0
2021-11-21 00:00:00	2

续表

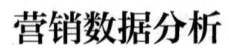

Date	media_volumn
2021-11-22 00:00:00	0
2021-11-23 00:00:00	7
2021-11-24 00:00:00	6
2021-11-25 00:00:00	14
2021-11-26 00:00:00	0
2021-11-27 00:00:00	4
2021-11-28 00:00:00	2
2021-11-29 00:00:00	2
2021-11-30 00:00:00	11
2021-12-01 00:00:00	6
2021-12-02 00:00:00	5
2021-12-03 00:00:00	4
2021-12-04 00:00:00	3
……	……

表9-3 媒体渠道占比近90日数据

media_name	media_scale
包头新闻网	0.1579
证券时报网	0.1053
海外网	0.1053
兵团胡杨网	0.1053
人民网	0.1053
网易	0.1053
中国网	0.1053
走进中关村	0.1053
央视网	0.0526
杭州网	0.0524

数据源字段详情如表9-4所示。

表9-4 数据源字段详情

字　段　名	详　　情
Date	统计日期
ClassName	某品牌和行业（快消品）名称
MI	媒体指标——媒体曝光量
SI	搜索指标——潜在客户群
MBI	结合媒体指标、搜索指标得出的综合品牌指标
media_volumn	媒体报道量

续表

字 段 名	详 情
media_name	媒体名称
media_scale	媒体渠道占比

数据显示，2019—2021年，某品牌指标连续三年占据快消品品牌榜单前五名。下面根据品牌指标、媒体指标和搜索指标三个指标的整体表现，细化解读某品牌在快消品市场的发展走向，评估该品牌的营销效果。

2. 品牌指标可视化

1）品牌指标表现。品牌指标是从潜在客户群、媒体曝光量两个方面综合解读某品牌在互联网及移动互联网领域的影响力，为品牌运营、投资管理、客户群消费提供科学坐标和精准借鉴。

此处需要形成一个以 Date 和 ClassName 为坐标，以 MBI 为数值的柱图，具体操作如下。

（1）将"Date"和"ClassName"拖入列，将"MBI"拖入行，如图 9-1 所示。

（2）在"组件设置"中设置标题为"2019—2021年某品牌&快消品品牌指标"，自定义合适的标题和字体的格式，如图 9-2 所示。

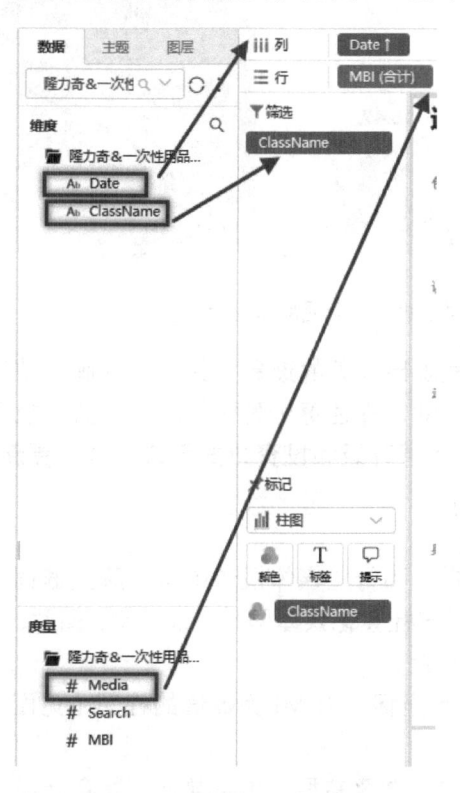

图 9-1　字段的选择与筛选

图 9-2　组件设置

（3）在"标记"选项卡中，设置图形标签为"显示"和"位置在外"，并设置合适的字体与格式，如图9-3所示。

最终可视化输出如图9-4所示，品牌指标整体表现：某品牌在快消品品牌中盈利能力凸显，且品牌影响力在2021年有较大提升。

2）品牌指标表现分析。互联网的技术创新推动了企业的品牌营销方式和促销方式的数字化，网络营销的宣传转化率提高消费者的购买决策因素在线化，推动了品牌的无形资产属性对企业的价值转化。品牌指标综合搜索指标、媒体指标两个维度，对品牌在各个维度的表现进行了定量评估。

图9-3　标签设置

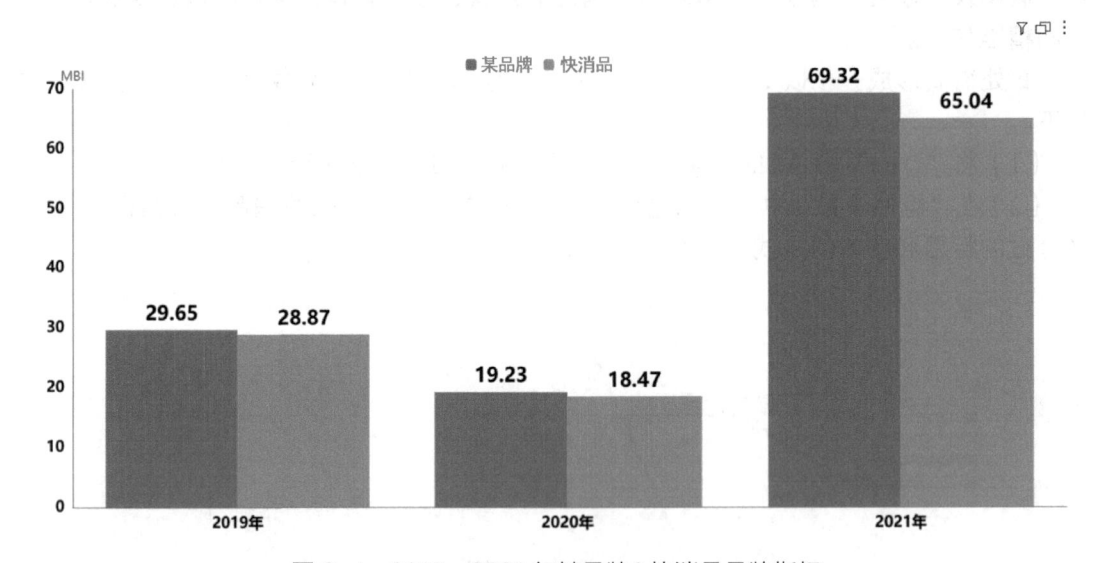

图9-4　2019—2021年某品牌&快消品品牌指标

从品牌指标分析角度来看，快消品行业呈现出复苏的迹象，并且某品牌在快消品行业中的品牌稳定性显著提升。品牌化被动为主动，抓住每个阶段的发展趋势和机会，审时度势，积极高效地做出反应，在资产管理、运营升级和投资方式等方面进行更新升级。

3. 媒体指标可视化

1）媒体指标表现。媒体指标指的是大众媒体和行业媒体报道中与品牌关键词相关的正面新闻数量。快消品品牌可以通过品牌专页与社会化媒体网站，以文字、图片、视频、音频等方式，潜移默化地对消费者进行品牌营销。

此处需要形成一个以Data和ClassName为坐标，以MI为数值的柱图（见图9-5），具体绘制过程可参考前文中的操作。

数据显示，2020—2021年，快消品市场中，调整转型、市场复原、特色产品、智慧服务、精准营销、新盈利模式探索成为媒体关注热点。从三年媒体指标波动来看，在2019年新型冠状病毒感染疫情（简称疫情）突发时期，媒体对快消品行业的关注度有所下降，但某品牌在快消品行业中依旧能够维持品牌的影响力,在 2020 年有较好的回升,并且媒体指标在 2021 年维持在 12 左右。

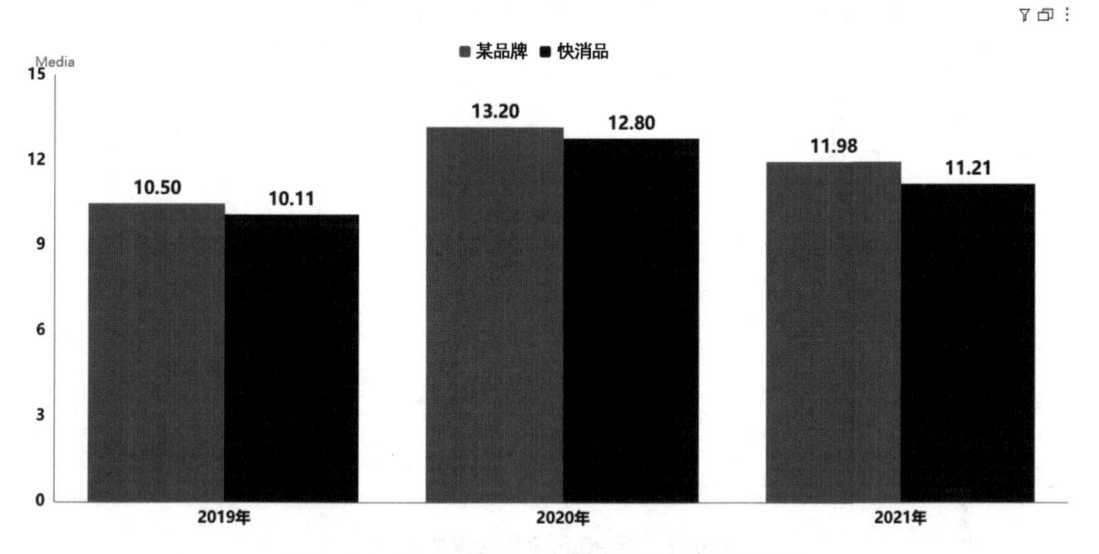

图 9-5　2019—2021 年某品牌&快消品媒体指标

2)品牌推广营销分析。统计 2021 年 11 月至 2022 年 2 月近 90 日某品牌在不同平台的媒体投放量,可以发现,包头新闻网、中国网、证券时报网、人民网、走进中关村、网易、海外网、兵团胡杨网、央视网、杭州网是其媒体宣传最集中的十大平台,其中与快消品品牌相关的新闻近 600 条。

某品牌在快消品行业专业媒体覆盖上具有较大的优势,其中包头新闻网、中国网、证券时报网居榜单前三位(见图 9-6),是某品牌最关注网络动态的新闻媒体,品牌媒体影响力较强。从相关内容聚类分析来看,某品牌新闻关注的焦点主要围绕复工运营优惠策略调整、产品宣传等几方面。

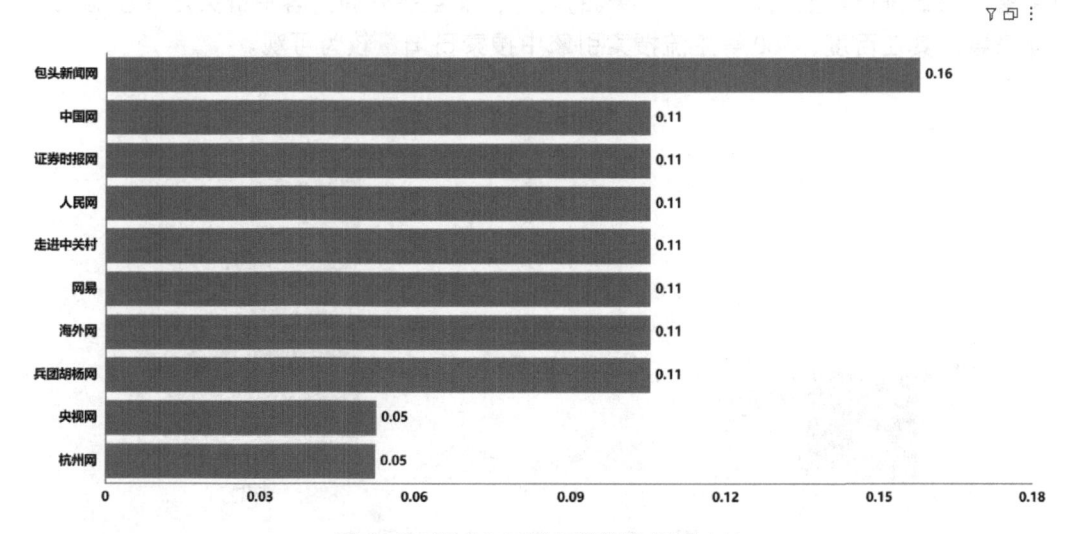

图 9-6　近 90 日某品牌媒体渠道占比

营销数据分析

某品牌在近 90 日内的媒体报道量有明显的波动（见图 9-7）。在 2021 年年末，该品牌逐渐开始成为媒体的焦点。在产品有利宣传与营销环境下，2022 年 1 月 30 日达到了高峰，随后在春节期间，该品牌的媒体报道量又达到了一个小高峰。

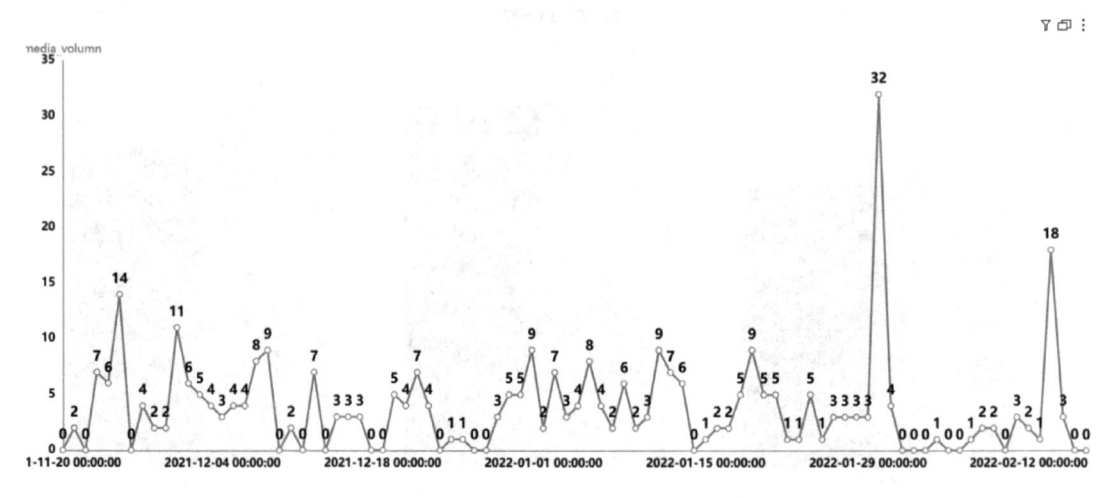

图 9-7　近 90 日某品牌媒体报道量

4. 搜索指标可视化

1）品牌搜索指标表现。搜索指标是指在主流搜索引擎中，品牌关键词正面搜索频次的加权和。在互联网时代，搜索引擎已经成为消费者获取品牌和商品信息的主要途径，搜索频次的多少直接影响品牌的知名度和潜在客户的数量。

此处需要形成一个以 Data 和 ClassName 为坐标，以 SI 为数值的柱图（见图 9-8），具体绘制过程可参考前文中的操作。数据显示，2019—2021 年，某品牌潜在客户群整体关注度呈现先小幅度下降后大幅度增长的趋势；从品牌表现来看，某品牌潜在客户群搜索较为频繁，整体关注度在 2021 年上升明显。另外，相关数据显示，某品牌在快消品行业中搜索指标排行前五名，打败了 99% 的同行，而且品牌间的客户群关注度差距明显。具体来看，其在百度、360 等主流搜索引擎中搜索日增量较为可观。

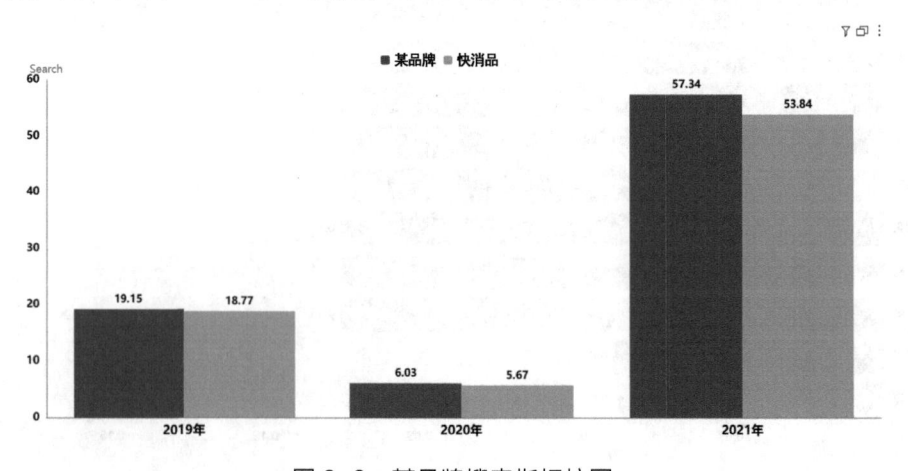

图 9-8　某品牌搜索指标柱图

2）品牌客户群关注度分析。随着消费升级时代的到来，消费者对服务提出了更高的要求。为了满足消费者的需求，避免产品同质化竞争，某品牌通过转型升级和差异化发展，提高产品在快消品行业中的竞争力，以及与客户群交流的效率，试图以此打破发展瓶颈，这一过程主要呈现出两大趋势。一是体验感升级。将客户群精准定位于景区住宿和商务服务，在景区的业态布局中增添品牌理念，带给客户群更多体验感。具体包括融入免费的产品体验、宣传引导等元素，将品牌理念与自然环境紧密融合，满足客户群多元化需求。二是功能区多元。比如，与生活方式衔接，探索"公共空间社区化"模式；通过增加休闲、娱乐等多重功能让客户群更有耐心地体验产品，增加与客户群的黏性互动。

5. 优化品牌推广策略

综合品牌各媒体指标，某品牌三年来并未出现拉低媒体指数的负面新闻。另外，2019—2021年，调整转型、市场复原、特色产品、智慧服务、精准营销、新盈利模式探索为行业和品牌带来了更多的关注。综合品牌与行业，某品牌三年来的品牌指标只高不低，搜索指标也高于行业平均水平，这说明某品牌拥有较好的客户基数，在潜在客户群获取、媒体新闻发布、营销推广方面效果显著。由此可见，某品牌在行业中的地位稳固，因此在维持现状的基础上，可以围绕精准营销、产品这两个方面进行优化。比如，某品牌可针对潜在客户群进行营销，利用大数据将品牌推广给潜在客户，利用搜索关键词进行精准推广，加深潜在客户的印象，从而最终实现转化。

另外，在消费者购物越来越理性的情况下，企业一方面需要提升自身产品品质，以获得市场的认可；另一方面要强化品牌建设和经营，塑造良好的品牌形象并大力推广，以提升消费者对品牌的忠诚度。与此同时，要共同推进营销渠道建设和管理，持续变革创新机制，利用多种媒体渠道展开营销，实现媒体、消费者和产品三者融合，创造三方共赢局面。

第一，重视事件营销。快消品营销最关键之处在于要使消费者与企业的营销模式产生共鸣，激发他们的购买欲望，增强他们对产品的认同感。如何才能使消费者和企业产生共鸣呢？从企业营销角度来说，企业要勇于创新，率先尝试；还要立足实际，结合我国国情，充分考虑传统文化对消费者的购买心理产生的影响。从事件营销角度来说，企业要善于挖掘并运用具有新闻价值的公众事件，通过事件的影响力，引起公众对事件的广泛关注，将消费者的潜在购买欲转变成现实购买行为，并持续进行有关产品的广告宣传，以增强企业的品牌知名度，塑造企业的良好形象，最终推动产品和服务的销售。比如，2019年伊利畅轻低温酸奶巧借国内首档文化旅游探索类综艺节目《青春环游记》，借助节目热度，通过捆绑明星、内容反向植入等方式传递品牌"轻生活"理念，与当下年轻人生活方式紧密结合，在很大程度上提高了品牌的知名度。

第二，重视假日营销。对快消品行业而言，疫情对其产生了巨大的影响。在此环境下，节假日营销作用逐渐凸显，商家通过降价促销、扩大宣传、营造节日氛围，一定程度上能刺激消费者进行消费。因此，企业应把握节假日时机，制定完善的营销策略。首先，根据不同的地域进行差异化广告投放，如华东和华南地区属于比较成熟的市场，应该加大广告投放，这样才能在竞争中占据一席之地。其次，在巩固大城市市场的基础上，把营销重心从城市转移至乡村，以扩大市场份额。最后，快消品的营销方式要与节假日喜庆的气氛相融合。比如，"喜之郎把爱带回家"系列广告，巧妙地将春节的温馨气氛与产品本身相结合，让喜之郎产品成为春节带回家的最好礼物，并让广告词通过歌曲形式深入人心，一时风靡全国。

第三，重视网络营销。互联网改变了人们的生活方式和消费观念，更多的消费者直接通过网络搜索了解相关产品信息，然后通过多方对比做出购买决定。因此，如何在网络上找到商机是快消品企业必须认真思考的问题。中青年人是网络购物的主体，这无疑对快消品的销售和品牌的宣传是有益的。快消品企业应抓住网络平台，针对主体消费人群制定相关的网络营销策略，打造差异化的品牌形象，以吸引消费者的关注，建立消费者对品牌的忠诚，让品牌深入人心。同时，媒体的选择也是非常关键的，快消品企业要与具有一定影响力和可信度的网络媒体合作，充分发挥互联网的优势，不断进行营销创新，使企业与消费者之间的信息交流顺畅，以在网络营销中卓有成效。

本章小结

本案例对某品牌的营销效果进行了评估，具体实现流程如下。

1）将某品牌及快消品行业三年的三项指标数据（媒体指标、搜索指标、品牌指标）和某品牌媒体报道量及媒体渠道近90日数据导入操作平台，观察数据显示的特征。

2）在对数据进行基础探索之后，对三项指标数据进行可视化分析。在品牌指标可视化分析中，将"Date"和"ClassName"作为列数据，将"MBI"作为行数据；完成字段选择后，在"组件设置"中设置标题为"2019—2021年某品牌&快消品品牌指标"，自定义合适的标题和字体的格式，并在"标记"选项卡中，设置柱图标签为"显示"和"位置在外"，并设置合适的字体与格式。

3）在品牌媒体指标可视化分析中，将"MBI"字段改为"MI"，并重复上一步操作。

4）在品牌搜索指标可视化分析中，同样需要改变行数据，将"MI"字段改为"SI"，并继续重复上一步操作。

5）对三项指标数据进行可视化分析后，就可以直观看出某品牌的营销效果。

通过对某品牌及快消品行业进行三项指标可视化分析，可知在品牌影响力方面，某品牌在快消品品牌中盈利能力明显，且品牌影响力在2021年有较大提升，快消品行业呈现出复苏的迹象。在品牌媒体的影响力方面，在2019年疫情突发时期，媒体对快消品行业的关注度有所下降；该品牌的媒体指标在2020年有一个较好的回升，且在2021年保持着较强的媒体影响力，并且包头新闻网、中国网、证券时报网是某品牌最关注网络动态的新闻媒体。在潜在客户关注度方面，2019—2021年某品牌潜在客户群整体关注度呈现先小幅度下降后大幅度增长的趋势，某品牌在快消品中搜索指标排行前五名，打败了99%的同行，而且品牌间的客户群关注度差距明显。总体来看，某品牌在快消品行业中的营销效果逐步优化。但快消品市场竞争激烈，产品同质化较强，消费者在购买时表现出较高的随意性，对产品的忠诚度较低，并且很容易受到外部情绪的影响，很有可能冲动消费。因此，企业仍要继续推进营销渠道建设和管理，持续变革创新机制，重视事件营销、假日营销及网络营销，满足消费者多层次、多样化的消费需求。

实训目的

巩固品牌推广策略优化原理；通过教师讲解与实践，实际操作品牌推广策略优化的案例，帮助企业进行营销推广优化。

思考与练习

1. 通过相关模块，掌握数据可视化在品牌营销效果分析中的应用。
2. 思考品牌营销在大数据时代更广泛的应用。

参考资料

[1] 王玉华. 品牌营销的理论分析与对策研究[J]. 经济与管理，2011, 25(9): 54-57.
[2] 贺爱忠，蔡玲，高杰. 品牌自媒体内容营销对消费者品牌态度的影响研究[J]. 管理学报，2016, 13(10): 1534-1545.
[3] 陆清华. 消费者认知方式、品牌态度与营销效果[J]. 商业经济研究，2020(15): 69-72.
[4] Wilke C O. Fundamentals of data visualization: a primer on making informative and compelling figures[M]. O'Reilly Media, 2019.

第 10 章 客户关系管理

学习目标

- 了解大数据在客户关系管理中的应用；
- 理解逻辑回归算法的定义、原理和应用；
- 掌握基于逻辑回归算法的潜在客户识别方法；
- 理解 RFM 模型的基本概念和应用；
- 掌握基于 RFM 模型的客户分类；
- 掌握基于决策树的客户流失预测方法。

学习重点

- 基于逻辑回归算法的潜在客户识别方法；
- 基于 RFM 模型的客户分类方法；
- 基于决策树的客户流失预测方法。

学习难点

- 客户购买预测模型的构建；
- 基于 RFM 模型的客户分类；
- 客户流失预测模型的构建。

本章思维导图

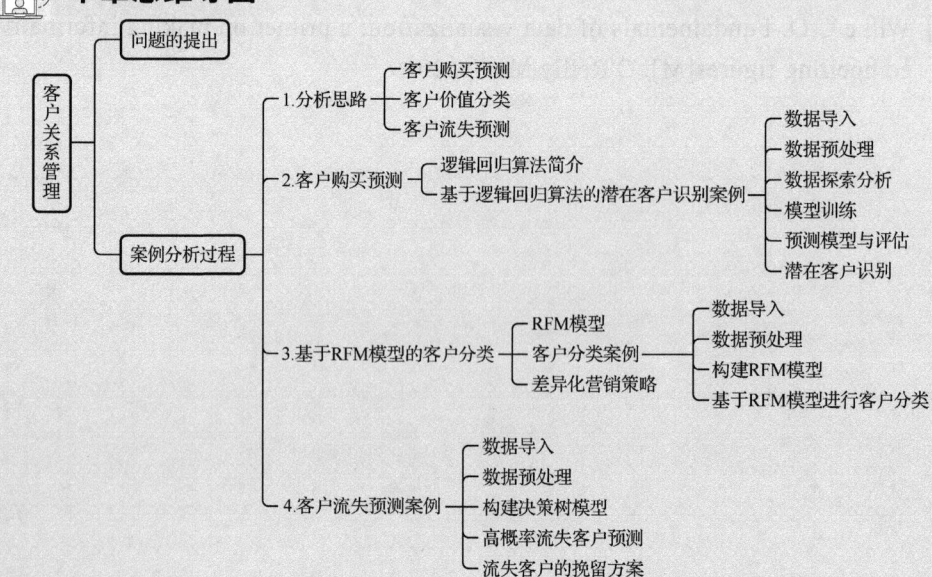

```
                     ┌─ 问题的提出
                     │
                     │                  ┌─ 客户购买预测
                     │   ┌─ 1.分析思路 ─┼─ 客户价值分类
                     │   │              └─ 客户流失预测
                     │   │
                     │   │                                          ┌─ 数据导入
                     │   │                                          ├─ 数据预处理
                     │   │              ┌─ 逻辑回归算法简介          ├─ 数据探索分析
客户          案例    │   ├─ 2.客户购买预测 ─┤                       ├─ 模型训练
关系 ─┼─ 分析 ─┤      │                  └─ 基于逻辑回归算法的潜在    ├─ 预测模型与评估
管理          过程    │                     客户识别案例             └─ 潜在客户识别
                     │   │
                     │   │                              ┌─ RFM模型   ┌─ 数据导入
                     │   │                              │            ├─ 数据预处理
                     │   ├─ 3.基于RFM模型的客户分类 ─┼─ 客户分类案例 ─┼─ 构建RFM模型
                     │   │                              └─ 差异化营销策略  └─ 基于RFM模型进行客户分类
                     │   │
                     │   │                              ┌─ 数据导入
                     │   │                              ├─ 数据预处理
                     │   └─ 4.客户流失预测案例 ───────┼─ 构建决策树模型
                     │                                  ├─ 高概率流失客户预测
                     │                                  └─ 流失客户的挽留方案
```

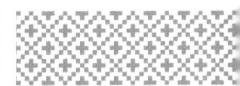

10.1 问题的提出

10.1.1 客户关系管理

随着经济的快速发展，企业提供的产品和服务日益丰富，消费者在市场中逐步掌握了话语权，企业间的竞争强度大大超过了以往的每个时代。在企业外部经营环境愈发多变、复杂和充满不确定性的当前，聚焦客户价值，为客户提供符合其个性化需求的产品和服务，是企业赢得竞争、实现高质量可持续发展的关键所在。在此背景下，杰克逊（Jackson）于1985年提出的关系营销理念得到了越来越多企业的认同和青睐。

关系营销的本质是识别、建立和维护与其利益相关者（包括客户、中间商、供应商等）的长期关系。在当今这个时代，关系营销直接表现为，企业秉持"以人为本"的理念，在尊重客户的基础上，洞悉客户需求，为客户持续提供能满足其价值诉求的产品或服务，帮助客户实现美好生活，增加社会福利，提高企业经营绩效。在此过程中，企业以建立客户对品牌或产品的忠诚度、依恋度和热爱度为工作焦点和中心。因此，以与客户保持长久优质关系为目的的客户关系管理成为奉行关系营销理念的企业成功的核心议题。

客户关系管理是指企业通过先进的技术收集大量客户信息，借助特定的数据分析技术识别潜在客户，保留优质和有价值的客户，并在此基础上针对客户的不同特征和生命周期阶段进行企业营销资源的有效分配，从而促进客户忠诚，获得客户终身价值，提高企业获利能力的一系列活动。本质上说，客户关系管理的过程就是获取和保留优质客户的过程，它是随着企业和客户关系的演化而动态变化的，是对客户生命周期的全过程管理。因此，精准识别潜在客户，实行客户分类和预测客户流失成为客户关系管理的三个重要内容。

当前，移动互联网与互联网的普及和智能终端设备的高渗透率，使企业比以往任何时候都能更容易、更快速地获得更丰富、更复杂、更真实和规模更大的客户数据信息。而大数据挖掘技术的不断更新和演化，使企业可以基于客户大数据识别潜在客户，对客户进行科学分类，预警可能的客户流失，为企业更好地满足客户的需求，更合理地配置资源，更精准地制定个性化的营销策略提供依据。

10.1.2 问题设计

近年来，我国六家主要商业银行的净利润持续减少，市场份额不断下降，而中小型银行和民营银行的市场份额却持续上升。银行业竞争的激烈程度可见一斑。为了保持甚至扩大自己的市场份额，增加净利润，商业银行不仅需要吸引、开发新客户以弥补可能的客户流失，保证长期可持续发展，还需要保留老客户、降低客户流失率、提升银行声誉，保证银行利润长期、稳定增长。

在这种背景下，某商业银行决定采取以下措施。

第一，为了吸引更多客户，某商业银行的业务部推出了新的定期存款业务，并让业务员通过群发短信和电话推销两种传统的"撒网式"推广方式向银行的老客户推荐。然而，事与愿违，这一做法不仅成本比较高，而且收到的客户反馈和响应也很少，营销效率和效果都远不如预期。该商业银行的业务主管希望后续该业务的推广既能节约成本，又能提高转化率。为了达成上述目标，该银行需要更精准地选择更有可能办理该业务的客户进行电话和短信推销，而不是无的放矢的"撒网式"推广。那么，该银行应选择哪些客户进行电话或短信沟通以推荐其新的定期存款业务呢？

第二，考虑到不同客户对银行价值贡献的差异和银行资源的有限性，该银行准备对客户按照其价值进行科学分类，以便更好地与客户进行沟通，为不同的客户提供更符合其需求的个性化的产品和服务，从而提升客户满意度和忠诚度。该银行的客户按照其价值能分成哪几类？价值不同的客户各有何特征？应针对不同的客户采取何种营销措施？

第三，将客户视为银行的重要资源。银行业已经进入发展的成熟期，银行为获得新客户而付出的精力、时间和货币成本显著高于维护老客户付出的各项成本。因此，已有老客户的流失就意味着企业资产的流失。从已收集的大规模客户交易数据中筛选出可能流失的客户信息，构建客户流失预警模型，可以尽可能减少已有客户的流失。对于该银行，哪些是具有较高流失风险的客户？这些可能流失的客户有哪些可识别的特征？该如何挽留他们？

10.1.3 问题解决思路

1. 客户购买预测

客户反馈率的提升实际上取决于营销人员是否能根据客户的一些特征来识别新的潜在客户。若能做到这一点，潜在客户的识别就不再是高成本、低效率的"大海捞针"。过去，很多企业通过"撒网式"的推广方式，或依靠有经验的客户经理进行潜在客户的选择和开发。前者导致营销成本极高，营销效率极低；后者则导致企业对有经验的客户经理过度依赖。但随着时间的推移和技术的发展，上述两种常用的客户开发方式显然已经无法适用于数字经济时代的企业。在大数据时代，企业可以对采集的海量客户数据进行挖掘，从而实现对潜在客户的精准识别。由于这种方式可以适时根据所采集的客户数据动态调整客户购买预测模型，它既可以使企业避免"撒网式"的营销推广造成的低效率和高成本，也可以在很大程度上摆脱企业对客户经理经验的依赖，更好地适应环境变化。

需要注意的是，大数据时代，企业虽然拥有包括客户性别、职业、年龄、收入等人口统计特征的数据，以及涉及信息收集渠道、购买时间点、购买渠道、购买金额、购买方式、购买数量的消费购买行为过程数据，但这些数据并非都有助于企业识别潜在客户。换言之，在收集的海量客户信息中，营销人员需要剔除对识别潜在客户无用的信息，筛

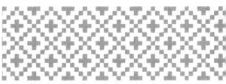

选出能有效帮助企业识别出潜在客户的信息,并根据关键指标的历史观察数据建立客户购买预测模型,最终据此找出潜在客户,实现精准营销。识别潜在客户的具体思路如下:①对历史客户数据进行相关性分析,探索影响客户购买产品或服务的因素;②基于影响客户购买的因素建立客户响应模型;③评估模型预测的准确率,判断其是否可以应用;④根据最终模型识别潜在客户。

2. 客户价值分类

对客户按照价值进行分类是在客户开发之后、制定营销策略之前必须要做的工作。只有根据客户对企业的价值大小对客户进行科学分类,企业才能针对不同客户做出科学、合理的营销资源分配。而客户对企业的价值大小是可以通过客观数据予以量化的,这样可以避免企业主观判断客户价值的大小可能带来的认知偏差,保证后续营销决策的正确性。一般来说,客户价值可以根据客户以往的消费金额、购买频次和信用等情况进行划分,具体思路如下:①选择影响客户价值的主要指标;②计算相应指标的数值;③按照给定的规则,将每个客户归入相应的类别;④针对具有不同消费特征的不同类别的客户,根据数据分析结果,提出相应的营销建议。

3. 客户流失预测

企业关键和核心客户的流失不仅会给企业带来长期利润损失,还可能影响企业良好的声誉,影响企业的长期稳定发展。客户挽留是企业针对可能流失的客户采取的必要措施。在大数据背景下,企业得以实时跟踪和收集客户的性别、年龄、职业、收入等人口统计信息和信用情况、消费频数、消费金额、活跃情况等购买和使用相关信息。根据这些信息,企业可以找出可能流失的客户,进而采取相应的挽留策略,尽可能地保留客户。一般来说,客户流失预测的具体思路如下:①根据已有客户数据找出流失客户的主要特征;②基于客户的主要特征数据建立客户流失预测模型;③根据客户流失预测模型找出可能流失的客户;④根据流失客户的特征和对企业价值的评估,结合访谈和市场调查结果,提出客户挽留策略建议。

10.2 客户购买预测

10.2.1 逻辑回归算法简介

1. 逻辑回归算法的定义

逻辑回归算法是一种基于概率的解决二分类问题的算法,利用已知的自变量来预测一个离散型因变量的值。在实际操作中,逻辑回归算法通过拟合一个逻辑函数来预测一个事件发生的概率,然后根据预先制定的规则,判断因变量的类别。因此,逻辑回归算法中的因变量必须是类别变量。其中,二分类的逻辑回归算法应用最广泛。

2. 逻辑回归算法的原理与步骤

逻辑回归算法的基础是线性回归,其由线性回归变换而来。众所周知,线性回归的一般形式是 $Y=aX+b$。其中,因变量 Y 的取值范围是[-∞,+∞]。因为这种形式与逻辑回归要解决的二分类问题不相符,所以需要对因变量进行适当的转换,这样才能符合逻辑回归的目的。根据统计理论,可以将 Y 的结果代入一个非线性变换的 Sigmoid 函数(见式10-1)中,即把 $aX+b$ 代入 Sigmoid 函数中的 t,就可以得到一个典型的逻辑回归模型(见式10-2)。按照上述公式计算的函数 S 值有两个特征:①t 无论取何值,函数 S 的值都在[0,1]的区间内;②S 的取值有多个。考虑到一个分类问题仅有 0(代表否)和 1(代表是)两种情形,因此,在逻辑回归中假设分类的阈值为 0.5,将超过 0.5 的归为 1 分类,将不超过 0.5 的归为 0 分类。但此阈值并不是确定的,而是可以根据所分析问题的实际情况自行设定的。Sigmoid 函数如图 10-1 所示。

$$S(t) = \frac{1}{1+e^{(-t)}} \quad \text{(式 10-1)}$$

$$H(a,b) = \frac{1}{1+e^{(aX+b)}} \quad \text{(式 10-2)}$$

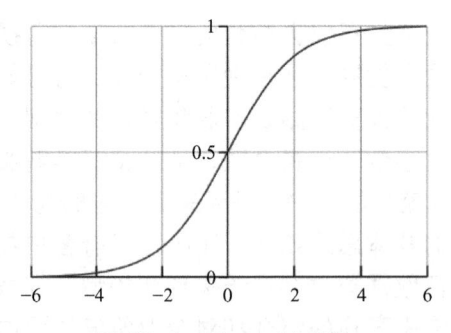

图 10-1 Sigmoid 函数

3. 逻辑回归算法的优缺点

总体来说,逻辑回归算法具有如下优点。一是在线性数据方面,逻辑回归建模计算速度非常快,计算效率优于其他许多分类模型,尤其适合数据量特别大的场景。二是逻辑回归的结果可以以小数形式的连续型数据和固定的 0 与 1 离散型数据两种形式呈现,因此逻辑回归的应用场景比一般的分类模型更多一些。比如,银行不仅要识别客户是"有信用的客户"还是"没有信用的客户",还要给出一定的信用评分用于客户信用评级,逻辑回归两种结果形式正好可以帮助银行完成此项工作。但其他客户分类模型,如神经网络等非线性方法,虽然可以给出客户分类结果,但不能帮助计算分数。三是逻辑回归模型的稳健性较好,与对训练样本的预测能力相比,逻辑回归模型对保留样本的预测能力并没有较大幅度的下降,故其稳健性较好。四是逻辑回归计算过程和结果简单,便于解释。当然,逻辑回归算法也存在一些缺点,如预测精度不如神经网络算法。

4. 逻辑回归算法的应用

根据逻辑回归算法的工作原理，其在实践中常被用于以下营销场景：预测在多个自变量影响下产品获得预期收益的概率；预测某个特定产品是畅销品或热门产品的概率；预测特定客户响应促销活动的概率；预测特定客户发生购买行为的概率。

10.2.2 基于逻辑回归算法的潜在客户识别案例

为了推广新的定期存款业务，某商业银行让业务员向已有客户群发短信和电话推荐，但回应者寥寥，营销推广效果不如预期。若能利用银行的大数据准确识别潜在客户，就能极大降低推广成本，节省推广时间，提高群发短信和电话推荐的转化率。为此，需要对该银行已有客户的年龄、职业、婚姻状况、受教育程度、贷款状况、消费指数等数据进行深入挖掘，帮助该银行识别新定期存款业务的潜在客户。

1. 数据导入

在平台上传该银行储户数据源——"bank-additional"，拖拽【数据源】中的"关系数据源"节点至画布区，输出数据源如表 10-1 所示。

表 10-1 输出数据源（部分）

age	job	marital	education	default	……	y
30	blue-collar	married	basic.9y	no		no
39	services	single	high.school	no		no
25	services	married	high.school	no		no
38	services	married	basic.9y	no		no
47	admin.	married	university.degree	no		no
32	services	single	university.degree	no		no
32	admin.	single	university.degree	no		no
41	entrepreneur	married	university.degree	unknown		no
31	services	divorced	professional.course	no		no
35	blue-collar	married	basic.9y	unknown		no
……	……	……	……	……	……	……

该数据源共 4119 条数据，变量共 21 个。其中，因变量为 y，数据类型字段无缺失值，部分分类变量有缺失值，缺失值用 unknown 标记。

各变量的说明如表 10-2 所示。

表 10-2 变量说明

变量名称	数据类型	变量及取值描述
age	int	客户年龄

续表

变 量 名 称	数 据 类 型	变量及取值描述
job	string	客户职业（分类："行政管理""蓝领""企业家""女佣""管理""退休""个体户""服务""学生""技术员""失业""未知"）
marital	string	婚姻状况（分类："离婚""已婚""单身""未知"。"离婚"指离婚或丧偶）
education	string	教育状况（分类："4年基础教育""6年基础教育""9年基础教育""高中""文盲""专业课程教育""大学""未知"）
default	string	违约状况（分类："否""是""未知"）
housing	string	是否有住房贷款（分类："否""是""未知"）
loan	string	是否有个人贷款（分类："否""是""未知"）
contact	string	交流方式（分类："移动电话""固定电话"）
month	string	最后联系的月份（分类："jan""feb""mar"……"nov""dec"）
day_of_week	string	最后联系的星期数（分类："mon""tue""wed""thu""fri"）
duration	int	距离上次联系的时间（s）
campaign	int	活动期间与该客户的联系次数
pdays	int	距离上次联系的时间（天）（999表示从未联系）
previous	int	活动之前与该客户的联系次数
poutcome	string	前一次营销结果（分类："失败""不存在""成功"）
empvar_rate	double	就业变化率——季度指标
cons_price_idx	double	消费者价格指数——月度指标
cons_conf_idx	double	消费者信心指数——月度指数
euribor3m	double	欧元同业拆借利率3个月利率——每日指标
nr_employed	double	员工人数——季度指标
y	string	预测客户是否会订购定期存款业务

2. 数据预处理

因为原始数据的类型都为 string 类型，所以需要接入一个"元数据编辑"节点，将变量 age、job、marital、education、default 等更改为 integer（int）整数类型变量，将变量 empvar_rate、cons_price_idx、cons_conf_idx、euribor3m、nr_employed 更改为 double 浮点类型变量，操作如图 10-2 所示。更改方式如图 10-3 所示。

接下来进行特征转换。数据中有很多 string 类型的字段，需要将其转换成数值型字段才符合逻辑回归模型对数据的要求。因此，在软件中需要使用"特征转换"节点完成这一工作。具体操作是在"元数据编辑"节点后接入一个"特征选择"节点，如图 10-4 所示。

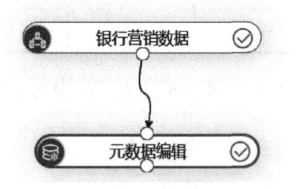

图 10-2 "元数据编辑"节点

名称	别名	数据类型
age	age	integer
job	job	string
marital	marital	string
education	education	string
default	default	string
housing	housing	string
loan	loan	string
contact	contact	string
month	month	string

图 10-3　数据类型的更改

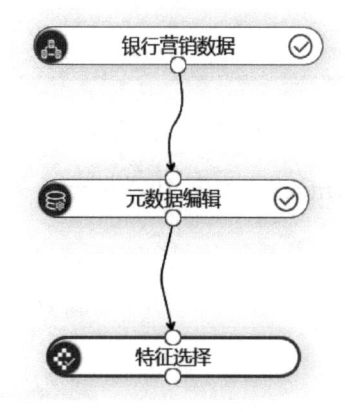

图 10-4　"特征选择"节点

选取需要转换的变量，包括 y、job、marital、education、default、housing、loan、contact、month、day_of_week 和 poutcome 11 个变量，如图 10-5 所示。

图 10-5　选择要转换的变量

依次接入"特征转换""抽取""变换"节点，整个转换便完成了，如图10-6所示。

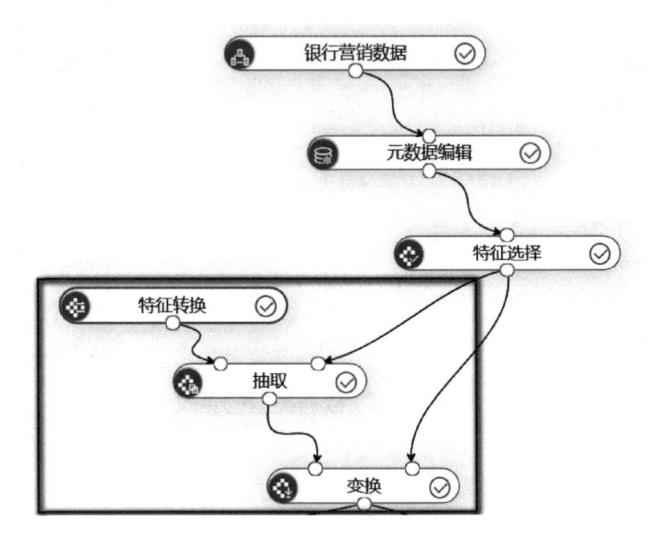

图 10-6　特征转换

转换后的变量后缀名称为 Index，如图10-7所示。

# yIndex	# poutcomeIndex	# day_of_weekIndex	# monthIndex
0.0	0.0	4.0	0.0
0.0	0.0	4.0	0.0
0.0	0.0	3.0	3.0
0.0	0.0	4.0	3.0
0.0	0.0	1.0	4.0
0.0	1.0	0.0	7.0
0.0	0.0	1.0	7.0
0.0	0.0	1.0	4.0
0.0	1.0	2.0	4.0

图 10-7　特征转换输出

3. 数据探索分析——筛选识别潜在客户的特征变量

在"变换"节点后接入一个"相关性分析"节点，如图10-8所示。

查看本案例的目标变量 yindex 与其他变量的相关性，相关性的特征选择设置如图10-9所示。

在后续的模型训练中保留相关系数绝对值≥0.25 的变量作为特征，包括 duration、pdays、previous、empvar_rate、euribor3m、nr_employed 和 poutcomeIndex 7 个特征变量，分析结果如图10-10所示。

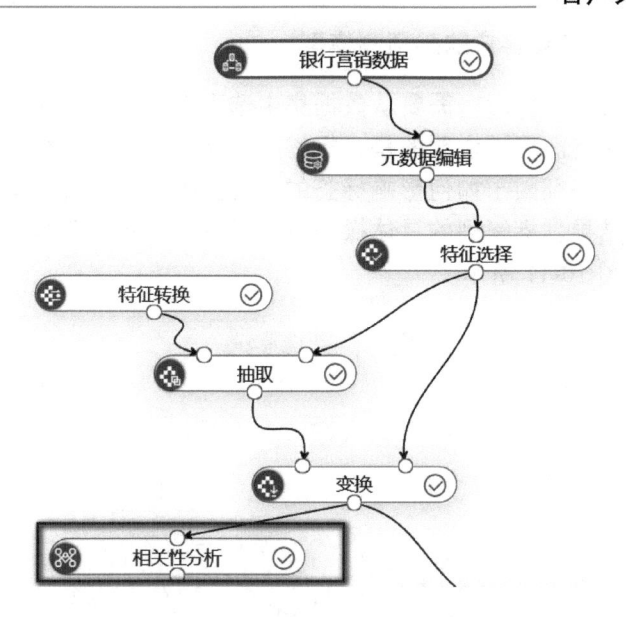

图 10-8 接入"相关性分析"节点

图 10-9 相关性特征选择设置

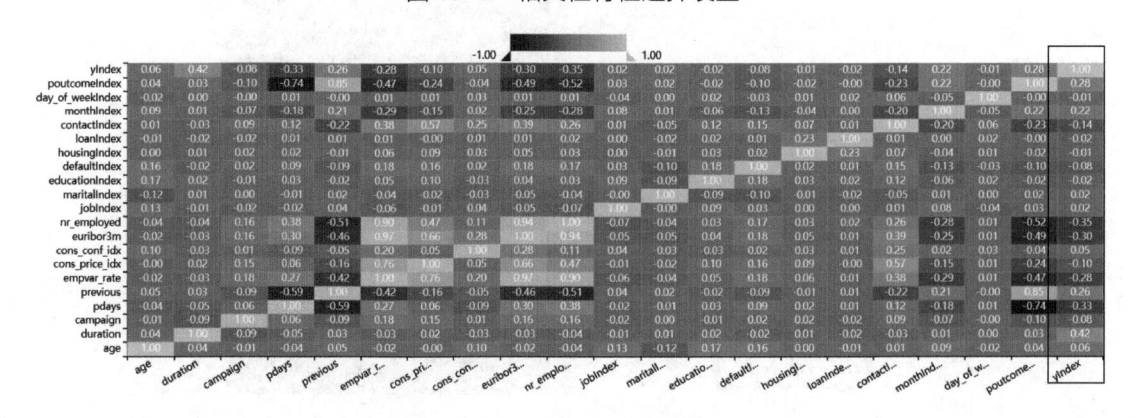

图 10-10 相关性热力图

4. 模型训练——构建客户购买预测模型

对数据进行相关性分析后，需要从数据集中选取有用的特征用于客户识别预测的训练。其中，标签列必选。需要说明的是，标签列的选择对于训练模型有重要意义，模型通过已有标签来学习特征因子如何影响标签的选择。换言之，标签选择的准确性直接影响最终模型的预测结果。标签列的具体操作方法是拖拽"特征工程"中的"特征选择"节点至画布区，如图 10-11 所示。

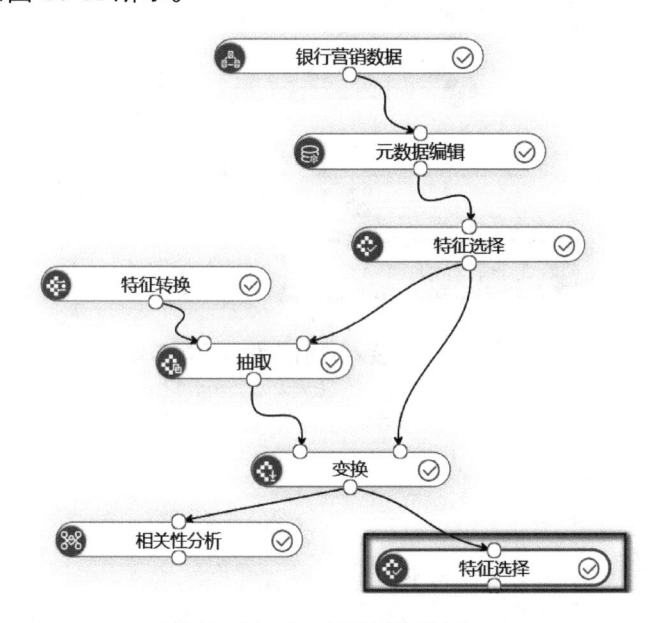

图 10-11 "特征选择"节点

接着将所有与目标变量相关的因素选为特征列，用于训练模型。需要注意的是，不能将字符型的变量选为特征列。按此要求，选中上述相关性分析中筛选出来的 7 个变量为特征列。同时，将"yIndex"字段选为标签列。

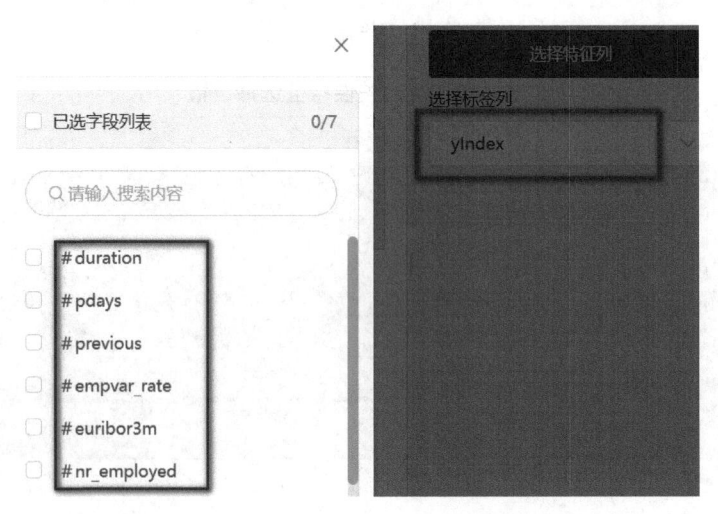

图 10-12 选择特征与标签列

设置特征与标签列后，添加"拆分"节点将原始数据集拆分为训练集与预测集两部分。其中，训练集用于训练模型，以找出特征与标签之间的关系。拖拽"数据预处理"中的"拆分"节点至画布区，并建立如图 10-13 所示的连接。

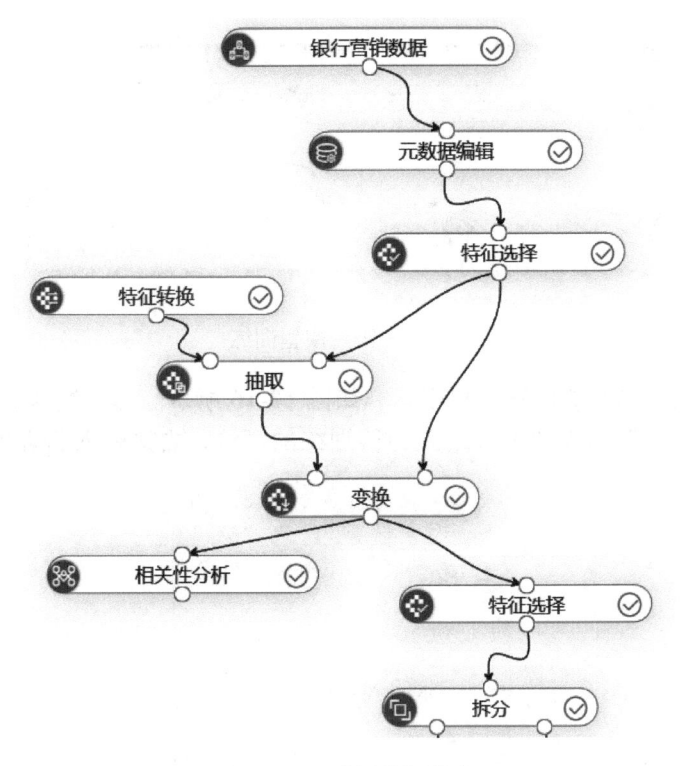

图 10-13 "拆分"节点

"拆分"节点的参数设置保持默认即可，如图 10-14 所示。

图 10-14 "拆分"节点的参数设置

拖拽"机器学习"中的"逻辑回归"节点与"训练"节点到画布区，将拆分出的训练集用于训练模型。建立如图 10-15 所示的连接。

本案例根据银行的客户数据建立模型，并用其来判断客户是否办理银行新的定期存款业务，故选择逻辑回归算法作为数据分析方法。

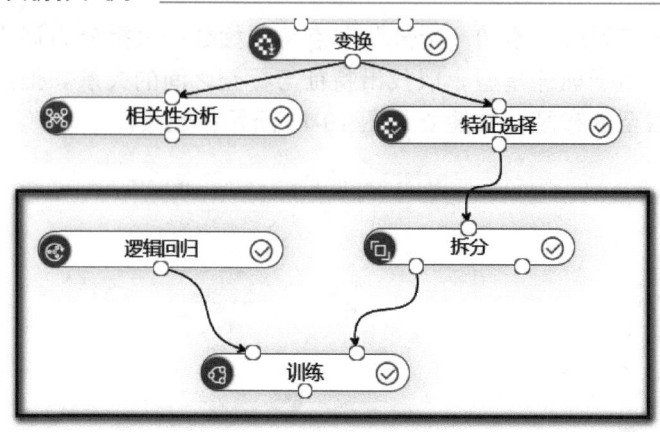

图 10-15　模型训练

"逻辑回归"的参数设置保持默认，如图 10-16 所示。基于选择的特征，对分类算法进行训练，"训练"节点的左边输入为待训练的算法，右边输入为训练集。

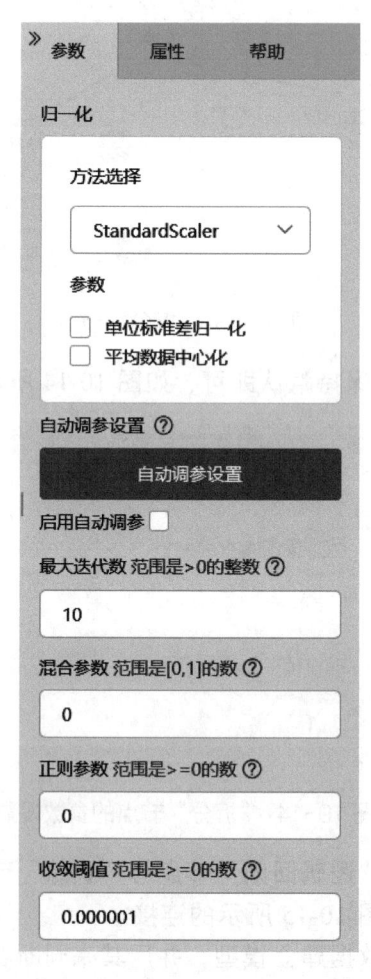

图 10-16　逻辑回归的参数设置

5. 预测模型与评估

已经训练好的模型即可进行客户与非客户的分类预测。接入"预测"节点与已训练的数据进行连接，如图 10-17 所示。

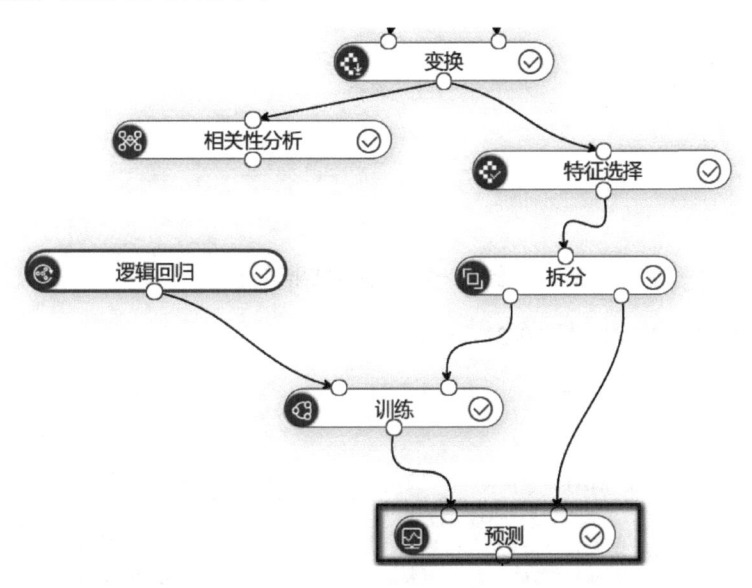

图 10-17　模型预测

模型的好坏则需要运用"评估"节点对整体模型进行评判。整体操作流程如图 10-18 所示。

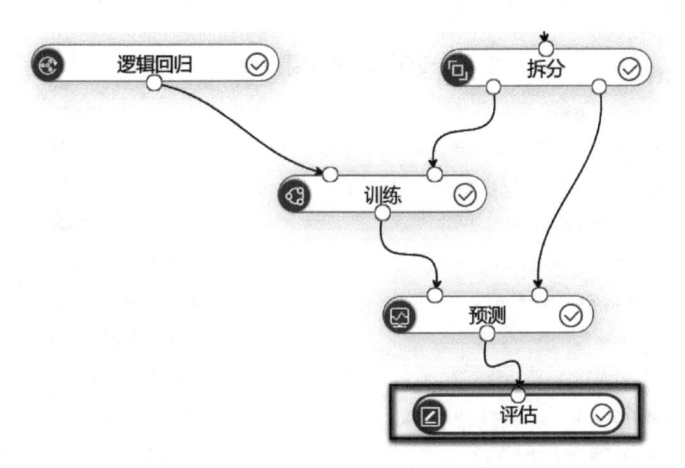

图 10-18　整体操作流程

以上"拆分"节点将数据源拆分为训练集与预测集，以下为预测集的预测结果，显示在名为"prediction"的列中，如图 10-19 所示。

营销数据分析

prediction
0.0
0.0
0.0
0.0
1.0
0.0
0.0
0.0

图 10-19　预测结果输出

评估结果如图 10-20、图 10-21 所示。

指标	值		
confusion matrix(混淆矩阵)	真实|预测	0	1
	0	1074	21
	1	106	34
accuracy(准确率)	0.897165991902834		
roc曲线	查看ROC曲线		
auc	0.8992041748206133		
ks	查看KS曲线		
weighted precision(加权精确率)	0.8770696743042862		

图 10-20　评估结果（1）

指标	值
weighted recall(加权召回率)	0.897165991902834
weighted F1 score(加权F1分数)	0.876674526553069
Class 0.0 precision(精确率)	0.9101694915254237
Class 0.0 recall(召回率)	0.9808219178082191
Class 0.0 F1 score(F1分数)	0.9441758241758241
Class 0.0 falsePositiveRate(假阳率)	0.7571428571428571
Class 0.0 truePositiveRate(真阳率)	0.9808219178082191
Class 1.0 precision(精确率)	0.6181818181818182
Class 1.0 recall(召回率)	0.24285714285714285
Class 1.0 F1 score(F1分数)	0.3487179487179487

图 10-21　评估结果（2）

通过"混淆矩阵"可以看出模型的精度（见图 10-21），预测错误的为 127 个，正确的为 1108 个，模型准确率达到 0.897，综合考评"加权 F1 分数"指标为 0.877，以上预测结果较准确。因此，该银行可以使用预测模型判断其客户是否可能办理其新的定期存款业务。

6. 潜在客户识别

基于以上模型，利用预测集数据帮助银行判断客户是否为潜在客户。关系数据源选择如图 10-22 所示。

图 10-22　预测集数据源

将预测集数据进行特征转换的流程与特征列的选择均与前文特征转换一致，具体流程如图 10-23 所示。

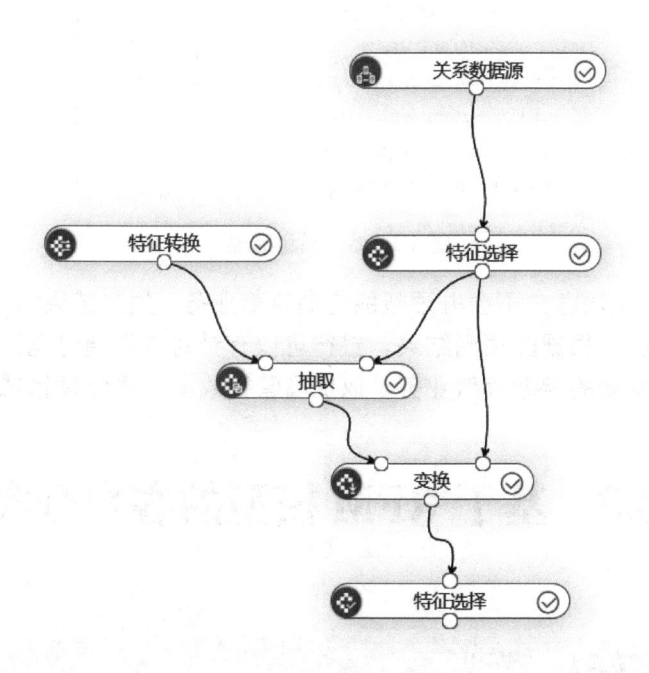

图 10-23　特征转换流程

最后拖入"预测"节点，上连"训练"节点，如图 10-24 所示。

运行成功后，鼠标右键单击查看输出，输出结果如图 10-25 所示。

营销数据分析

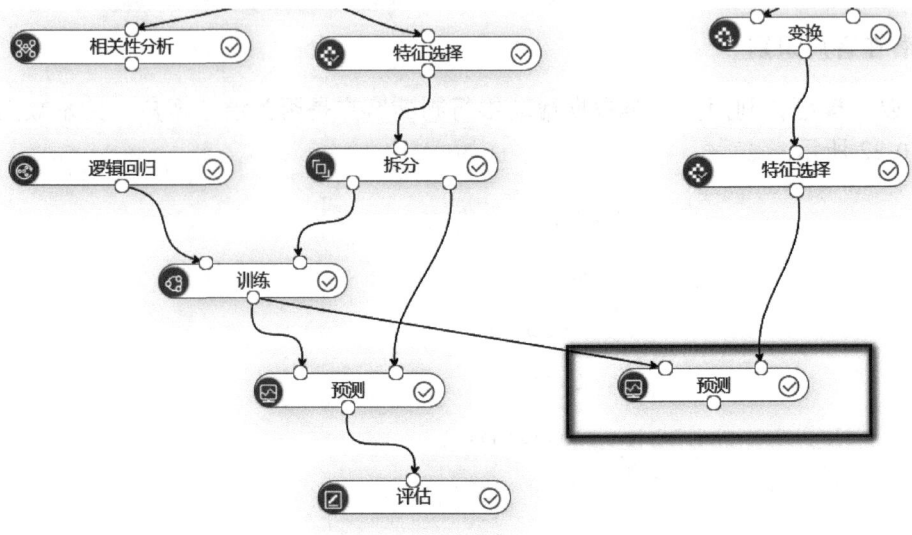

[流程图]

图 10-24 "预测"节点

probability	prediction
[0.245975232466641442,0.75402476753358 56]	1.0
[0.951861227835 1208,0.04813877216 48791]	0.0
[0.9926517169726482,0.007348283027351726]	0.0
[0.9935091038836222,0.0064908961163 77746]	0.0
[0.9525236880046191,0.04747631199538095]	0.0
[0.9633011161373614,0.0366988838626386 84]	0.0
[0.9609447593399592,0.03905524066004 0874]	0.0
[0.917068946128723,0.082931053871277 03]	0.0
[0.9912785626300908,0.00872143736990 0905]	0.0

图 10-25 预测结果

预测结果为 0，说明客户不会办理新的定期存款业务，预测结果为 1，说明客户会办理新的定期存款业务。根据此预测结果，银行可以有针对性地通过电话和短信向预测结果为 1 的客户推销其新的定期存款业务，以提高营销效率，降低营销成本。

10.3 基于 RFM 模型的客户分类

10.3.1 RFM 模型

1. RFM 模型简介

RFM 模型是企业根据最近一次交易时间与当前的时间间隔（Recency）、一定时间内的购买频次（Frequency）和购买金额（Monetary）来判断客户对企业的价值贡献度并将其划分为不同类别的数据分析方法。RFM 模型的名称是上述三个指标的英文单词首字母缩写。具体来说，三个指标的含义如下：①最近一次交易时间与当前的时间间隔，也称近度，指客户最近一次交易距现在的时间，它是判断客户活跃度的指标，即客户最近一次交易的时间与当前时间的间隔越短，意味着客户越活跃。②购买频次，也称频度，指客户在一定时间段内的消费频率或次数，客户在一定时间段内购买的次数越多，该客户对特定企业的忠诚度就越高。③购买金额，也称值度，指客户在一定时间段内到店消费的总金额，它是企业判断客户购买能力的指标，即客户在特定时间段内的消费总金额越高，购买能力越强。

基于以上三个指标，利用 RFM 模型进行客户分类是建立在三个假设基础上的：①与最近没有购买经历的客户相比，最近有消费经历的客户重复购买的概率更高；②与购买次数较少的客户相比，在一定时间段内购买次数更多的客户重复购买的概率更高；③与消费总金额较少的客户相比，消费总金额更高的客户重复购买的概率更高。

2. 基于 RFM 模型的两种客户分类

基于不同的企业、不同的业务场景，客户分类并不是唯一和固定不变的。不同的划分方式会产生不同的分类结果，以下介绍两种常见的客户分类。

第一种是五等分分类，这种方式具体的分析流程如下：①查询最近 1 年内（以查询时间向前推 1 年计算）所有 VIP 客户的最近一次购买时间；②按离查询时间的远近将所有客户五等分，即将离查询时间最近的前 20% 的客户标记为 5，之后的 21%～40% 的客户标记为 4，然后依次类推；③查询 1 年内所有 VIP 客户的购买次数及消费金额，用同样的方法五等分，并进行相应的标记；④将 R、F、M 3 个指标与单个客户一一对应，最终每个客户将得到一个由 3 个数字组成的数组；⑤将每个客户对应的 3 个数字相加，作为客户价值得分进行标记。最终得到一个总分值，不同分值对应客户的类型如表 10-3 所示。

表 10-3　客户类型细分

得　分	客　户　类　型
14～15 分	超优质客户
10～13 分	优质客户
6～9 分	一般客户
3～5 分	低贡献客户

第二种是均值分类，这种方式基于 RFM 模型将所有客户的每个指标的平均值与每个客户的 3 个指标的实际观察值分别进行比较。如果对应字段的值小于均值，则权值为 0，否则为 1。这样，最终可将客户按价值划分为 8 种不同的类型，包括高价值客户、重点保持客户、重点发展客户、重点挽留客户、一般价值客户、一般保持客户、一般发展客户、潜在客户，具体分类标准如表 10-4 所示。

营销数据分析

表 10-4 客户价值细分

R 值	F 值	M 值	客 户 类 型
0	1	1	高价值客户
1	1	1	重点保持客户
0	0	1	重点发展客户
1	0	1	重点挽留客户
0	1	0	一般价值客户
1	1	0	一般保持客户
0	0	0	一般发展客户
1	0	0	潜在客户

10.3.2 客户分类案例

将有限的营销资源科学、合理地分配给不同客户群体，是增强客户体验、提高经营绩效的重要手段。而基于客户消费大数据，按照客户对企业价值贡献程度的不同进行客户分类，是企业营销资源合理配置的前提和依据。本案例以某商业银行的客户消费大数据为基础，按照其价值贡献程度差异划分客户类别，为银行更好地满足客户需求提供依据。

1. 数据导入

将某商业银行客户消费数据导入【关系数据源】中，然后新建实验，保存之后从左边数据源中拖拽"关系数据源"节点到画布区，并在右边参数区根据上传数据的对应路径找到数据表。具体操作如图 10-26 所示。

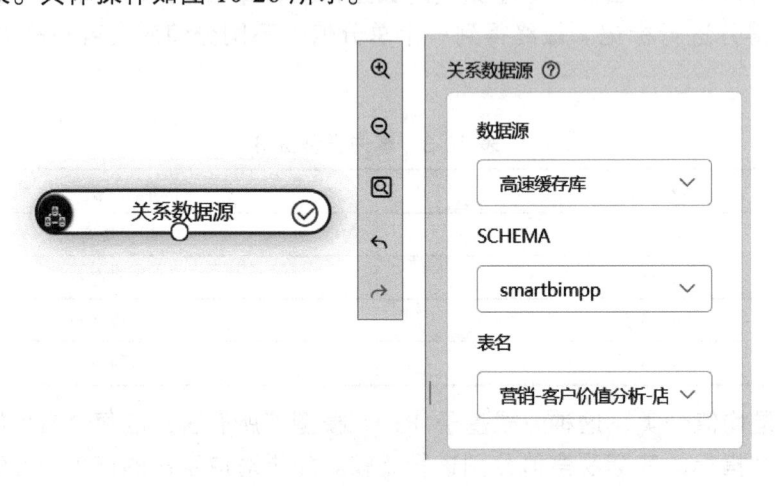

图 10-26 "关系数据源"节点

用鼠标右键单击"关系数据源"节点并单击"执行到此处"，执行成功后右键单击查看"关系数据源"节点的输出结果，流水数据如表 10-5 所示，共 13 个字段，769 条数据。

表 10-5　流水数据（部分）

订单编号	买家会员名	买家应付邮费（元）	买家支付积分	总金额（元）	……
140930883856627111	睡不醒的拿破仑	0	0	1892	
140530901588620735	微凉℃	0	0	123150	
140130906009524786	静海漂亮妹纸	0	0	50000	
140830914487183324	皓月飘飘	0	0	123150	
140530916679634786	寒烟暮雨	0	0	123150	
140930942372230696	天秤座的玲	0	0	4980	
140730947202458453	success	0	0	2692	
140730947681778453	、素颜﹋	0	0	1550	
140130961306158876	莫离别	0	0	99999	
140131031916555364	小天怜爱	0	0	1550	
……	……	……	……	……	……

字段数据类型如表 10-6 所示。订单创建时间是订单付款前产生的，考虑到有些客户会因为各种各样的原因取消付款，从而导致有些订单只有创建时间而无付款时间，因此需要对未产生订单付款的数据进行筛选。

表 10-6　字段数据类型

字　段　名	数　据　类　型
订单编号	文本
买家会员名	文本
买家支付宝账号	文本
买家应付邮费	整型
买家支付积分	整型
总金额	整型
订单状态	文本
收货人姓名	文本
收货地址	文本
运送方式	文本
联系方式	文本
订单创建时间	日期时间
订单付款时间	日期时间

2. 数据预处理

1）空值处理。对未付款的订单，选择"空值处理"中的"过滤整行"进行过滤。需要注意的是，根据数据格式不同，有时系统在导入数据时会自动将空值填充为 0。在这

营销数据分析

种情况下,需要查看导入的原始数据,如果空值处都是 0,就不能使用"空值处理"节点,而需要使用"行选择"节点,将不为 0 的值筛选出来。将"空值处理"节点拖拽到画布区,并与"关系数据源"节点相连,设置空值处理的参数(见图 10-27),然后基于"订单付款时间"进行空值处理。

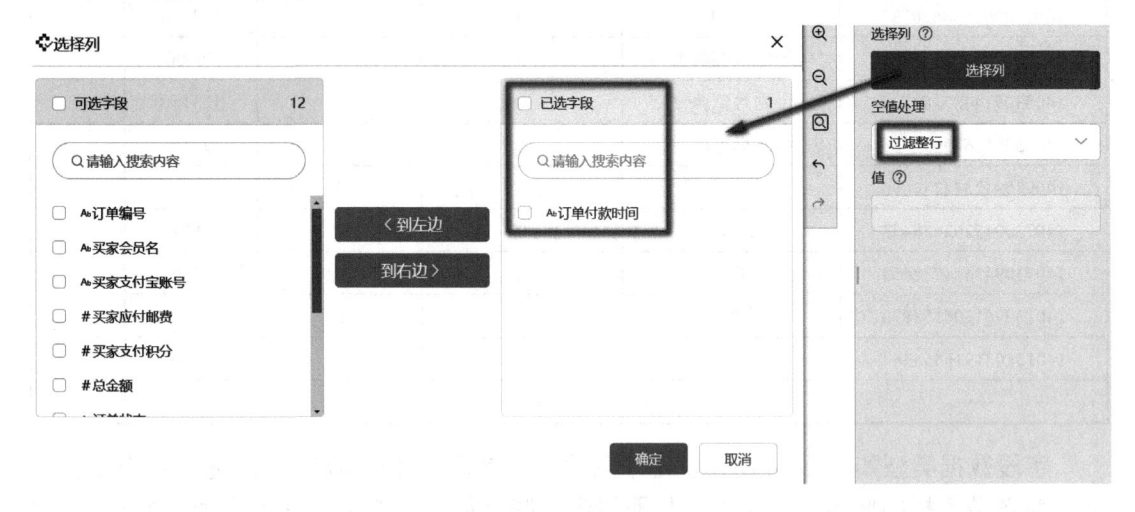

图 10-27　空值处理参数

"空值处理"节点执行成功后,查看输出结果,可以看到原数据源有 769 条数据,进行空值处理后剩余 742 条,如图 10-28 所示。

订单编号	买家会员名	买家支付宝账号	# 买家应付邮费	# 买家支付积分
140930883856627111	睡不醒的拿破仑	********	0.0	0.0
140530901588620735	微凉℃	********	0.0	0.0
140130906009524786	静海漂亮妹纸	********	0.0	0.0
140830914487183324	皓月飘飘	********	0.0	0.0
140530916679634786	寒烟暮雨	********	0.0	0.0
140930942372230696	天秤座的玲	********	0.0	0.0
140730947202458453	success	********	0.0	0.0

图 10-28　空值处理结果

2)列选择。在 RFM 模型中需要用到的 3 项指标分别为近度、频度和值度。其中,近度可通过"订单付款时间"和采集时间进行简单计算获得;频度可通过统计"买家会员名"重复出现的次数获得;值度可以通过将数据源中的"总金额"字段进行汇总计算获得。也就是说,为得到 RFM 模型所需的 3 项指标,需要将用到的字段"订单编号""买家会员名""总金额"和"订单付款时间"选择为输出列。

拖拽"列选择"节点至画布区，并与"空值处理"节点相连，"列选择"节点输出列设置如图 10-29 所示。

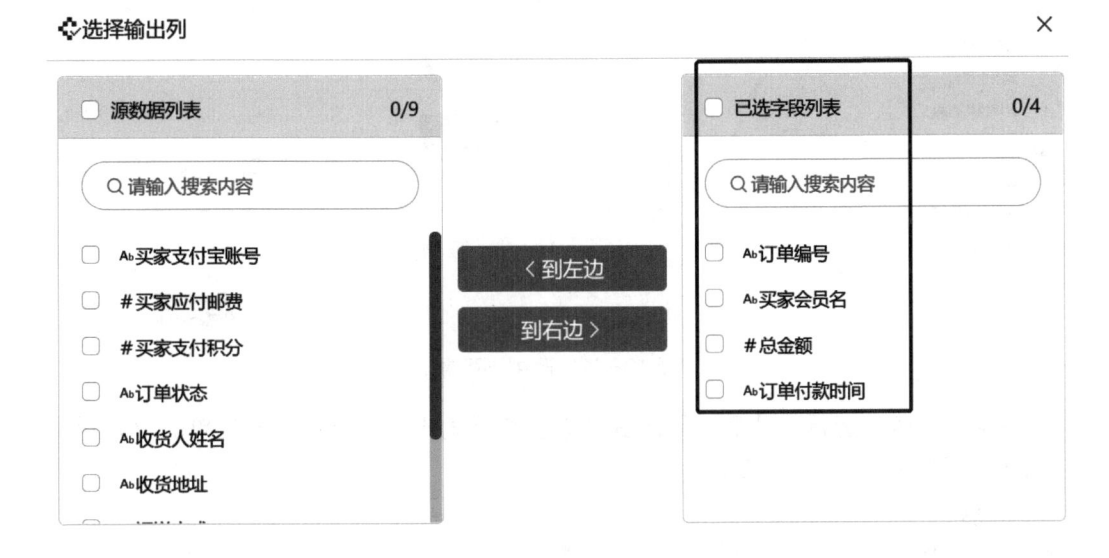

图 10-29 列选择设置

3）元数据编辑。由于需要对"订单付款时间"和采集时间进行计算，因此，字段类型需要在"时间日期"或字符串情况下进行，这里需要利用"string"字符串格式进行计算。具体操作为：拖拽"元数据编辑"节点至画布区，并与"列选择"节点相连。"元数据编辑"节点参数设置如图 10-30 所示。

名称	别名	数据类型
column1	订单编号	string
column2	买家会员名	string
column6	总金额	double
column13	订单付款时间	string

图 10-30 "元数据编辑"节点参数设置

4）创建派生列。为得到近度数据，需要通过"派生列"节点进行计算。具体操作为：拖拽"派生列"节点至画布区，并与"元数据编辑"节点相连。添加派生列表达式时，应注意表达式的格式为 datediff（string enddate，string startdate），意义为计算从开始时间 startdate 到结束时间 enddate 的天数。

此处开始时间 startdate 以数据采集时间代替，结束时间以"订单付款时间"代替。在表达式区域填写"datediff（'2021-12-01 00:00:00'，[订单付款时间]）"，派生列命名为"R"，如图 10-31 所示。

营销数据分析

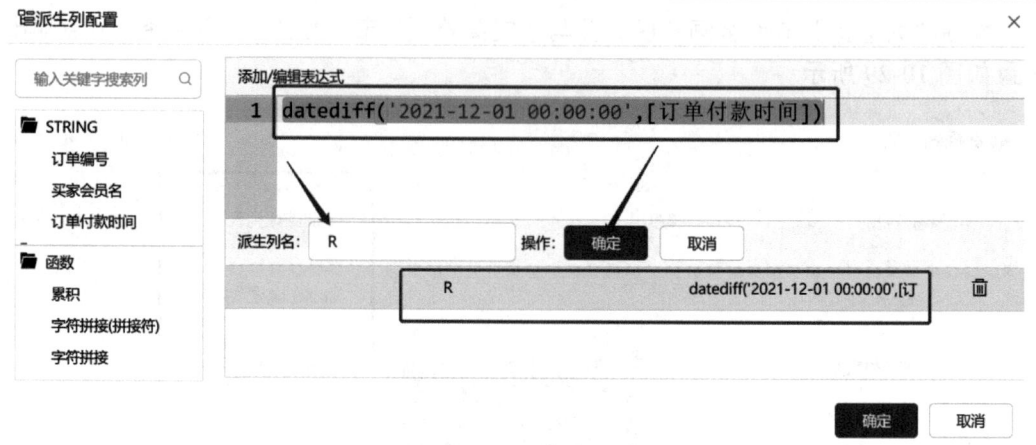

图 10-31 派生列配置

"派生列"节点运行成功后,鼠标右键单击查看输出,可以看到各订单的付款时间距现在的时间间隔(见图 10-32)。

订单编号	买家会员名	总金额	订单付款时间	R
140930883856627111	睡不醒的拿破仑	1892.0	2021-09-01 00:39:44	91
140530901588620735	微凉℃	123150.0	2021-09-01 00:46:27	91
140130906009524786	静海漂亮妹纸	50000.0	2021-09-01 00:57:09	91
140830914487183324	皓月飘飘	123150.0	2021-09-01 01:58:52	91
140530916679634786	寒烟暮雨	123150.0	2021-09-01 02:10:37	91
140930942372230696	天秤座的玲	4980.0	2021-09-01 02:28:43	91
140730947202458453	success	2692.0	2021-09-01 03:40:23	91

图 10-32 派生列输出

5)聚合。接下来拖拽"聚合"节点至画布区,并与"派生列"节点相连,将各字段根据需求进行相关聚合运算。聚合配置如图 10-33 所示。先将"买家会员名"进行计数,生成列名"F";对"总金额"进行汇总,生成列名"M";之后再以"买家会员名"字段分组聚合 R、F、M 值。聚合结果如图 10-34 所示。

图 10-33 聚合配置

Ao Group_name	# R	# F	# M
睡不醒的拿破仑	91	2	4792.0
微凉℃	91	2	124362.0
静海漂亮妹纸	91	2	57980.0
皓月飘飘	91	2	124900.0
寒烟暮雨	91	2	124900.0
天秤座的玲	91	2	128130.0
success	91	1	2692.0

图 10-34　聚合结果

3. 构建 RFM 模型

完成 3 项指标的聚合配置后，就可以运用 RFM 模型进行客户分类。具体操作为：从【统计分析】模块拖拽 "RFM" 节点至画布区，并与 "聚合" 节点相连，单击右上角 "选择特征列" 参数设置。在这一过程中，先选择的字段权重更大。

根据 RFM 指标顺序，R 值、F 值和 M 值分别对应 "Recency" 字段、"Frequency" 字段和 "Monetary" 字段，3 个字段都指定为均值进行配置，如图 10-35 所示。

整体工作流程如图 10-36 所示。需注意，重点的步骤为元数据编辑、聚合和最后的 RFM 建模配置。理解模型指标含义和明确聚合所要达到的效果是至关重要的。

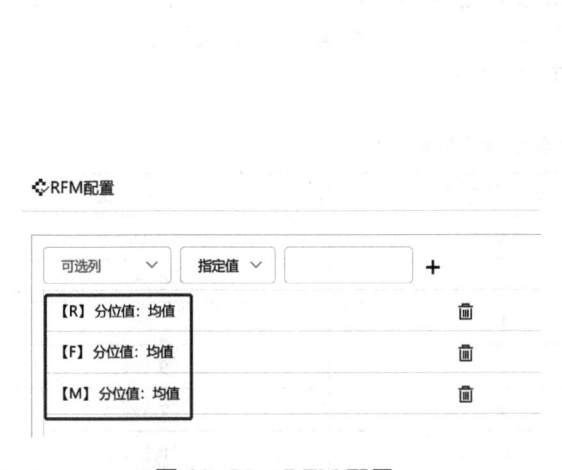

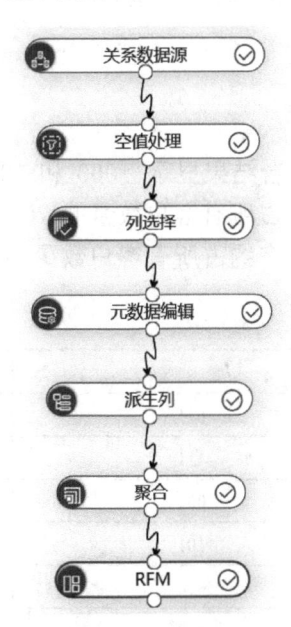

图 10-35　RFM 配置　　　图 10-36　整体工作流程

4. 基于 RFM 模型进行客户分类

RFM 模型输出结果如图 10-37 所示，划分结果生成两个标签 binaryRFMClass 和 RFMClass。RFM 模型将每位客户的 3 个指标与相应指标的均值进行比较，若对应字段

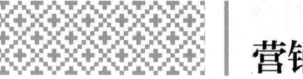

取值小于均值,则权值取 0,否则取 1。RFMClass 是 binaryRFMClass 将二进制取值转换成十进制取值而得出的。

# R	# F	# M	binaryRFMClass	RFMClass
91	2	4792.0	110	6
91	2	124362.0	111	7
91	2	57980.0	111	7
91	2	124900.0	111	7
91	2	124900.0	111	7
91	2	128130.0	111	7
91	1	2692.0	100	4
91	1	1550.0	100	4
91	1	99999.0	101	5
91	1	1550.0	100	4

图 10-37　RFM 模型输出结果

对预测结果进行聚合,统计各类客户数量,聚合条件如图 10-38 所示。

已选字段(别名)	结果列名	操作
binaryRFMClass	Group_binaryRFMClass	Group
binaryRFMClass	Count_binaryRFMClass	Count

图 10-38　聚合条件

聚合结果显示,000 和 100 类客户最多,意味着大部分客户为一般发展客户与潜在客户,占所有客户数量的 70.5%；101 和 001 为重点挽留客户和重点发展客户,二者数量加起来约占所有客户数量的 15.7%(见表 10-7)。

表 10-7　各类客户数量占比

类　别	数　　量	百　分　比
011	14	1.8%
111	5	0.7%
001	51	6.6%
101	70	9.1%
010	19	2.5%
110	1	0.1%
000	260	33.8%
100	282	36.7%

10.3.3 差异化营销策略

按照表 10-4 划分的客户价值类型，结合基于 RFM 模型的表 10-7 的客户价值分类结果，可为不同价值的客户制定不同的营销策略。

1. 高价值客户（011）

该类客户是具有高交易金额、高交易频率和近期交易行为特征的客户群体，占银行所有持卡消费客户的 1.8%。他们数量虽然较少，却是对银行贡献最多、价值最高的客户，是银行的核心客户群体。考虑到他们可以因得到银行的 VIP 服务和个性化服务而获得认同感，因此，该银行应为其提供专属休息室、专门的客户经理等 VIP 服务。

2. 重点保持客户（111）

该类客户经常使用银行卡进行大量消费，但最近没有交易行为，占银行所有持卡消费客户的 0.7%。这类客户贡献良多，且近期无流失的风险，可以通过回访持卡人，找出没有持卡消费的原因，并与其持续互动，询问其对银行卡消费过程的不满之处，努力改进，同时提供交易优惠来促进持卡消费。

3. 重点发展客户（001）

该类客户是银行的近期客户，最近有消费行为，消费金额高，但消费频率不高。该类客户占所有持卡消费客户的 6.6%。该类客户对该银行的银行卡消费贡献度较大，但忠诚度不足。该银行应制订忠诚度计划，向其发放持卡消费优惠券，推送储蓄利好政策，推荐高投资回报率的理财套餐和新的理财产品。

4. 重点挽留客户（101）

该类客户曾经有消费行为，消费金额高，但消费频率低且最近没有消费行为。该类客户占所有持卡消费客户的 9.1%。针对该类客户，银行需通过相关的促销活动挽留他们，避免客户流失。

5. 一般价值客户（010）

该类客户最近有消费行为，消费频次较高但消费金额低。该类客户占所有持卡消费客户的 2.5%。对于该类客户，银行可以通过诸如使用银行卡消费越多享受优惠越多等促销活动增加其消费总金额。

6. 一般保持客户（110）

该类客户最近很长一段时间都没有消费，消费频次虽高但金额不高。该类客户占所有持卡消费客户的 0.1%。针对该类客户，银行可以通过优惠、积分、赠送礼物等方式，增进持卡人的消费意愿，重新与他们取得联系。

7. 一般发展客户（000）

该类客户最近有购买行为，但消费金额和频次都不太高。该类客户占所有持卡消费客户的 33.8%。对于该类客户，银行可以通过电话、短信、社交媒体回访及赠送小礼品等方式提醒他们，增加其消费意愿，推动其持续使用银行卡消费。

8. 潜在客户（100）

该类客户是 RFM 3 个指标数值都很低的客户，占所有持卡消费客户的 36.7%。由于他们对银行的价值贡献很低，一般不作为银行营销的重点。因此，银行可以减少对该类客户的营销资源投入，也可以直接放弃该类客户。

10.4　客户流失预测案例

留住老客户，防止客户流失，是保证企业当前及未来经营绩效稳定增长的关键。企业利用大数据进行深入挖掘，可以更准确、更及时地发出客户流失预警，为提早制定客户挽留措施提供科学依据。本案例选取某商业银行为分析对象，对于其收集的客户性别、信用评分、活跃程度、薪资等数据，基于决策树进行模型构建，预测其客户是否会流失，帮助该银行提前制定相应的客户挽留措施。

1. 数据导入

将本案例用到的某商业银行客户数据导入【关系数据源】中，然后新建实验，保存实验后从左边数据源中拖拽"关系数据源"节点到画布区，同时在右边参数区根据上传数据的对应路径找到数据表，选择银行客户流失预测数据。鼠标右键单击"关系数据源"节点并选择"执行到此处"，或在页面底部单击"运行"按钮运行整个实验。运行成功之后，鼠标右键单击该节点，选择查看输出，即可查看数据源详细数据。该数据源共 10000 条数据，包含 14 个字段。数据源包含的部分信息如表 10-8 所示。

表 10-8　数据源（部分）

RowNumber	CustomerId	Surname	CreditScore	Geography	Gender	……
1	15634602	Hargrave	619	France	Female	
2	15647311	Hill	608	Spain	Female	
3	15619304	Onio	502	France	Female	
4	15701354	Boni	699	France	Female	
5	15737888	Mitchell	850	Spain	Female	
6	15574012	Chu	645	Spain	Male	
7	15592531	Bartlett	822	France	Male	
8	15656148	Obinna	376	Germany	Female	

续表

RowNumber	CustomerId	Surname	CreditScore	Geography	Gender	......
9	15792365	He	501	France	Male	
10	15592389	H?	684	France	Male	
......	......	......	......	......	......	......

数据源中各字段相关指标的详细界定如表 10-9 所示。

表 10-9　指标详细界定

字 段 名 称	字 段 描 述
RowNumber	对应于记录（行）编号
CustomerId	客户 ID，具有唯一性
Surname	客户姓氏
CreditScore	客户对应的信用评分，信用评分较高的客户离开可能性较小
Geography	客户所在的地理位置
Gender	客户性别，Female——女性，Male——男性
Age	客户年龄，与年轻客户相比，年长客户离开可能性较小
Tenure	客户成为银行客户的年数
Balance	客户的账户余额
NumOfProducts	客户通过银行购买的产品数量
HasCrCard	客户是否拥有信用卡，0——没有，1——有
IsActiveMember	是否为活跃客户，0——非活跃客户，1——活跃客户
EstimatedSalary	客户薪资
Exited	客户是否离开银行成为流失客户，0——未流失，1——流失

2. 数据预处理

由于算法模型不能识别字符型数据，所以需要先将内容为字符型数据的字段进行"特征转换"。这个操作可以使用【特征工程】下的"特征转换"节点，拖拽此节点到画布区，如图 10-39 所示。同时在右边参数区设置新增列后缀，用于设置在原字段名后追加后缀生成新的列，系统默认后缀为 Index。其中，特征转换的作用是实现特征类型的转换，如将性别的男、女转换成 0、1。

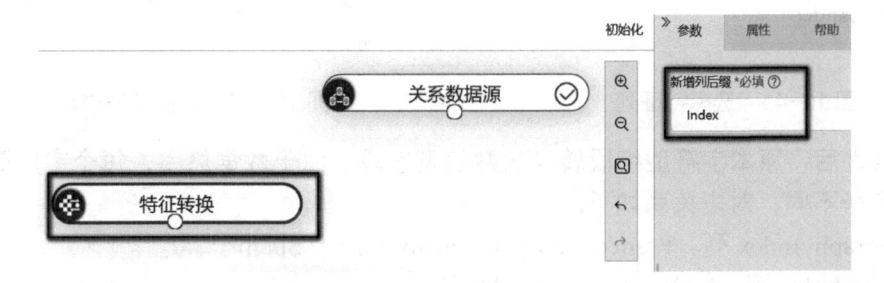

图 10-39　"特征转换"节点

营销数据分析

接下来需要从数据中选择特征列，再对其进行转换。依次拖拽【特征工程】下的"特征选择""抽取""变换"节点，通过抽取、变换进行特征转换处理，连接情况如图 10-40 所示。

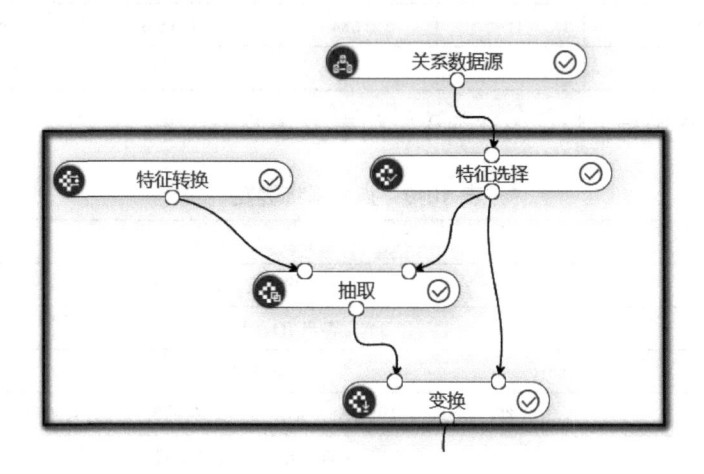

图 10-40　特征转换连接情况

随后，在特征选择参数设置中，将"Geography"和"Gender"两个字符型字段添加到【选择特征列】对话框中的"已选字段列表"，即将这些字段设置为特征列，用于将字符型字段转换为数值型字段，为后续决策树模型的训练做准备，如图 10-41 所示。

运行成功之后选中"变换"节点，右键单击查看输出，可以看到数据集的变化，即最右边新增了"GeographyIndex"和"GenderIndex"两列，这就是原本的"Geography"和"Gender"进行了相应的特征转换后的结果，如图 10-42 所示。

# GeographyIndex	# GenderIndex
0.0	1.0
2.0	1.0
0.0	1.0
0.0	1.0
2.0	1.0
2.0	0.0
0.0	0.0
1.0	1.0
0.0	0.0

图 10-41　选择特征列　　　　　　图 10-42　特征转换输出

转换之后，原本字符型字段转换为数值型字段。由于数据原因，每个字段等级对应的数据有所不同，对应关系如下。

GeographyIndex 列：France—0.0；Germany—1.0；Spain—2.0。

GenderIndex 列：Male—0.0；Female—1.0。

3. 构建决策树模型

决策树模型要求训练集中用于特征选择的字段为数值型字段,在转换数据类型之后,需要重新选择特征列,然后建立算法模型。具体操作为再次拖拽"特征选择"节点,连接情况如图10-43 所示。

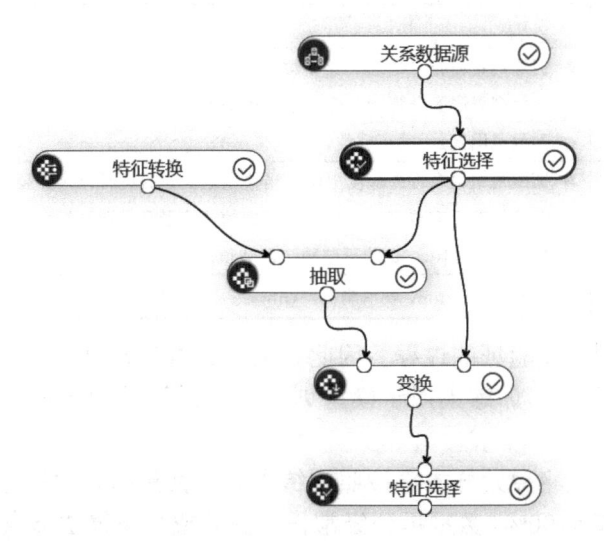

图 10-43 "特征选择"节点连接情况

决策树是不断递归的"If…Then"的过程。软件中决策树模型要求训练集中用于特征选择的字段为数值型字段,在完成转换之后,需要重新选择特征列和标签列。与上述特征转换阶段不同的是,此次"特征选择"是为了模型的建立。本案例需要根据客户的特征数据(RowNumber、CustomerId、CreditScore、GeographyIndex、GenderIndex、Age、Tenure、Balance、NumOfProducts、HasCrCard、IsActiveMember、EstimatedSalary)去预测流失客户。"特征选择"节点相关参数设置如图10-44 所示。

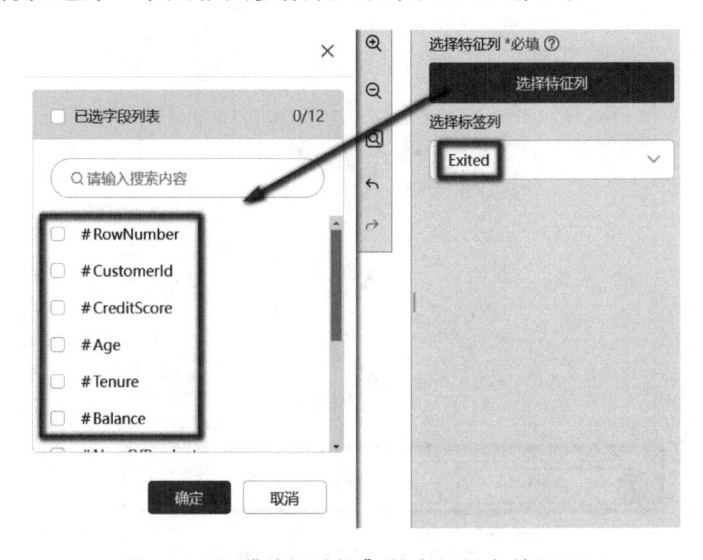

图 10-44 "特征选择"节点相关参数设置

接着需要进行算法的选择。由于根据客户特征预测客户是否流失是一个分类问题，所以选择分类算法建立模型进行训练。选择算法节点：分类算法—决策树。决策树算法相关配置说明如表 10-10 所示。

表 10-10　决策树算法配置说明

参　　数	说　　明
分裂特征的数量	● 训练决策树允许的最大分支数。该值越大，模型会计算越多连续型特征分裂点，且会找到更好的分裂点，但会增加模型的计算量。 ● 参数范围是≥2 的正整数，默认值：32
树的深度	● 训练决策树允许的深度上限，当模型达到该深度时停止分裂；树的深度越大，模型训练的准确度越高，但会增加模型的计算量且导致过拟合。 ● 参数范围是[0，30]的正整数，默认值：4
计算信息增益的方式	分裂标准，Entropy 表示熵值，Gini 表示基尼指数

算法模型需要有训练和验证的过程。因此，需要先进行数据拆分，将源数据拆分成训练数据集和测试数据集。训练集用于模型训练，经过训练的模型可以对预测集进行预测。

数据拆分原理如下：将原始样本集按照训练集和测试集的方式拆分为 2 个子集。拆分后各子集的比例总和≤100%。数据拆分经常作为回归或分类算法节点的前置节点。"随机种子"为 1，表示将对源数据的所有数据进行拆分；"数据集占比"为 0.7，表示拆分后训练集和预测集的比例为 7∶3。

具体操作流程：分别在【机器学习】—【分类算法】—【多分类算法】中拖拽"决策树"节点；在【数据预处理】中拖拽"拆分"节点至画布区，并与上方"特征选择"节点相连。连接情况如图 10-45 所示。

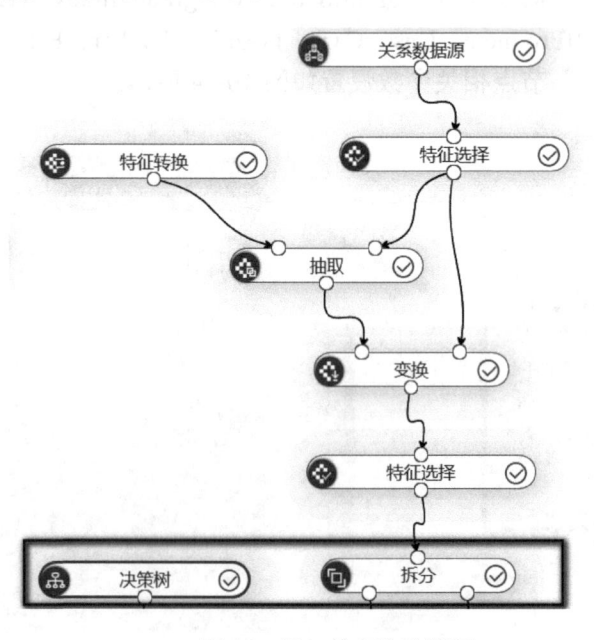

图 10-45　节点连接情况

拖拽【机器学习】中的"训练"节点至画布区，训练方法是决策树，分别与"决策树""拆分"节点相连。然后将训练结果引入测试集进行预测，如图10-46所示。

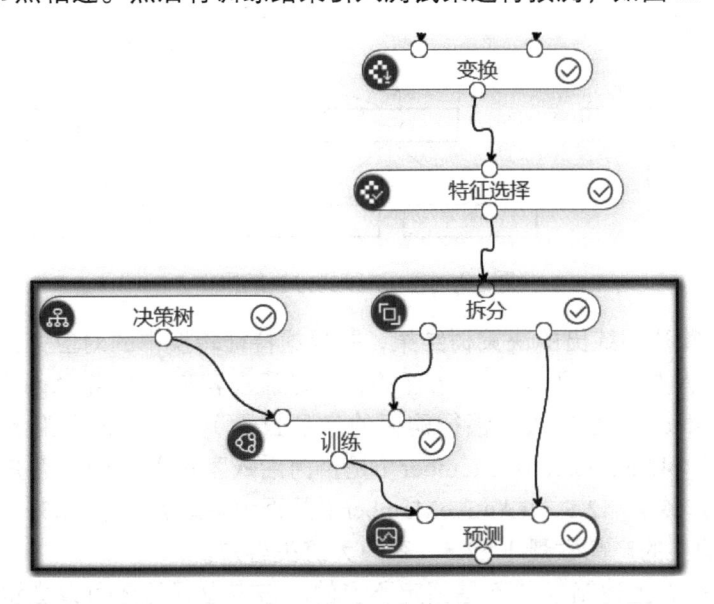

图10-46 模型预测

4. 高概率流失客户预测

建立工作流之后（见图10-46），将实验全部执行。执行成功之后，右键单击"预测"节点，选择查看分析结果，就可以看到模型的预测结果，如图10-47所示。

总共有2995条数据　提示:点击单元格可查看超出的内容

# Exited	# GeographyIndex	# GenderIndex	# prediction
0.0	2.0	1.0	0.0
0.0	0.0	0.0	0.0
1.0	1.0	0.0	1.0
0.0	2.0	0.0	0.0
0.0	0.0	0.0	0.0
0.0	0.0	1.0	0.0
0.0	1.0	1.0	0.0
0.0	1.0	0.0	0.0
0.0	2.0	0.0	0.0

图10-47 查看预测结果

右键单击"训练"节点查看输出，可看到用算法训练出的决策树分析结果，如图10-48所示。

```
                    Age
            ≤42.5  /    \  >42.5
      NumOfProducts    IsActiveMember
       ≤2.5 / \ >2.5    ≤0.5 /    \ >0.5
        0.0   1.0      Age       NumOfProducts
                    ≤50.5/ \>50.5  ≤2.5/ \>2.5
                    0.0   1.0      0.0   1.0
```

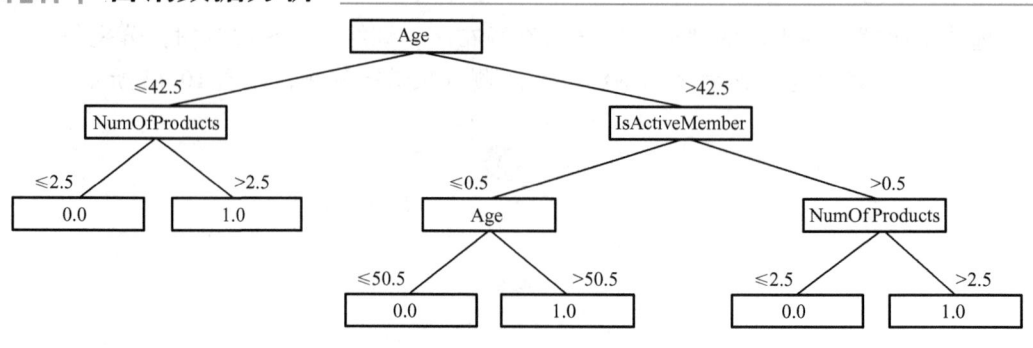

图 10-48　决策树分析结果

观察用 Cart 算法训练出的决策树结果，并根据特征转换中的对应关系，发现有 3 条路径最终的结果是"1.0"，即符合该条件的客户是流失客户：①当 Age（客户年龄）≤42.5、NumOfProducts（客户通过银行购买的产品数量）>2.5，客户为流失客户；②当 Age（客户年龄）>42.5、IsActiveMember（是否为活跃客户）≤0.5，客户为流失客户；③当 Age（客户年龄）>42.5、IsActiveMember（是否为活跃客户）>0.5、NumOfProducts（客户通过银行购买的产品数量）>2.5，客户为流失客户。

值得注意的是，上述路径并不是固定不变的。该商业银行还可以尝试改变决策树深度，探索更多变量及路径对客户流失的影响，从而全面、深入地了解客户流失的原因。

5. 流失客户的挽留方案

随着国内金融改革的深化和利率商品化下行业竞争的加剧，客户管理已经成为银行业营销工作的重点。如何通过有效的银行客户流失预警及时留住客户，将是银行客户经理日常工作的重要任务之一。

客户挽留是指利用科学方法为即将流失的宝贵客户采取行动，并努力挽留这些客户的营销活动。它可以有效延长客户生命周期，保持市场份额和运营效率。因此，客户挽留是客户关系管理的关键功能之一。客户流失预测结果帮助银行有效识别可能流失的客户，之后银行应根据客户类型，结合对客户流失原因的调查，制订有针对性的客户挽留方案。

客户价值包括当前价值和潜在价值，因此银行可以根据客户价值将待挽留客户分成四种类型。

第一类客户是当前价值和潜在价值都高的客户。这类客户在所有客户类型中价值最高，他们在存款、贷款及中间业务上都能为银行带来很大的利润，而且其费用也较低。所以，这类客户是所有流失客户中最需要挽留的，也是每家银行争相挽留的对象。银行有必要把营销资源更多地投入维持和发展与这类客户的关系中。鉴于这类客户在存款、贷款及中间业务上均有较高的交易额，银行可以通过降低信用卡费率、提高信用卡额度、开发适合这类客户的金融产品、提供专属促销或优惠来吸引和留住这类客户。

第二类客户是当前价值高和潜在价值低的客户。这类客户尽管潜在价值较低，但当前价值高，客户的忠诚度也较高，所以依然值得挽留，但是不能对其投入过多。针对这类客户，银行应不断改善已有的客户关系，为其提供不同的优惠产品或服务，并根据其风险偏好、消费能力等为他们介绍合适的新产品。

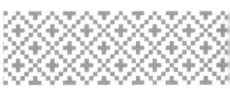

第三类客户是当前价值低和潜在价值高的客户。这类客户虽然当前价值较低,但是其潜力无限,银行也需要挽留。鉴于其价值的时间特点,银行目前可以了解、调查这类客户感兴趣的产品类型,并选择合适的金融产品进行研发,从而提升客户满意度,推动其进入稳定期,尽早激发其潜在价值。

第四类客户是当前价值和潜在价值都低的客户。显然,挽留这类客户对银行而言没有任何意义,只会浪费银行的营销资源,因此这类客户不具有挽留价值。但要有效地控制这类客户的不满情绪,为他们做好客户服务,避免他们传播对银行不利的信息,从而影响银行的其他客户和潜在客户的交易行为。

本章小结

客户购买预测、客户价值分类和客户流失预测是客户关系管理的三大任务。基于大数据分析对企业潜在客户进行识别,完成客户价值分类和客户流失预测,可以更好地帮助企业进行营销资源配置,提高营销效率和效果。基于此,本章选择某商业银行的客户数据进行分析,帮助其实现精细化的客户关系管理。

为判断客户是否认购银行新的定期存款业务,从而帮助银行实现精准营销,该银行应该进行以下操作。①将案例数据源"bank-additional"上传至软件平台,该数据源共4119条数据。其中,变量有21个,因变量为y,数据类型字段无缺失值,部分分类变量有缺失值,缺失值用unknown标记。②由于源数据均为string类型字段,因此需要对数据进行预处理,即通过平台节点将其更改为数值型字段。同时,还需进一步对数据进行相关性分析,保留相关系数绝对值≥0.25的变量作为特征。③对数据进行预处理后,将原数据拆分为训练集与预测集,用于后续训练模型的建立。④最后基于判断客户是否认购银行新的定期存款业务的目标,建立逻辑回归模型,并通过模型预测,得出客户是否认购银行新的定期存款业务的判断。

客户分类是客户关系管理的重要内容之一,为帮助区分高价值客户和低价值客户,该银行应该进行以下操作。①将已知的银行客户数据导入关系数据源,并对数据进行筛选和处理,去除未产生订单付款的数据,做好数据空值处理。②通过处理后的数据结果可以得知,共742条有效数据,接着对数据进行下一步预处理,即将字段类型改为时间日期和字符串字段。③对字段进行聚合运算,经过指标的聚合配置,开始建立RFM模型。通过平台节点操作即可得出模型结果,根据指标与其均值的比较,得出客户所属类型,最终依据客户价值的细分类型制定差异化营销策略。

为更合理地配置资源,把握流失客户的特征,制定该银行客户流失预警措施,该银行应该进行以下操作。①将需要的数据导入关系数据源,该数据源共10000条数据,包含14个字段。②由于算法模型不能识别字符型数据,需要对数据进行特征化处理,即将字符型字段改为数值型字段。③变换数据类型之后,构建决策树模型,将数据集拆分为测试集和训练集。通过平台的节点操作,将实验全部执行之后,即可查看实验预测的客户流失情况。

针对本案例中客户购买预测、客户价值分类及客户流失预测的实现结果，可以得知，客户购买预测的关键就是根据客户的一些特征来识别新的潜在客户，而做到这一点，可以帮助银行建立一个预测客户是否会响应营销活动的模型，以此判断客户是否认购银行的定期存款业务，从而帮助银行实现精准营销。客户价值分类则需要银行业务员根据模型分析结果对客户价值不同的人群制定不同的营销策略。客户流失预测是根据客户的特征，帮助银行识别可能流失的客户，并结合客户价值类型，给出针对流失客户的挽留方案。

实训目的

巩固逻辑回归算法、RFM 模型和决策树的原理，熟悉并掌握潜在客户的识别、客户价值分类和客户流失预测的操作。

思考与练习

1. 客户最近一次交易时间与当前的时间间隔、购买频次、购买金额这三组数值在设置 RFM 参数时有何意义？
2. 列举一些逻辑回归算法在营销领域的应用。

参考资料

[1] 季晓芬，贾真. 基于 RFM 行为模型的服装企业 VIP 顾客数据挖掘[J]. 浙江理工大学学报：社会科学版，2015, 34(2): 131-135.
[2] 齐佳音，吴联仁. 客户关系管理：面向商业数字化转型[M]. 北京：机械工业出版社，2022.
[3] 苏朝晖. 客户关系管理：理念、技术与策略（第 4 版）[M]. 北京：机械工业出版社，2022.
[4] 叶志龙，黄章树. 基于新三维客户细分模型的线上会员客户价值研究[J]. 统计与信息论坛，2016, 31(5): 96-101.
[5] 张宇，张之明. 一种基于 C5.0 决策树的客户流失预测模型研究[J]. 统计与信息论坛，2015, 30(1): 89-94.
[6] 赵铭等. 基于聚类分析的商业银行基金客户的分类研究[J]. 管理评论，2013, 25(7): 38-44.

第 11 章
营销大数据伦理

学习目标
- 了解营销大数据中的伦理道德问题；
- 理解营销大数据伦理道德问题的危害；
- 掌握营销大数据伦理道德问题的治理。

学习重点
- 营销大数据中的伦理道德问题；
- 营销大数据伦理道德问题的治理。

学习难点
- 营销大数据伦理道德问题的治理。

本章思维导图

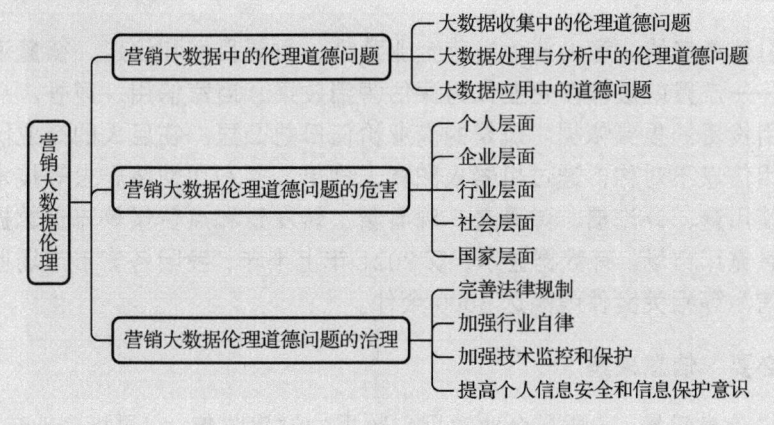

营销大数据伦理
- 营销大数据中的伦理道德问题
  - 大数据收集中的伦理道德问题
  - 大数据处理与分析中的伦理道德问题
  - 大数据应用中的道德问题
- 营销大数据伦理道德问题的危害
  - 个人层面
  - 企业层面
  - 行业层面
  - 社会层面
  - 国家层面
- 营销大数据伦理道德问题的治理
  - 完善法律规制
  - 加强行业自律
  - 加强技术监控和保护
  - 提高个人信息安全和信息保护意识

营销数据分析

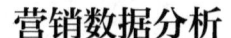

随着移动互联网、智能终端、物联网和生物识别等技术的快速发展，企业能够获得的数据远超过去，大数据时代已经到来。在此背景下，企业可以比以往更完整、更全面地了解消费者的偏好、态度和行为，进而制定能够满足每个消费者个性化需求的精准营销策略。由此，大数据不仅是企业应对越来越复杂多变的市场环境的手段，还和土地、资本、劳动力等生产要素一样成为当今企业必备的重要资源和无形资产。然而，凡事都有两面性，营销大数据也不例外。虽然大数据可以提高营销效率、改进营销效果、提升客户忠诚度和幸福感，但巨大的商业利益也使企业在利用大数据进行营销时产生了很多伦理道德问题。如果不能妥善处理这些问题，就会对个人利益、企业生存、行业发展、社会公平与信任乃至国家安全产生不可估量的负面影响。因此，有必要厘清营销大数据中存在的伦理道德问题，制定相应的治理措施，保证基于大数据的精准营销科学、健康、有效地开展。

11.1 营销大数据中的伦理道德问题

11.1.1 大数据收集中的伦理道德问题

从收集大数据的手段和内容来看，主要存在以下伦理道德问题。

1. 虚假信息泛滥

随着吸引消费者的注意力成为当代企业营销的重要目标和议题，衡量消费者注意力的关键指标——流量就被很多企业作为评估营销效果、商家信用、声誉、品牌影响力、竞争力和吸引投资的重要依据。流量的商业价值日益凸显。在巨大的商业价值驱使下，一些企业利用信息不对称，通过机器人和真人刷单，并利用网络爬虫等技术手段，炮制虚假销量、使用量、评论量、弹幕量、观看量、转发量和点赞量等流量数据，从而造成大量虚假信息充斥市场。有数据显示，仅2021年上半年，我国各省市市场监管部门查处的"刷单炒信"等相关案件就高达3000余件。

2. "非必要"信息采集

"非必要"信息采集，实质是企业对用户数据的过度收集。它是指企业违反必要原则，通过一揽子授权、与其他授权捆绑、利用本身的行业垄断地位和技术优势、不同意就拒绝提供服务等方式，强制索取与企业提供产品和服务无关的个人非必要信息。这种现象在国内外不同行业、不同规模的企业中均很常见。

3. 数据采集手段不当

按照收集信息对象的不同，可以把大数据的不当获取划分为以下两种类型。

1) 非法窃取企业数据。一些企业为了提升自身竞争力和实现其他非法营利目标，往往无视 Robots 协议，使用网络爬虫技术，突破目标企业的信息保护技术获取目标企业的网站、应用软件、搜索引擎中的相关信息和企业内部机密数据。在互联网和大数据技术飞速发展的近几年，此类事件频频出现。

2）违规采集个人信息。在一个成熟、文明的现代商业社会，任何营销主体对个人信息的收集都应该也必须获得数据主体的授权。然而，很多企业在没有经过用户同意的情况下就利用自身的技术优势采集了用户的个人信息，且这一现象屡禁不止。2021 年，我国国家互联网信息办公室依据相关法律和有关规定，对公众使用较多的 129 个 App 进行监测，发现 43.8%的 App 存在未经授权和同意收集用户个人信息的情况。

4. 数据不平等

大数据的收集受到互联网基础设施、智能设备的普及程度和用户的个人情况（如健康、收入、受教育程度和年龄）等很多因素的制约。居住在互联网设施和智能设备更普及的城市，具有较高收入和更高受教育程度，身体健康的群体的信息更容易被企业收集。相反，居住在互联网基础设施供给不足的地区（如农村），年龄较大、收入和学历较低的群体（如老年人、儿童）及一些残障群体（如视力和听力障碍者），更少通过智能终端设备进行购物、社交、资讯获取、娱乐和健身，也就无法生成大数据。这意味着大数据并不会涵盖所有地区的不同阶层的社会群体，数据不平等由此产生。

11.1.2 大数据处理与分析中的伦理道德问题

大数据收集完成后，就进入大数据处理与分析环节。在这一环节中，企业会利用当前先进的算法和数据挖掘技术将大数据转化为具有商业意义的信息。在此过程中，企业存在的伦理道德问题主要表现在以下两个方面。

1. 非法转售个人信息

转售是指个人或企业没有经过用户授权就将收集到的个人信息转售给其他个人或企业，并从中获利。近年来，类似现象屡见不鲜。《2020 年中国互联网网络安全报告》显示，仅 2020 年，违反法律规定、售卖 App 个人信息的相关案件就超过 200 个。特别值得注意的是，有些非法转售案件涉及的个人信息规模非常庞大。比如，2021 年江苏省网络安全部门调查发现，有人将非法获取的 2 亿多条电信用户手机上网标签数据私自兜售给其他公司的营销人员和电信网络诈骗人员获利。

2. 数据过度处理和分析

根据个人信息保护的相关法规，个体有权自主决定自己的信息是否提供给企业分析。但现实中，由于企业数据处理和分析的过程不透明，使用的数据库和算法技术不向个人公开，导致企业对个人信息的处理和分析过程形成了一个"数据黑箱"。经过这个"数据黑箱"的操作，消费者的婚育、健康、信用等隐藏的个人信息会被推断出来，但这并没有经过消费者的同意。

11.1.3 大数据应用中的伦理道德问题

对大数据的深入挖掘和分析是实施精准营销的前提。但是大数据的分析结果在营销中不当使用会产生伦理道德问题。具体来看，主要表现为以下几个方面。

1. 个人信息的违法使用

企业将收集到的个人信息进行分析后，用于用户没有授权同意的其他商业用途。一般来说，企业对于个人信息的使用应在收集信息时就向用户明确描述其收集用途和目的。但现实中，一些企业的数据处理政策并没有明确指出用户个人信息是否会用于商业用途及用于哪些商业用途。这种现象在国内屡禁不止。2020年11月，中央四部门联合成立的App违法违规收集使用个人信息治理工作组调查发现，有35个App存在未告知个人信息使用目的、使用范围和使用方式等问题。另一些App虽有关于个人信息收集的说明，但表述模糊，对个人信息的具体商业用途没有清晰说明。

2. "大数据杀熟"

"大数据杀熟"是个人或企业对收集到的个人信息进行数据挖掘后，利用信息不对称和用户、消费者对企业的信任，忽略用户和消费者真正的需求，以隐蔽的方式向不同的消费者推荐价格不同的同一产品和服务或高价产品的行为。近年来，"大数据杀熟"事件频发，涉及的行业领域非常广泛。比如，2022年9月，北京市消费者协会的调查报告显示，在4000余名被调查者中，有64.33%的被调查者遭遇过"大数据杀熟"，其中在网络购物、在线旅游和外卖消费领域有过"大数据杀熟"经历的被调查者最多。根据"大数据杀熟"表现形式的不同，可以将其划分为以下两种类型。

1）企业根据消费者的使用数据向新客户提供比老客户价格更低的同一产品和服务，有三种具体的表现形式：一是企业在同一时间直接在同一商品或服务页面向新客户展示比老客户更低的价格；二是企业在同一时间在同一商品或服务页面向新客户提供比老客户更多的折扣和优惠；三是企业在同一时间在同一商品或服务页面仅向新客户提供优惠券，而向老客户隐藏优惠券。

2）企业基于对消费者的交易记录、购买习惯、购买地域、使用终端设备的系统、退换货记录等大数据的挖掘，判断其购买能力和价格敏感性，然后利用算法技术为具备高购买能力和低价格敏感度的消费者推荐和提供高价的产品或服务。比如，2020年，复旦大学孙金云副教授团队在北京、上海、深圳、成都和重庆5个国内一线城市调查了821位乘客，发现使用苹果手机的乘客更容易被舒适型车辆接单。

3. 大数据分析结果的不当使用

移动互联网和智能设备等技术的发展，使个人日常生活的大量数据都能被精准记录和存储，范围从购物、社交、医疗、出行、健身到娱乐，几乎无所不包。很多企业会根据过去一年消费者或用户的使用轨迹发布其年度报告，为用户贴上相应的标签，并据此为其提供个性化的产品和服务。在这一过程中，企业可能存在以下两方面的伦理道德问题。

1）向用户呈现与其"真实自我"不符的"虚拟自我"。具体而言，就是企业利用数据挖掘技术贴在用户身上的标签与用户的真实自我不一致。比如，京东会根据过去一年用户的购买行为将其描述为"省钱达人"。这虽然在某种程度上确实反映了用户某方面的行为，但其呈现和描绘的并不是用户真实自我的"镜像"，而是企业根据自身商业目的扭曲了用户真实自我的"数据自我"。

2）企业利用算法技术挖掘用户信息后，诱导用户过度沉迷消费，向用户推荐有违社会主流价值观的信息和服务。

11.2 营销大数据伦理道德问题的危害

营销大数据伦理道德问题的出现会造成非常严重的后果。从营销大数据伦理道德问题影响的对象来看，它会给个人、企业、行业、社会乃至整个国家带来消极影响。

11.2.1 个人层面

1. 损害消费者的利益，增加消费者的非货币成本

1）损害消费者的功能利益。一方面，由于缺乏鉴别流量数据真伪的能力，消费者可能根据虚假流量数据做出不符合其功能诉求的购买决策；另一方面，"大数据杀熟"和个性化信息推荐可能偏离消费者真正需要的产品、服务和信息诉求。

2）损害消费者的情感利益。当企业"刷单炒信"，不经消费者同意就收集个人信息，甚至通过出售个人信息获取不法利润和利用"大数据杀熟"榨取更多"消费者剩余"时，一旦被消费者发现或被媒体公开曝光，就会使消费者产生反感、愤怒、厌恶等消极情绪，损害消费者的情感利益，降低消费者的情感价值感知。

3）损害消费者的经济利益。一是虚假数据导致的购买决策失误会让消费者无法买到符合自己需求的产品或服务，造成消费者的金钱损失。比如，电影评分造假会让消费者付费观看不喜欢的电影。二是被泄露的个人信息被转售给诈骗人员后可能给个人造成严重的经济损失。三是当企业以个性化营销为幌子对消费者进行"大数据杀熟"时，会让消费能力强、价格敏感度低的消费者支付超过其真正需要的产品和服务的价格，从而造成消费者经济利益受损。

4）增加消费者的非货币成本。在虚假流量和"大数据杀熟"等现象普遍存在的情况下，为了避免买到不符合自己需求的产品或服务，消费者不得不花费更多的时间、精力和体力仔细辨别销售量、评论、下载量等流量数据的真伪，查询同一产品或服务针对不同客户的价格。换言之，消费者购买过程中的非货币成本因此大大提高了。

2. 引发不利于企业的消费者行为

一方面，当企业炮制虚假数据的行为被曝光后，老客户可能因为企业的欺骗行为，减少光顾该企业的次数，降低对该企业产品或服务的重构意愿或持续使用意愿，停止在微博、微信、抖音等社交媒体平台分享关于企业的正面评价信息，甚至转而在上述平台发布对企业不利的负面信息；而潜在客户则会对该企业的产品和服务望而却步。另一方面，当消费者得知企业存在违规收集、过度使用与分析个人信息及"大数据杀熟"等行为后，会减少甚至停止购买和使用该企业提供的产品和服务，降低向该企业产品或服务支付溢价的意愿，刻意回避该企业的广告，不再在社交媒体分享自己使用该产品或服务的经历。

3. 导致用户的自我认知障碍

用户标签呈现和描绘的"数据自我"与用户真实自我的差异会导致用户的自我认知障碍。一方面，企业展示给用户的标签可能是选择个人特定行为数据进行分析的结果。另一方面，各个企业的数据并不是完全互通的，这意味着单一企业只能以用户某一方面或某几方面的行为数据为依据给用户贴标签，且在此过程中渗透了企业自己的价值观和商业目的。因此，企业分析出来的"数据自我"并不是用户真实自我的完整投射，而是经过企业的算法建构的"虚拟自我"。"数据化"的"虚拟自我"与现实世界中"真实自我"的不同和落差，可能让用户产生困惑，无法形成真实、准确的自我认知。

4. 侵犯个人权利

尊重消费者是大数据营销应该遵守的基本原则。然而，很多企业在大数据处理过程中并没有做到这一点。具体而言，在数据采集、处理和分析阶段，企业不经消费者同意收集和过度分析消费者的个人信息，使消费者在大数据面前变成了透明的数据人，削弱了消费者对个人信息的控制权，侵犯了消费者的信息决定权和自由选择权；未经消费者同意收集个人敏感信息，侵犯了个人信息保密权；未经消费者同意就将其个人信息用于其他商业用途从中获利，侵犯了消费者的信息报酬请求权。在大数据应用过程中，"大数据杀熟"在消费者不知情的情况下向消费者推荐了不符合其真实意愿的价格更高的产品或服务，侵犯了消费者的知情权和公平交易权。企业通过虚假流量影响消费者决策，侵犯了消费者的知情权、批评权和监督权。

11.2.2 企业层面

1. 导致企业客户流失

从最终消费者来看，当消费者发现自己的信息控制权、身份信息和隐私信息存在被侵犯和泄露的情形后,消费者感知到的信息安全和隐私泄露带来的伤害风险会大大增加。为了避免潜在的伤害，消费者会选择停止使用威胁自身信息安全和可能泄露自己隐私的产品和服务，从而造成企业客户的大量流失。2018 年，Veritas 公司发布的《全球消费者数据隐私报告》显示，若企业不能很好地对个人信息进行保护，则有高达 57.7%的中国受访者明确表示不会再购买该企业的产品和服务。从企业客户来看，若受委托企业泄露、出售委托企业客户的个人信息或炮制虚假流量数据欺骗委托企业，则该企业势必失去不止委托企业一家客户。

2. 降低企业声誉

第一，企业"刷单炒信"，违规收集、处理、分析和不当应用大数据分析结果等行为，会让公众对企业产生厌恶和反感，形成对企业的负面评价，从而导致企业声誉受损；第二，若企业因管理疏忽和技术漏洞而导致消费者个人信息被窃取或泄露，会让消费者对企业能力产生怀疑，而这同样会对企业声誉造成负面影响；第三，企业不顾社会公德，通过大数据和算法技术诱导用户沉迷消费、过度消费，推荐与社会主义核心价值观不相符的信息等行为一旦被发现，也会给企业的声誉带来巨大伤害。

3. 损害企业经济利益，不利于企业可持续发展

首先，若竞争对手或第三方通过违法手段获得企业的大数据，可能造成企业商业机密泄露，降低企业的竞争力，从而影响企业的经济效益。其次，虚假流量和虚假经营数据虽然在短期内可以帮助企业快速吸引消费者，增加企业收益，但这种做法从长期来看是不可持续的。最后，违法采集、过度分析挖掘及滥用大数据分析结果等都会削弱公众对企业的信任，导致企业股价下跌，妨碍其顺利发展。

11.2.3 行业层面

1. 抑制行业创新，不利于行业高质量发展

现代营销的经典理论认为，企业应该通过产品、服务创新及品质提升等方式强化客户体验，提高客户满意度，并最终推动企业健康发展。这意味着企业需要持续不断地投入相当多的人力、物力和财力。大数据的存在为企业提供了不同于上述经营逻辑的获利方式，主要表现为：一部分企业可以利用巨大虚假流量可能带来的投资、广告和销量获得更多收入；另一部分企业可以通过转售个人信息获利；还有一部分企业可以通过诱导过度消费和"大数据杀熟"等行为获利。显然，与经典营销理论所说的通过产品和服务创新及品质提升等强化客户体验的方式来谋求发展和获取利润相比，企业依托大数据谋求发展和获取利润的方式更加"多快好省"。但当企业通过流量造假、诱导过度消费、"大数据杀熟"和转售个人信息等捷径实现发展和利润增长的目标成为行业常态时，势必导致"劣币驱逐良币"。长此以往，整个行业的创新将受到抑制，行业的走向也将偏离健康发展的路径，丧失高质量发展的动力。

2. 破坏市场竞争秩序

1）"刷单炒信"等流量造假行为违反诚实守信原则，破坏了公平的市场竞争秩序。事实上，企业通过"刷单炒信"等流量造假的方式，获得在同类商家和行业中较高的排名，不仅会导致流量造假的产品和服务获得比流量不造假的产品和服务更多的被购买机会，还会使坚持诚信经营的同类商家和企业在竞争中处于劣势。当流量造假普遍存在时，公平的市场竞争秩序就会受到极大破坏。

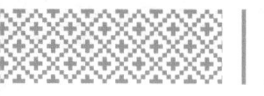

2）窃取竞争对手的用户信息会损害市场运作秩序。原因在于，为了收集和分析用户信息，企业付出了一定的时间成本、经济成本和人力成本。鉴于此，很多企业专门利用特定的技术对其进行保护。在这种情况下，海量的个人信息就具有了商业机密的属性。在未经同意的情况下，企业通过盗取竞争对手具有商业机密属性的用户大数据，为自己的营销战略和策略决策服务，从而获取竞争优势，显然是一种不正当竞争手段。

3）利用违法手段收集和分析用户个人信息的企业，会破坏市场诚信原则，导致遵守市场规范的企业在竞争中处于不利地位。具体而言，由于数据收集和分析黑箱的存在，消费者并不知晓企业对其个人信息的获取和分析是不合法的，在这种情况下，消费者更可能选择和继续使用提供了个性化服务和产品的企业，但这种做法会明显挤压遵循大数据处理相关法规的企业的市场空间，使其在竞争中处于不利地位。

4）拒绝数据共享，实行数据垄断的企业，对市场的自由竞争秩序会造成非常严重的负面影响。数据垄断是指企业将其他企业、机构和个人排除在查看、使用企业收集的大数据之外的行为。企业可以利用其积累、收集的海量用户信息不断改进产品质量和服务及开展产品创新，从而提高企业所在行业的进入壁垒。而这一壁垒的存在使新进入者，尤其是中小企业丧失了与该企业公平竞争的机会。

11.2.4 社会层面

1. 引发社会信任危机

诚实守信是社会主义核心价值观的构成部分之一，它强调信守承诺、诚恳待人。真实的大数据有助于企业为用户开展个性化营销。企业只有在大数据营销过程中的每个环节都做到诚实守信，其营销才符合"以人为本"的基本理念。然而，当虚假数据泛滥，用户个人信息的收集和分析不被告知，甚至被窃取贩售给其他企业或诈骗集团，以及"大数据杀熟"等成为常态时，大量消费者不仅经济利益会受损，而且会因此产生极大的不安全感，从而失去对企业的信任。这种不安全感和不信任会通过社交媒体迅速蔓延，传递给社会公众，从而引发整个社会的信任危机。

2. 造成社会不公平

事实上，大数据对社会公平性造成的不利影响早已受到注意，主要体现在以下两个方面。

1）大数据弱势群体的存在是社会不公平的直接体现。当前，不同国家和地区互联网基础设施、使用和拥有智能设备的差异，造成大数据在不同群体和地区生成不均衡。以经济效益最大化为经营原则的企业会刻意忽视弱势群体的价值诉求，放弃通过传统市场调查获取弱势消费者群体的信息。而这最终会导致大数据弱势群体无法得到企业提供的个性化产品和服务，造成社会不公平。

2）大数据收集和使用过程中充斥着各种有违公平的做法。虚假流量事件的发生，虚假流量黑色产业链的存在，用户个人隐私信息泄露事件及"大数据杀熟"的出现，都不符合公众对信息公平、竞争公平和价格公平的主张和诉求。而这些事件接连不断地发生和不断叠加，会造成社会不公平。

3. 扭曲社会主流价值观

诚实、守信、法治、自由、公平和正义是公众普遍推崇的主流价值观，起着维持社会正常有序运行的重要作用。然而，很多唯利是图的企业在应用大数据进行营销的过程中，频频侵犯个人隐私，利用"数据黑箱"剥夺消费者的自由选择权，忽略数据边缘人群的利益。这些有悖于诚实、守信、法治、自由、公平、正义等社会主义核心价值观的现象普遍存在且屡禁不止，如果放纵这些现象，不仅会伤害公众对大数据应用的信心，甚至大数据收集、分析和使用背后的普通用户也会被扭曲的社会价值观同化。

4. 降低人民福祉

综上所述，企业和商家在利用大数据进行营销的过程中产生的伦理道德问题，不仅破坏了公平诚信的市场竞争秩序，还损害了消费者的各项利益，增加了消费者的生活成本，而个人隐私泄露可能导致的财产、人身等社会层面的风险还会降低消费者的安全感。显然，这些问题最终会降低人民福祉，对人民幸福感的形成产生消极影响。

11.2.5 国家层面

1. 存在引发数字经济危机的潜在风险

作为推动产业升级和经济增长的重要驱动力，数字经济已成为当前及未来国家发展战略的重中之重，而大数据是数字经济的关键要素。企业在运用大数据的过程中可能出现的伦理道德问题可能导致数字经济泡沫化，原因在于：一方面，虚假数据营造的虚假繁荣会误导公众和投资者对相关数字产业市场前景的判断，从而引发数字经济泡沫化；另一方面，以损害消费者利益和侵犯用户权利等违法的方式收集、处理、分析和应用个人信息，并因此获得竞争优势的企业，同样会误导公众和投资者对其市场前景的认知和评判，给数字经济的正常发展"埋雷"。

2. 危害国家安全

近年来，随着数字经济的迅猛发展，大数据已成为各个国家重要的战略资源。我国"十四五"规划中提及"数据安全"的次数达到五次之多。可见，作为国家安全的重要组成部分，数据安全已受到高度重视，并已成为国家重点部署的关键领域。大数据营销过程中的伦理道德问题可能对国家安全造成的危害主要体现在以下两个方面。一方面，企业为了更好地服务客户，既要收集客户的个人信息，又要收集其他信息。这些信息（如政务信息、地理信息、金融信息、医疗信息、人脸识别信息和基因识别信息）与国家安全密切相关，一旦泄露，将严重危害国家安全。另一方面，为了实现精准营销，企业需要对碎片化的客户行为轨迹进行整合分析。在这一过程中，个人或组织可以将过去认为具有较高安全性的碎片化、模糊化的数据进行整合和关联分析，挖掘出敏感的、明确的涉密信息和情报，从而给国家安全带来风险。

11.3 营销大数据伦理道德问题的治理

面对日益增多的营销大数据伦理道德问题，应结合其产生的原因，采取多种措施予以预防和解决。

11.3.1 完善法律规制

法律是道德的最低门槛。法律缺位，道德也就无法发挥应有的作用。因此，大数据营销中存在的伦理道德问题需要通过法律手段进行事前预防和事后应对。

1. 完善立法，做到有法可依

精准营销和个性化营销需要的大数据在收集、处理、分析和应用过程中可能涉及消费者、企业、竞争对手和合作企业等多个利益相关者，为了保障不同利益主体的权利不受损害，需要不断完善、明确和细化相应的法律法规。

1）以人为本，完善个人信息保护相关法案。

（1）推进制定个人信息分类保护的法律法规。针对不同类型的个人信息，制定对应的法律法规进行保护。原因在于，不同的个人信息因商业价值不同，被泄露和滥用后产生的后果也不同。因此，对涉及隐私的、敏感的、可识别性高的个人信息的保护与公开的、不敏感的、不具识别性的个人信息的保护在法律上不应同等看待。同时，考虑不同人群在法律意识、自控力和鉴别能力方面的差异，应设置不同的个人信息法律法规。比如，应将未成年人的个人信息列为敏感信息给予特殊保护。

（2）以合法和必要为原则，细化个人信息保护相关法规。在个人信息处理中遵循合法和必要原则是企业数据向善理念落地的直接表现。合法性是规范数字经济时代企业个人信息处理行为的必然要求和基本原则，它是指组织或个人对个人信息的处理应符合相关法律法规的要求和规定，如征求个人同意的程序、告知存储时间等，从而在形式上体现对个人知情权、信息控制权和自主决定权等涉及人性尊严的权利的保障。但实践中，仅遵循告知同意原则并不足以保证企业会合法处理个人信息。为此，在立法上还应要求企业在处理个人信息时遵循必要原则。在这一原则之下，企业应以实现向用户说明的服务功能和业务目的为界限处理个人信息。比如，网约车的基本功能服务是网络预约出租汽车服务和巡游出租汽车电召服务，那么网约车企业可以收集的必要个人信息包括注册用户的手机号码、乘客的出发地、乘客的目的地、乘客的位置信息、行踪轨迹和相关的详细支付信息，职业、年龄、常驻城市、社会关系等则与网约车功能提供无关，企业不应收集。

2）完善市场竞争秩序的法律法规，强化政府监管。针对企业利用大数据获得垄断地位、滥用自身影响力、炮制虚假流量和窃取其他企业经营大数据等手段获得相对竞争优势的行为，应及时将这些不正当竞争手段纳入相关的法律法规进行监管。这不仅是保护用户合法权益不受侵犯，提升人民幸福感和安全感，增进人民福祉的迫切需要，也是法治思想"以人民为中心"的直接体现，以及营造良好营商环境、推动数字经济高质量发展的要求。

3）将社会公正融入个人信息处理的相关法律法规中。具体而言，可以从以下两个方面着手：一是在相关法律法规中规定和要求企业充分了解数据边缘群体（如老年人）日常生活各方面的需求，广泛收集他们的消费信息，通过数据挖掘为他们提供适合的产品和服务，保障他们的权益，提升他们生活的幸福感；二是制定约束企业算法技术的法律法规，要求企业对个人信息进行分析时需取得用户的授权，并及时、透明、持续公布算法的设计原理、运行规则和使用意图，从而解决企业"算法黑箱"造成的群体歧视、"大数据杀熟"、信息茧房、价值观误导、过度沉迷和过度消费等伦理道德问题。

2. 努力做到有法必依，严惩大数据营销违法行为

有法可依是规制大数据营销伦理道德问题的第一步，有法必依则是对大数据营销伦理道德问题进行规制的实在落地。企业在利用大数据进行营销时，应该严格遵守相关国家和政府的法律法规。若企业违反网络安全法、个人信息保护法、反不正当竞争法和反垄断法等，相关部门应根据相应的法律法规坚决执法，并加大惩罚力度，维护消费者和用户的合法权益，保障和推动行业健康、规范、高质量发展，维护国家安全。

11.3.2　加强行业自律

当前，各国的法律法规都存在滞后于快速发展的大数据营销实践的问题。因此，为了弥补现有法律法规的不足，就必须提倡和加强行业自律。与法律法规相比，由相关企业组成的行业协会可以通过共同协商的方式，回应大数据、云计算、人工智能等新兴技术的不断发展带来的挑战，制定更及时、更具弹性的行业运行规范和标准，从而成为监管大数据营销伦理道德问题，约束企业不良大数据营销行为和企业自我监督、自我管理的重要市场治理手段。具体而言，加强行业自律可以从以下三方面着手。

1. 制定完善的行业自律公约

行业自律公约是企业规范处理大数据，并以此为依据采取营销措施，进行自我管理的重要依据。相关企业应本着大数据向善的理念，重点制定关于个人信息保护和市场秩序维护领域的相关行为准则，建立健全行业信息生态治理机制和细则，保证大数据处理兼顾个人、企业、社会和国家四方利益。具体而言，在用户个人信息收集和使用方面，各企业应自觉遵守个人信息保护相关法规的规定，在法律规定不完善时，自觉以用户利益和良好的行业竞争秩序作为营销大数据处理的原则。在这方面，很多企业已有所实践。比如，2021年，唯品会、京东、饿了么和去哪儿网等10家互联网知名平台企业签署了《平台企业维护公平竞争市场秩序承诺书》，并公开表示不非法收集、使用用户个人信息，不利用大数据"杀熟"。在规范市场运行方面，企业应优化和调整相关信用评级指标体系，降低和弱化流量数据在商家等级评定中的权重，减少和杜绝虚假流量现象。

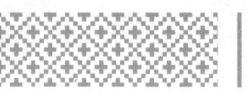

2. 提升大数据营销从业人员的职业道德水平

鉴于大数据营销相关从业人员是造成企业大数据泄露的主要原因之一，提升大数据营销从业人员的职业道德水平就成为保护信息安全和防止信息泄露的一个重要抓手。从大数据营销从业人员造成的信息安全威胁和信息泄露的情形来看，主要有两种。一是部分接触企业大数据的从业人员利用自身在数据获取、数据存储、数据分析和数据应用相关岗位的便利性，未经客户和所属企业同意与授权，就私自将掌握的大量个人信息挪作他用或转卖。比如，2021年，多家快递公司的临时工通过偷拍快递面单获得2万余条用户信息，汇总后在网上非法出售。二是部分从业人员为了完成工作任务，不惜伪造数据（如好评、转发数、点赞数等），不当获取、处理用户的个人信息和竞争对手的数据。

考虑到以上两种情形，必须加强对大数据营销相关从业人员的职业道德培训。就我国而言，负责大数据的相关人员应在工作中践行社会主义核心价值观，做到诚实守信，合法对个人和企业数据进行处理，严格遵守对用户和其他大数据利益相关者的承诺，不违规收集、处理、分析和应用大数据，不恶意获取竞争对手相关数据，不伪造流量数据；保证公平，不为了一己私利泄露个人数据，伪造数据；具有人文关怀，在利用大数据的过程中充分尊重个人的自主决定权。

3. 建立健全惩罚机制，加大惩罚力度

除了健全行业自律规范，相应的惩罚机制也需要进一步配套，这是行业自律公约能否真正约束企业大数据营销伦理道德问题的关键。行业应根据大数据伦理道德问题的不断演变，动态调整相关自律公约的内容，及时更新和完善违反企业大数据营销伦理道德的惩罚机制和措施，并形成相关的管理细则，方便企业操作和执行。

此外，为了有效预防和解决大数据营销过程中的伦理道德问题，还应根据违法违规的严重程度，加大对窃取竞争对手经营大数据、违法售卖竞争对手和用户个人信息、过度处理用户个人信息和"大数据杀熟"等行为的惩罚力度。比如，平台型企业可以借助网络账号实名制加大对平台商家的监控，对流量造假严重的商家采取罚款甚至关闭店铺和账号的处罚措施。

11.3.3 加强技术监控和保护

大数据应用过程中存在的伦理道德问题，有一部分是大数据监管、保护技术缺失或滞后造成的。加强大数据监控和保护技术的使用并及时更新，是解决流量造假、企业和用户个人信息泄露等问题的重要途径。为此，企业需要构筑一个涉及数据收集、数据存储和数据使用等不同营销大数据处理环节的数据保护系统。

具体而言，一方面，为了保障个人信息安全，企业可以通过先进的加密技术对个人隐私信息进行加密保护，结合严格的访问限制和去中心化、难更改的区块链等新技术，提升企业大数据的安全性，有效防止黑客、竞争对手和其他企业恶意窃取本企业的大数据；另一方面，企业应重视对销量、评论、点赞、弹幕和转发等流量大数据的监管，构建或引进能及时监控、准确甄别相关流量数据真假及屏蔽流量造假的安全技术，从而有

效预防和监管流量造假等大数据营销伦理道德问题。

11.3.4 提高个人信息安全和信息保护意识

个人信息安全威胁和信息泄露是大数据营销中最突出的两个伦理道德问题,而个人信息保护观念和意识不强是上述问题发生的不可忽视的原因之一。在实际中,由于相关法律知识缺乏和对个人信息被泄露后可能带来的危害认识不足,一些用户为了使用相关企业的产品和服务,或者得到一些赠品、优惠,而忽略用户隐私政策,甚至直接不阅读就机械式选择"同意",这无疑埋下了个人信息被过度收集、违规收集和滥用的隐患。

综上可见,防止个人信息泄露,保护个人信息安全,提高个人信息安全和信息保护意识是非常重要且必要的。具体而言,一方面,各级政府应加强个人信息安全科普,深入宣传个人信息保护的相关法律法规和相关政策,增强普通民众的数据安全法律意识;另一方面,努力推动个人信息保护理念、知识和技能进入学校和企事业单位,引导广大民众充分认识信息泄露可能带来的安全隐患,掌握保护自身信息安全的知识和技能,让广大用户能在享受大数据精准营销带来的良好体验的同时,也能防止自己的隐私泄露和保证自己的信息安全。

本章小结

基于大数据的营销是企业营销的趋势,但在大数据处理过程中存在很多伦理道德问题。具体而言,在大数据收集过程中可能存在虚假数据、违规收集、过度收集、不当收集等道德问题和数据不平等的伦理问题;在大数据处理和分析阶段则可能存在非法转售、过度处理和分析,导致企业数据和个人信息、隐私泄露的道德问题;在大数据应用阶段则可能存在个人信息违法使用、"大数据杀熟"和大数据分析结果滥用等伦理道德问题。这些伦理道德问题的发生违背了当代营销"以人为本"的基本理念,侵犯了个人的信息权、隐私权,损害了个人的功能、经济、社会和情感利益,破坏了良好的市场运作秩序,影响了行业的高质量发展,导致了企业客户流失和经济利益损失,伤害了企业声誉,不利于企业的长远发展,且对社会价值观、社会公平、社会诚信和国家安全都有极大的负面影响。为此,应健全数据安全等相关法律,加强行业自律,提升大数据营销从业人员职业道德水平,强化技术监控和保护,提高个人信息安全和信息保护意识,以预防和应对大数据营销中的伦理道德问题。

实训目的

巩固营销大数据中的伦理道德问题、营销大数据伦理道德问题的危害及营销大数据伦理道德问题的治理，避免在营销大数据分析中产生伦理道德问题。

思考与练习

1. 简述企业在营销过程中如何体现大数据公平。
2. 简述如何防止大数据营销中信息泄露问题的发生。

参考资料

[1] 高艳东，李莹. 数据信用的刑法保护——以"流量黑灰产"为例[J]. 浙江大学学报：人文社会科学版，2020, 50(3): 63-78.

[2] 郭雪慧. 人工智能时代的个人信息安全挑战与应对[J]. 浙江大学学报：人文社会科学版，2021, 51(5): 157-169.

[3] 胡元聪，冯一帆. 大数据杀熟中消费者公平交易权保护探究[J]. 陕西师范大学学报：哲学社会科学版，2022, 51(1): 136-151.

[4] 金泓序，何畏. 大数据时代个人信息保护的挑战与对策研究[J]. 情报科学，2022, 40(6): 132-140.

[5] 金元浦. 论大数据时代个人隐私数据的泄露与保护[J]. 同济大学学报：社会科学版，2020, 31(3): 18-29.

[6] 李华强等. 网络隐私泄露事件中用户应对行为的形成机制研究——基于 PADM 理论模型的扎根分析[J]. 情报杂志，2018, 37(7): 113-120.

[7] 刘丽，郭苏建. 大数据技术带来的社会公平困境及变革[J]. 探索与争鸣，2020(12): 114-122, 199.

[8] 宋建欣. 大数据时代人的尊严和价值——以个人隐私与信息共享之间的伦理抉择为中心[J]. 道德与文明，2021(6): 107-114.

[9] 周围. 人工智能时代个性化定价算法的反垄断法规制[J]. 武汉大学学报：哲学社会科学版，2021, 74(1): 108-120.